高职高专通识课系列教材

大学美育

DAXUE MEIYU

主　编　谢金苗

副主编　姚宝晶

参　编　梁小惠　申　镇　陈　优　李雪佳

　　　　陈少康　赵　洁　陈桃莉　曾　颖

　　　　彭福原　罗东燕　朱红林　吴志卿

西安电子科技大学出版社

内容简介

本书精选了与美的事物、美的情感和美的艺术有关的内容，同时融入了中国传统文化知识以展示中国文化之美，有助于大学生提升审美能力，激发审美情趣，培养美好性情并完善人格修养。

本书共11章，主要内容包含美与美育、审美活动、环境美、劳动美、生活美、人生美、中国文化遗产美、中国艺术美、中国文学美、中国科技美、影视艺术和设计之美，同时在附录部分展示了部分外国艺术美。本书着重引导学生在生活中发现美、在艺术中体验美、在文化中欣赏美，从而树立正确的审美观念，成为德智体美劳全面发展的人才。

本书既可作为高校开展美育教学的教材，也可以作为广大读者发现美、了解美、欣赏美的参考书。

图书在版编目（CIP）数据

大学美育/ 谢金苗主编. —西安：西安电子科技大学出版社，2022.8(2024.1重印)

ISBN 978-7-5606-6558-0

Ⅰ.①大… Ⅱ.①谢… Ⅲ.①美育—高等学校—教材 Ⅳ.①G40-014

中国版本图书馆 CIP 数据核字 (2022) 第 127624 号

策　　划　　明政珠
责任编辑　　明政珠　孟秋黎
出版发行　　西安电子科技大学出版社(西安市太白南路 2 号)
电　　话　　(029)88202421 88201467　　　　　邮　　编　　710071
网　　址　　www.xduph.com　　　　电子邮箱　xdupfxb001@163.com
经　　销　　新华书店
印刷单位　　陕西日报印务有限公司
版　　次　　2022 年 8 月第 1 版　　2024 年 1 月第 4 次印刷
开　　本　　787 毫米×1092 毫米　1/16　印　张 13
字　　数　　269 千字
定　　价　　33.50 元

ISBN 978-7-5606-6558-0 / G

XDUP 6860001-4

如有印装问题可调换

前言 Preface

"纯粹之美育,所以陶养吾人之感情,使有高尚纯洁之习惯,而使人我之见、利己损人之思念,以渐消沮者也。"这是蔡元培先生在《以美育代替宗教说》一文中对"美育"的描述,他是中国提出美育的第一人,毕生不遗余力地倡导着美育。随着社会的不断发展,大学美育已成为当代高等教育的重要组成部分,美育课程开始发挥着重要的引领作用。

教育部于2020年成立了首届全国高校美育教学指导委员会,有利于进一步开展高校美育教学的调研、督导、检查和评估等工作。2020年10月,中共中央办公厅、国务院办公厅印发《关于全面加强和改进新时代学校美育工作的意见》,强调要以美育人、以美化人、以美培元,把美育纳入各级各类学校人才培养全过程,贯穿学校教育各学段,培养德智体美劳全面发展的社会主义建设者和接班人。其目标是到2022年,学校美育取得突破性进展,美育课程全面开齐开足,教育教学改革成效显著,资源配置不断优化,评价体系逐步健全,管理机制更加完善,育人成效显著增强,学生审美和人文素养明显提升;到2035年,基本形成全覆盖、多样化、高质量的具有中国特色的现代化学校美育体系。由此可见,高校重视美育教学、深化美育教学改革势在必行,各高校应积极构建大学美育新格局。

人们的生活离不开美,美的事物无处不在。美影响着人们的审美眼界、生活品质、人生格局,对道德人格的培养起着至关重要的作用。用美来教育人,即为美育。美育随处可见,人们在生活中可直接或间接地接触到美的事物,体会到美的情感,感受到美的熏陶。美育是审美教学与美感教学的结合,通过教育提升人们认识美、理解美、欣赏美、创作美的能力,在"立德树人""陶冶情操""完善人格"等方面发挥着不可替代的作用。

总的来看,美育是教育的"磨刀石",通过美育思想把大学生"打磨"成人格完善的人才;美育是教育的"雕刻刀",通过美育教育把大学生"雕刻"成品德高尚的人才。科学的美育手段,有助于培育当代大学生纯真向善的正确审美观,完善其道德人格,提升其人生品质。

编者在此背景下编写了本书,希望能对大学生人文素质教育尽绵薄之力。

本书在内容上具有如下特点:

(1) 精选了表现真善美的事物。本书较为清晰、全面地展示了美的内容,使读者了解美的各种表现与意义。书中所选的美的事物,尽可能与大学生的学习、生活相联系,以激发大学生的学习兴趣,其内容主要包括环境美、劳动美、生活美、人生美、文化美、艺术美、文学美、科技美等,人文内涵全面且丰富。

(2) 考虑了读者的审美意趣。编写团队在编写本书时,充分考虑了读者的审美能力和兴趣爱好,力求选择符合读者客观实际和审美方向的内容,使读者在保有阅读兴趣的同时有所收获。本书采用了大量丰富、精彩的案例及美图,使读者既能获得充分的审美享受,又能获得丰富的人文知识。

(3) 强化了审美的重要性。大学美育的重要任务是引导学生按照美的规律来生活,陶冶大学生的情感,帮助完善大学生的人格修养。基于此,本书在编写时将审美活动的重要性纳入考虑范围，在多个章节中添加了"审美技巧"板块，帮助学生掌握审美活动的相关技巧，学会正确认识美，此外还能激发学生的审美热情，使其在生活中养成审美的意识，拥有一双善于发现美的眼睛。

(4) 突出了劳动美的价值。劳动是一切幸福的源泉，当代大学生只有真正做到"知行合一"，才能体现人生的价值，找到努力奋斗的意义。本书从劳动的创造、场面、过程、工具、产品等方面来展示劳动美，真正激励大学生立足社会实践，在劳动中树立不畏艰辛、坚持不懈的精神，同时提升大学生服务社会、服务他人的奉献情怀和服务意识。

(5) 展示了中华传统文化。"以文化人，以美育人"是高校开展美育教学的重要思路，也凸显了中华传统文化在美育教学中的重要引领作用。中华文化是各族人民精神追求的反映，也是中国人民美好心灵、生活态度和审美情趣的真实写照，这些正是高校美育所需要的人文之美。为此，本书在编写时融入了中华传统文化，主要包括中国文化遗产美、中国艺术美、中国文学美、中国科技美等内容，帮助大学生通过了解中国文化而获得良好的审美享受和性灵涵养。

(6) 兼顾了学校专业特色。本书在内容选取方面，兼顾了学校所开设的课程，涉及部分主流专业，如服饰美、绘画美、建筑美、音乐美、舞蹈美、文学美、科技美等内容，既考虑了文理科的差异，又兼容了学校建筑、美术、音乐、舞蹈、文学等相关专业，使各专业的大学生既能了解其他专业的内容，又能学到对自己本专业有帮助的审美思想。

本书由谢金苗担任主编，负责拟定大纲和写作规划，并修改、审定了全书。姚宝晶担任副主编，审阅了本书的部分章节。主要编写人员的分工如下(按章节排序)：谢金苗编写了第一章，谢金苗、吴志卿编写了第二章，梁小惠编写了第三章，彭福原、赵洁、曾颖、罗东燕编写了第四章，陈优、谢金苗编写了第五章，姚宝晶编写了第六章，陈桃莉编写了第七章，谢金苗、陈优、申镇、朱红林编写了第八章，姚宝晶、谢金苗编写了第九章，李雪佳编写了第十章，陈少康编写了第十一章，陈优、申镇编写了附录部分。本书在编写过程中，得到了广东创新科技职业学院副校长陈粟宋、人文教育学院院长向安强、建筑与设计学院院长吴学云的大力支持，西安电子科技大学出版社的明政珠编辑为本书的出版工作付出了辛勤的劳动，在此向他们表达真挚的谢意！

在本书的编写过程中，编写团队学习、参考和借鉴了一些优秀的美育学著作及文化参考书，已列在本书的主要参考文献中。在此，编写团队对相关著作编者和出版者表示衷心的感谢！

由于本书编写仓促，加上编写团队水平有限，书中不足之处实属难免，恳请同行专家和广大读者批评指正。

编　者
2022年6月

目录
Contents

第一章
美与美育

◆ 【本章导读】

　　美，是指能够触发人们积极情感的一种属性。人们每时每刻都在接触美、感受美、拥抱美。美育是一种审美教育、美感教育和情感教育，能够使人在接触美的同时获得良好的情感价值、三观理念和创造能力。大学美育作为一门重要的通识教育课，有助于大学生提升审美能力、培养美好性情并完善道德人格，使其获得发现美、了解美和欣赏美的能力。

第一节 认识美

【学习目标】

1. 了解美的基本含义。
2. 感受美的事物所体现的精神和意义。
3. 能够描述并分享生活中美的事物。

一、美的含义

美是指能够使人产生积极的情感体验、继而促使人的精神发生积极变化的事物属性。美是依赖于客观事物而存在的，当事物不存在时，美也随之消失。因此，美也是具体事物的组成部分，能够对人的情感体验产生积极的、正面的、有意义的影响，使人产生愉悦、满足、美好的感觉。例如，向日葵(图1-1-1)是一种代表勇敢、顽强、向上精神的植物，就像一颗太阳，闪闪发亮，时刻散发着金黄色的光芒。当人们看见向日葵时，会不由自主地感受到一种积极、向上的生命力，继而联想到自强不息、奋发向上的精神。当眼前的美景消失后，人们直觉上感受的美感会随之消失，并且停止联想活动，经验性的直觉美感也随之消失。

» 图1-1-1 向日葵

二、美的事物

一般来说，美的事物能够引起人类情感的积极反应，因此积极性是区别美与丑的重要标准。如果一件事物被人们感知以后，能够使人的情感产生积极的反应，那么它就是美的；反之，如果使人的情感产生消极的反应，那么它就是丑的。

基于积极性是判断美与丑的标准，本书选取了几个经典案例来展示美的事物，具体如下。

1. 如梦似幻的青海湖

在大自然中，人们一眼望去就能感受到风景的美，继而感到舒适、轻松。这些积极的心理反应正是美的事物所引发的。以青海湖为例(图1-1-2)，如梦似幻的青海湖是各族人民心目中的神圣之湖，吸引了来自五湖四海的游客。青海湖畔，宁静且美好，青得深沉，蓝得高洁，放眼望去，一望无际。青海湖的千亩油菜花竞相绽放，高山牧场的野花姹紫嫣红、繁花似锦，数不尽的牛羊成群结队，无数徒步者来这里洗涤灵魂。人们在青海湖畔漫步，能感受到人生如画的宁静、淡泊之意，内心充满温柔的力量，这正是美景唤醒内心积极性的真实写照。

» 图1-1-2　青海湖美景

2. 北极熊妈妈的母爱

母爱是一种美，也是世界上最伟大、最无私的真挚情感。一般来说，动物也有七情六欲，甚至比人类的感情更加简单、纯粹。在北极最冷的日子里，雌性北极熊通常会生下体重极轻的可爱幼崽。北极熊幼崽会同自己的母亲一起待在洞穴里，直到春天的来临。在营养丰富的母乳滋养下，北极熊幼崽在洞里快速成长，同时储备着在春季和母熊一起出窝时所需的生存能量。在看见北极熊妈妈照顾幼崽的场景时(图1-1-3)，

» 图1-1-3　北极熊妈妈和幼崽

人们能够感受到自然流露的母爱力量，领悟到强大的奉献精神。这种对美的认识，使人产生了积极的情感影响，甚至改善了人的精神状态，唤醒了人们对亲情美的感知。

3. 运动员的激情美

运动美，是人们在体育活动中表现出来的美，也是一种能够激励人们奋发向上、勇往直前的美。在2022年北京冬奥会自由式滑雪女子大跳台决赛中，谷爱凌出色完成了三跳，最终以完美表现拿到了金牌。值得一提的是，她在第三轮比赛中放手一搏，用超乎寻常的高难度动作拿到了94.50的全场最高分，呈现了一次超越自我、迎接挑战的精彩跳跃。谷爱凌近乎完美的表现激励着我们勇敢追梦、不负韶华、奋力拼搏，坚持心中的理想，不断挑战自我。人们在观看谷爱凌夺冠的精彩瞬间时，能够感受到运

动员"坚持向前进、力争新突破"的进取精神，从而加强心中的勇敢信念，产生积极的情感反应。

从上述案例可知，美的事物无处不在，如校园内求学若渴的身影，家庭里阖家欢乐的亲情，街道上川流不息的人海，夕阳融金似血的余晖……只要用心发现、仔细观察，我们总能发现美的事物，产生对美好生活的向往。

第二节 美的特点

【学习目标】

1. 了解美的基本特点。
2. 深化对美的正确认识。

美无处不在、随处可见，是能被人们感知、唤起人们丰富情感体验的一种感性认知。在共同的文化背景下，人们对美的认知有较高的一致性，但对个体来说，美仍然具有丰富的多样性，划分美的标准也各不相同。总的来说，美的特点主要可概括为以下几点。

一、直觉性

美不仅是一种属性，也是人们在欣赏美的事物时的心理活动，属于人的主观意识。人们在欣赏美的时候，并不一定需要经过细致的思考和推敲，简单地观赏也能产生直觉的美感，并获得美的享受。例如，人们在听音乐时，也许不需要去思考这首歌的旋律多么动听、歌词多么感人，就能在第一时间觉得好听，甚至一时间说不出它美在哪里，这正是美带来的直觉感受。

二、从属性

美是具体事物的组成部分，美不能离开具体事物而单独存在。美依赖于事物的存在而存在，随着事物的变化而变化，因此美只有从属性，没有主体性。以自然美景为例，大自然中有绿水青山、碧蓝如洗的天空、连绵起伏的群山(图1-2-1)、五彩缤纷的乡间，到处充满了生命力，令人心旷神怡。一旦人们破坏了大自然，用工厂废气污染了空气、用有害农药污染了土壤、用有害垃圾破坏了环境，大自然的美景就不复存在，美好景象将逐渐消失。美的从属性告诉我们，要想欣赏美、把握美，就要懂得保护并珍惜美的客观事物，使美能够持久地留存下去。

» 图1-2-1　大自然的美景

三、时空性

美的事物存在于一定的时空中，当时空发生变化时，美的事物也会随之发生改变。以中国的二十四节气为例，每个节气均有其独特的含义，代表着不同的时令、气候、物候，呈现出相应阶段的独特美景，对人们的日常生活产生了极为重大的影响。正所谓："立春梅花分外艳，雨水红杏花开鲜；惊蛰芦林闻雷报，春分蝴蝶舞花间。"立春，作为节气之首，展现着大地回春、周而复始、万象更新的景象，其风和日暖、万物复苏的景色在四时之始中循环再现。

四、认同性

尽管人与人之间的审美观念可能存在着不同程度的差异，但人们对美的认识也具有普遍的社会认同感。人们对美这一属性有着独特的判断和评价标准，对一些具体事物也有共同的认知。例如，人们对着装礼仪有着较为一致的认识，认为在公共场合中应衣着得体、举止文明，而过于暴露、短小、透视的服装则难以被欣赏。又如，我们会对内心善良、品德高尚的人表示赞赏，而面对一些违反道德标准、影响他人生活的不良行为则会产生羞耻感和厌恶感，这正是人与人之间关于美的认同性所引起的。

五、感染性

美具有感染性，美的事物往往能够吸引人、激励人、愉悦人，引起审美主体的情感波动或思绪变迁。例如，李白的经典名句："秀色掩今古，荷花羞玉颜"，形容了美人的绝色，荷花也为之倾倒。美的事物无处不在，人们随时随地会被美的事物感染，获得感官上的快感和精神上的愉悦。离开了美的事物，人们就难以被打动、被感染，甚至会失去对事物认知的积极性。

第三节 美育概述

【学习目标】

1. 了解美育的概念及特点。
2. 深化对美育的正确认识。

一、美育的含义

美育是以人对事物的审美判断与情感体验为基础，借助于各种事物之美对人进行积极的影响，从而实现人格塑造、三观培育的一种教育。美育的内容丰富，形式生动，范围广泛，人们乐于接受美感教育带来的愉悦感和轻松感，因此教化育人的效果较为显著。

美育是集感性教育、趣味教育和人格教育于一体的新兴学科，主要借助审美媒介来陶冶受教育者的性情、完善其道德人格及观念价值，使其成为具有审美能力、拥有良好三观的人。

二、美育的特点

（一）情感性

美育具备情感性，拥有较强的感染力，能够激发情感、以情动人、陶冶性情，唤起人们对事物的积极反应和愉悦情绪。施教者往往过滤并选取较有代表性的教学内容，向受教者展示美的事物，受教者加以鉴赏、分析并输出，从而激发受教者的主体情感，获得对美的正确理解，并沉浸在美的世界中。

（二）趣味性

美育的教学过程是以美好的事物吸引人、感化人的过程，其过程往往容易激发个人兴趣、满足个人情感，在生动有趣的体验中陶冶情操、教化育人。高雅的审美能力能将人的趣味从低级引向高级，使人对生活充满兴趣、热情和活力。美育的趣味性还能满足受教者的个体需要，鼓励受教者积极探索新鲜事物，从而更加热爱现实生活。

（三）过程性

奥古斯特·罗丹曾说："生活中不是缺少美，而是缺少发现美的眼睛。"美育是一个育人过程，并不是单纯的理论输入，而是需要审美者充分调动各种感官，主动接触美，亲自发现、探索、体验美好事物，并自觉完成审美活动。施教者往往运用多种课堂形式引导受教者进行审美活动，培养其在审美方面的能力和素质，从而自觉完成知识的构建。

（四）多样性

美育的内容丰富，形式多样，范围广泛，是一门跨专业、跨媒介、跨行业的学科，涉及了哲学、文学、教育、艺术等多个领域。美育教学中展示了自然美、生活美、人生美、艺术美、科技美等内容，涵盖了多种艺术表现手段和审美体验活动，教学内容具有多样性。

第四节　大学美育

【学习目标】

1. 了解大学美育的任务、途径和意义。
2. 进一步强化学习大学美育的重要性。

一、美育的教育背景

近年来，大学美育已成为当代高等教育的重要组成部分，在德智体美劳全面发展的人才培养方面发挥着重要的引领作用。2020年，教育部发布了《关于切实加强新时代高等学校美育工作的意见》，表明学校美育是培根铸魂的工作，为了提高学生的审美和人文素养，全面加强和改进美育是高等教育当前和今后一个时期的重要任务。2020年，教育部成立了首届全国高校美育教学指导委员会，有利于进一步开展高校美育教学的调研、督导、检查和评估等工作。

教育部发文表示，美育教学工作的总体目标为：到2022年，高校美育取得突破性进展，美育教育教学改革成效显著，资源配置不断优化，评价体系逐步健全，管理机制更加完善，育人成效显著增强，学生审美和人文素养明显提升，到2035年，基本形成全覆盖、多样化、高质量的具有中国特色的现代化学校美育体系。由此可见，美育教学在人文素质教育中不可或缺，高校加强和深化美育教学的改革势在必行。

二、大学美育的任务

（一）加强普及艺术教育

艺术教育是美育的重要内容，大学美育要完善课程教学、实践活动、校园文化、艺术展演等"四位一体"的普及艺术教育推进机制，这也从教育的角度认可了艺术教育在美育中的重要性。孔子曾经提出："兴于诗，立于礼，成于乐。"他认为，道德的最高成就，是艺术与美善相互结合的境界，人们能够通过"诗""礼""乐"来规范自己的道德与行为，最终达到完善自我的目的。这也说明，从很早的先秦时期，人们就已经意识到艺术教育与审美教育之间存在密切的联系，这些至今仍是陶冶性情、完善修养的重要方面，因此加强普及艺术教育是美育教学的重要任务。高校要结合自身实际和学科特点，开展丰富多彩的艺术实践活动，探索多样的艺术形式，建立完善的艺术课程体系。

（二）完善学生道德人格

美育教学常常通过调动受教者的感官、情感、想象等能力来完成审美活动，是一种主动输入和自觉输出的过程。美育能够以情感人，帮助学生培养良好的审美能力，从而获得对美的正确认识，使学生在审美标准多元化的时代里判断美、辨别美、鉴赏美，唤起学生对美好生活的向往，提升其精神境界，完善其道德人格。大学美育的重要任务是引导学生按照美的规律来生活，陶冶学生的情感，培养学生的性情，最终完善学生的人格。

（三）提升服务社会水平

高校美育要符合战略指导思想和国家社会发展规律，引导师生强化社会服务意识，提高社会服务能力，构建以美育人的新格局。高校应重视美育教学、支持美育教学改革、加强课程教材建设、完善师资队伍建设，积极开展与美育有关的志愿服务活动和社会实践活动，如定点帮扶、支教扶贫、社区服务、乡村美化等，从而提升服务社会的水平。

三、大学美育的举措

（一）建立高校美育体系

当前，我国教育部对高校的美育教学工作十分重视，美育推行工作已经取得了较大的进展，但具体实施和普及工作进展较为缓慢。总体上看，推进美育教学与课程改革是当前高校美育建设的重点环节，高校应遵循美育教学的基本规律、加强美育实践活动、增强美育师资力量、完善课程管理模式、建设美育实践基地，从而拓展美育教学空间，建立起合理完善的高校美育体系。

（二）完善美育师资力量

作为一门新兴学科，大学美育课程需要由更加专业和稳定的美育教师队伍来展开教学。高校应加强专业师资队伍建设，并将美育教师的思想政治素质、职业道德水平和专业教学技能作为师资培养的重要方面；鼓励艺术类、中文类、哲学类等教学方向的教师加强合作，共同搭建校内院系间的合作交流平台；加大教学岗位的激励力度，建立符合美育教学特点的教师职称评审制度及考核评价机制，为美育教师的职称评定、职业发展、科学研究等方面提供制度支持。

（三）融入传统文化知识

"以文化人，以美育人"是开展高校美育教学的重要思路，也凸显了中华传统文化在美育教学中的重要引领作用。中华传统文化与大学美育有着密切的关系，中华文化能为大学美育提供丰富的教学资源，大学美育是传承中华文化的重要途径，二者环环相扣、紧密结合。中华文化是各族人民精神追求的反映，也是中华人民美好心灵、生活态度和审美情趣的真实写照，汇聚了优秀的人文底蕴，这些正是大学美育所需要的人文之美。因此，高校应积极推动中华优秀传统文化在美育教学中的创造性转化和创新性发展，将文化内容作为美育培根铸魂的基础，借此传承和弘扬中华传统优秀文化。

（四）完善评价监督体系

目前，大学美育需要建设起完备的制度体系，其中亟待建立完善的评价监督体系，包括人才评估指标、课程效果评价、教学监督检查等。高校应把美育教学工作及效果反馈列入办学评价的重要因素中，注重其过程考核及教学效果，发挥专家学者和社会机构在美育评价中的作用，探索新时代高校美育评价制度，完善评价监督体系。

四、大学美育的意义

（一）对学校发展的意义

1.降低学校管理成本

美育能够培养学生对美的正确认知，提高他们健康审美和欣赏艺术的能力，引导他们追求生活中美好的事物，从而对美与丑的事物有正确的判断标准，具备良好的行为约束能力及荣辱判断意识。基于此，学校能够培养出三观正确、性情良好、人格完善的学生，降低校内管理成本。

2.优化校园人文环境

马克思曾指出："人创造环境，同样环境也创造人。"因此，良好的校园人文环境对师生的身心发展极为重要。学校积极完善校内美育工作，能够将师生的趣味由低级引向高级，使他们拥有积极的情绪态度和饱满的精神状态，从而营造出人际和谐的校园氛围，稳定校园秩序。

3. 助力德育工作发展

美育的开展有利于德育工作的进行，二者共同促进美丽校园的建设。挖掘美育资源、彰显教师之美、建设美丽校园，能够激发学生对美的向往、对生活的热情和对理想的追求，从而完善德育工作的进程。在美育教学中，教师在行为、语言、心灵上表现出对美的追求，在世界观、人生观和价值观方面展现人们对真、善、美的向往，能够引起学生的共鸣，教会学生感受爱的力量，从而推进德育思想品德的完善。

（二）对学生发展的意义

1. 陶冶学生的高尚情操

大学时代是人生成长中的重要阶段，是开阔眼界与视野、构建人生观、价值观与世界观的重要时期。教师在美育过程中引导学生发现美、接触美、体验美，有利于陶冶学生的情操，以"润物细无声"的方式潜移默化地净化学生的心灵。

2. 鼓励学生追求美好人生

美育的重要任务是培养学生的心灵美、行为美、道德美，用现实生活中的美好事物和艺术形象来感染和激发受教育者，使其发现生活中的美好事物，并对他们的情感、思想、意志和性格产生积极影响。简言之，美育能够唤起人们对美好事物的憧憬和向往，鼓励学生勇敢追求美好人生。

3. 培养学生的审美能力

美育旨在培养出具有优良审美情趣和健康审美能力的学生，引领他们心中对美的认知，使其乐于向往、勇于追求美好事物。在美育的帮助下，学生能够树立正确的审美观，坚持真、善、美统一的原则，把美好的、真诚的、正确的事物作为人生理想，摒弃一切丑陋的、虚假的事物，以审美的眼光来看待世界，最终用美的规律约束自身、美化世界。

▶【课后思考】

1. 在生活中，有哪些令你印象深刻的审美体验？

2. 区分美与丑的重要标准是什么？

3. 大学美育的意义有哪些？

第二章 审美活动

【本章导读】

审美活动是一种人类实践活动，在此过程中，人们能欣赏美的事物、创造美的作品、研究美学理论。审美活动是感性与理性统一的活动，受人类的主观影响较大，人们会在有意识或无意识的状态下完成对美的认识。当代大学生要学会在审美活动中发现、体会和挖掘生活中的美，以一种健康的、美好的眼光来看待世界。

第一节　审美活动概述

【学习目标】

1. 了解审美活动的基本概念。
2. 掌握大学生审美活动的特征。

一、审美活动的概念

审美活动是一种人类的实践活动，包含的内容较为广泛，如欣赏美的事物、创造美的作品、研究美学理论以及鉴赏美的案例等，这一实践过程能让人获得美的感受。人与人之间对美的认知不一，每个人都有自己的审美标准，并有自身独特的看法，但在审美活动中，人类的主观能动性越强，对美的体验和享受往往越深刻。因此，人类应通过审美活动追求感性与理性的统一，认识和把握"美的规律"，并按照客观规律进行审美创造，提升审美能力。

美无处不在，审美活动也时常发生。比如，在日常生活中，人们欣赏着春天傍晚的彩霞、夏日夜晚的虫鸣鸟叫、秋天午后的片片落叶、冬日清晨的一抹暖阳，一幕幕景象如诗如画，平添浪漫意趣；在艺术鉴赏中，从商周铜器到唐宋陶瓷，人们在欣赏的过程中还能感受到"器以藏礼"的礼法精神，如器皿、舟车、宫室、衣冠等文物，无不给予人们精神上的愉悦和美的享受；在影视艺术中，人们欣赏着《我在故宫修文物》《国家宝藏》《河西走廊》这类节目，走进了工匠、文物和文化背后的历史故事，人们在欣赏文化之美的同时，也了解了文物所承载的文明和中华文化延续的精神内核……这些实践活动，正是人类审美活动的最佳见证。

二、审美活动的特征

审美活动能使人以审美眼光看待人类的生活与生产活动，本书注重提升大学生的审美能力，因此本书总结出大学生审美活动的基本特征如下。

（一）知觉的敏感性

由于大学生的生理和心理条件均处于成熟期，他们往往表现出精力旺盛、器官灵敏、大脑发达等特征，对万事万物都有着独特的求知欲和敏感性。当新奇的、陌生的、精彩的事物扑面而来时，他们总能表现出好奇和热爱的一面，这也与大学生活泼好动的心理特性相通。这种敏感性还使大学生容易对美的事物动情，对妙趣横生的美好事物难以忘怀。

（二）内容的丰富性

美的事物丰富多彩，大学生对美的内容充满无穷无尽的兴趣，对美的样式有着狂热的追求，这就要求大学生的审美活动应具有丰富性和超前性。就生活美而言，内容包含了服饰之美和饮食之美，丰富的服装样式和饮食种类往往能受到这一群体的青睐；就兴趣与艺术而言，如音乐、绘画、舞蹈等内容，往往也能收获大学生的赞赏，这也与大学生思维活跃、追求探索的性情相通。

（三）审美的浪漫性

青年阶段是浪漫、梦幻、美好的时期，大学生在想象中按照自己的主观能动性进行审美活动，也使得自己的审美活动变得格外浪漫。大学生对未来充满渴求，常常对难以捉摸、变幻莫测、神秘兮兮的事物保持憧憬，且不受现实环境的束缚和羁绊，一往无前地追求着纯粹、美好的事物。为此，大学生们总能捕捉到新奇、美好、浪漫的事物。

（四）兴趣的易变性

大学生仍处于需要磨炼精神意志、增加社会阅历、积攒生活经验、提升现实理性的阶段，因此对美的追求存在易变性。在学生时代，流行之风转换迅猛，美的热潮快速兴起又轻易退散。这也从另一侧面反映出大学生对外界的刺激十分敏锐，能迅速作出审美反应，因而可以掀起多种类型的审美浪潮和审美现象。

（五）心理的趋同性

大学生常对美好的事物表现出一往无前的热情和向往，同时也容易流露出跟从大众的依赖心理，并积极获取对美的事物的认同感。一方面，随着微博、抖音、快手、微信等新媒体的传播，人们能够快速获取新信息和新资源，从而迅速刮起一阵流行风，如2022年冬奥会吉祥物冰墩墩，走进大众视野后便迅速走红，赢得了世界各国人民的喜爱；另一方面，大学生群体的爱好、理想及性格等特征表现出相对一致性，这使得群体成员之间常常互相感染、共同追随，表现出心理上的趋同性。

总的来看，大学生作为社会主流文化和社会审美活动的发现者和创造者，具有多种不同的审美特性，这对积极引导大学生培养正确的审美观、进行合理的审美活动、推动社会进步具有一定的现实意义。

第二节　审美活动表现

【学习目标】

1. 了解审美活动的具体表现。
2. 引导学生主动从审美活动中获得审美体验和享受。

美的事物通常能够通过情感体验唤起人们的积极情绪，使人感到愉悦、轻松。除此之外，人们在进行审美活动时，还会产生多种心理感受，具体表现在如下几个方面。

一、审美感受

人们在看见美的事物时，往往能引起一种直觉反应，获得一种轻松和愉悦的审美感受。直观的审美活动有三类：一是自然审美，人们在生活环境中能被景色自然吸引，如夏日的蝉鸣、树木的葱郁、鸟叫的脆声、花朵的芬芳……这些都能引起人们的直觉反应，使人立刻感受到美的冲击；二是艺术审美，艺术的表达更为集中，是人们经过主观思考后呈现的美，往往能吸引人们的注意，如一段优雅的音乐、一幅精美的画作、一段唯美的舞蹈……都能令人赏心悦目、如痴如醉；三是生活审美，人们在日常生活中能感受到平凡的美感，调动全身器官感知事物美，如一杯香醇的茶酒、一件漂亮的衣裳、一份精致的美食……让人在感官知觉的综合发挥下完成审美活动。

二、审美想象

想象是一种思维形式，在审美过程中，人们能在头脑中创造形象、加工改造、赋予意义，在思想自由驰骋中抒发自己的情感。人们在读柳宗元的《江雪》时，通过"千山鸟飞绝，万径人踪灭。孤舟蓑笠翁，独钓寒江雪。"等诗句中想象出一幅江雪山水画。在群山之间未见鸟儿踪迹，道路未见行人踪影，江面上的一叶孤舟显得格外亮眼，孤舟上还坐着一位披戴蓑笠的老翁，独自在白雪皑皑的寒江上垂钓。这一沉寂、孤独、无依的画面感扑面而来，人们在脑海中感受作者遗世而独立、孤高而优雅的美感，体会作者在险恶环境的压迫下仍抱有的美好人生理想和高尚审美境界。

三、情感体验

人类是感性的，往往能在情感交流中感受到美感，甚至触动内心的感动、激情、欲望等情感。这是人类自然生命力的表现，也是人们与生俱来的力量。以文学作品《活着》为例，作者余华曾表达过，作为一个词语，"活着"在我们中国的语言里充满了力量，它的力量不是来自于喊叫，也不是来自于进攻，而是"忍受"，去忍受生命赋予我们的责任，去忍受现实给予我们的幸福和苦难、无聊和平庸。人们在欣赏《活着》这一作品时，便能感受到作品传达的思想内涵和深刻情感。也许我们正在面临困境、经历挫折，甚至不堪重负、自惭形秽，在读完福贵(《活着》男主人公)的故事后，我们能感受到生命的力量，唤起内心对生活的热情和向往，表达内心最真挚的情感。

四、审美分析

在审美过程中，人们除了会产生独特的感受和体验，还能够领悟客观事物的意义，进而分析出自己的思想认知。在经历一件事时，我们能够对事物进行分析，分辨出美丑善恶、是非曲直，这是思想上的分析能力、认知能力，也是审美过程中必不可少的判断标准。简而言之，若是在日常生活中，人人能够自觉合理约束自己的行为，将会赢得他人的尊重，而反之，一味违反社会规则，则会受到道德的谴责。总而言之，我们需要养成良好的审美标准，不做违反审美规律的事情，注重保持正确的审美判断。

由此可见，审美活动能引起人们复杂的、多样的、积极的情感反应，正确的审美活动能通过影响人的情感、想象、气质、认知来升华人的精神境界，从而帮助我们树立正确的人生观、价值观，陶冶情操，最终达到内在精神与外在世界的完美统一。

第三节　审美活动的意义

【学习目标】

1. 了解审美活动的意义。

2. 引导学生加强对审美活动的享受。

作为一种创造审美价值的活动，审美活动能使人以寻找美、发现美的眼光看待世界，使人获得心灵上的自由、灵魂上的洗礼，从而成为真正意义上的人。审美活动有着以下几方面独特的价值和意义。

一、促进人类的全面发展

审美活动能够促进人的全面发展。在进行审美活动时，人们通过欣赏自然美、环境美、生活美、艺术美、科技美等内容，在潜移默化中接受了美的熏陶。一方面，人们在了解自然、接触社会、认识自己的过程中，也握住了认识世界的钥匙，完善了自己的科学知识体系；另一方面，人们通过愉悦、轻松的活动调整了自己的精神状态，实现了丰富情感、洗涤灵魂、健康身心的目的，达到了更高的审美境界。在日常生活中，人们奔波于衣食住行、物质金钱，稍有不慎，容易思想狭隘、斤斤计较。而在正确审美活动的熏陶下，人们能够寻得纯净的精神家园，在努力奋斗的过程中仍保有诗意的人生。因此，高雅的审美活动能够传递正确的价值观，进而促进人的全面发展。

二、提升人类的精神境界

审美活动的当代价值是提升人类的精神境界，实现人们对物质追求、功利活动的精神超越。孔子曾说："兴于诗，立于礼，成于乐。"强调了"乐"对于修身养性、道德修养的重要作用。《孔子在齐闻韶》中也曾提到过：孔子至齐郭门之外，遇一婴儿挈一壶，相与俱行，其视精，其心正，其行端，孔子谓御曰："趣驱之，韶乐方作"。孔子至彼闻韶，三月不知肉味。综上可知，古人早已察觉审美活动对人类精神境界的影响。因此，审美活动能使我们摒弃心灵的烦恼和世俗的欲望，从而提升我们的精神境界。

三、寻求物质生活的平衡

人类是社会的、历史的存在，因而人的审美活动会受到风俗习惯、历史文化、政治制度、时代发展的影响，其审美意识也在物质生产水平、社会经济活动、文化艺术氛围等作用下不断调整。基于此，人们能够在进行审美活动时学会寻求物质生活与精神世界的平衡，并将人从功利心态、单纯的物质追求转化为具有审美的视野，从而追求更高的心灵境界，以理想的审美方式生存。

四、唤起人对生活的热爱

生活中不缺少美的事物，但却缺少发现美的眼睛。在物欲横流、竞争激烈的社会，"摆烂""躺平""内卷"等关键词频频出现，人们容易机械地重复着奋斗的生活，面对社会现实和生活压力，有的人丧失了激情，有的人甚至被物质社会同化……在这样的社会环境下，审美活动能够唤起人们对生活的热爱，促使人们积极发展兴趣爱好、观察美好的生活环境、珍视人与人之间的情感，热爱自己，热爱他人，热爱社会，在钢筋水泥的城市森林中寻得心灵上的慰藉，扬起生活的风帆。

总的来说，人们需要进行审美活动，以健康的审美意识、审美眼光和审美能力去发现美、感受美、拥抱美，从而正确地认识世界、认识社会、认识他人、认识自己，提升自己。

▶【课后思考】

1. 进行一次深刻的自我鉴定，处于大学时代的你，是否有自己的兴趣爱好？
2. 审美活动对大学生而言有哪些意义？为什么大学生要积极开展审美活动？
3. 生活中有哪些常见的审美活动？

第三章 环境美

 【本章导读】

环境是人类的生存空间，也是人类物质生活和精神生活的重要依托，对人的健康发展起着重要作用。环境对人的影响深远，美好的环境能够陶冶人的情操、培养人的性情。子曰："知者乐水，仁者乐山。"古人以草木山水的厚重来比喻仁者淡泊、慈爱的胸怀，这正是环境对人性情、品德的积极影响。当人们因银钱几两、城市喧嚣、尘世纷扰而身处逆境时，停下脚步来感受环境之美，就能享受难得的宁静与安逸。畅游山水间，人们也能摆脱世俗社会名利枷锁的羁绊，寻得生活的乐趣和精神的寄托，从而达到洗涤心灵、返璞归真的目的。

第一节 自然环境美

1. 掌握自然环境之美的基本特征。

2. 理解感受自然环境之美的意义。

3. 把握基本的自然环境审美技巧。

自然环境是水土、地域、气候等自然因素的总体环境，人们能通过多样的自然事物、自然景象、生态关系来感受环境之美。亚里士多德说过："大自然的每一个领域都是美妙绝伦的。"毛泽东在《沁园春·雪》中也说过："江山如此多娇，引无数英雄竞折腰。"大自然包罗万象、浩瀚广阔、风光旖旎，不管是旭日东升、落日熔金，还是沙漠绿洲、湖光山色，都让人赏心悦目、流连忘返。优美的自然环境是人类生存发展的基础，能带给人淡泊纯真、随缘自适的美感享受，并满足人们更高层次的精神生活。

一、自然环境之美的特征

（一）丰富性

从古至今，人们用琳琅满目的绘画、诗词、音乐去赞叹美丽的大自然，这与自然环境姿态万千、形色各异的特性息息相关。在自然环境中，具有美感的事物数不胜数，上至日月星辰、朝霞彩虹，下至山水树石、花鸟鱼虫，自然事物种类繁多且分布广泛，各有其美。以鲜花之美为例，玫瑰的娇艳，月季的锦簇，水仙的芬芳，菊花的淡雅等，都有着不同的色彩、芳香、形状，形成五彩缤纷、千姿百态的美景。

自然环境美的事物景象是丰富的。自然环境是由多种美好景象构成的，才形成了多样的地质地貌、水文景物、气候景象，范围广且种类多。水文景物有雄伟壮观的瀑布，有碧波浩瀚的江河，有水天一色的大海，每一幕都让人如痴如醉。例如，贵州的黄果树瀑布(图3-1-1)水势浩大，高落之差使水花飞溅，落水之声响彻云霄，腾起的水雾更是令瀑布多了一层朦胧柔美之感。桂林的漓江水面宁静淡雅，清风徐来之时，江面上泛起阵阵涟漪，两侧绵延不断的山峰倒映在水里，这让唐代诗人韩愈也不禁感叹"江作青罗带，山如碧玉簪"，用以赞颂桂林山水的美丽。

» 图3-1-1 贵州黄果树瀑布

自然环境美的表现形式是丰富的。大自然本身具有美的属性，往往通过形状、色彩、光泽、声音、气味、触感等形式来展现，浸润在世间万物中。当人们看到层峦叠嶂、碧海蓝天、霞光万道时，当听到莺声燕语、虫鸣鸟叫、雨打芭蕉时，总能让人感到心情愉悦、身心放松，这便是自然环境的魅力所在。

（二）变易性

正所谓："四时之景不同，而乐亦无穷也。"一年四季的景色不同，自然事物多种多样、瞬息万变，自然环境的美也处于时时变化之中。四季转换，春天的山林有新鲜嫩绿的枝芽和姹紫嫣红的花儿；夏天的山林枝繁叶茂、绿荫葱葱，阳光在地面上挥洒粼粼光斑；秋天的山林红叶似火、硕果累累，呈现一片金黄色；冬天的山林"千峰笋石千株玉，万树松萝万朵云"，万物披上白雪皑皑的冬衣。

即便是同一自然景观，由于季节、天气、时间、观赏角度不同，也会产生不一样的美感。天空在不同时间、不同天气也呈现着不一样的美，晨曦与黄昏、艳阳与明月、晴天与雨天有着变幻无穷的美。宋代诗人苏轼用"横看成岭侧成峰，远近高低各不同"描述不同角度的美感，观赏的角度不同，往往会感受到不一样的山貌与气势。唐代诗人王之涣为了观赏气势磅礴、广阔壮观的万里河山，更是一鼓作气登上高处，写下了"欲穷千里目，更上一层楼"的千古名句。由此可见，自然环境美的变易性能使景物充满生命活力，呈现千姿百态的美感，为万物增添了无穷无尽的魅力。

（三）意象性

自然环境是实体的存在，在与社会生活相联系时展现了相似的特征，因此被人类赋予了独特的含义而成为意象，用以表达不同的情感、精神和思想，这便是美的象征意义。

人们常常根据自然事物不同的美的特征，赋予其特定的意象美，增添人的情感寄托。例如，天鹅因洁白的羽毛、优美的体态和修长的脖颈，被视为高贵、纯洁的代表；又因天鹅时常成双成对地出现，也被视为爱情忠贞不渝的象征。盛开的荷花亭亭玉立、芳香四溢，拥有出淤泥而不染的高贵品质，常被人们用来表达自己追求无上自由、不受世俗羁绊的珍贵品格。风雪中的梅花不畏严寒傲然开放，更有着"梅开百花为先，独天下而春"的气节，象征着观赏者高洁谦虚、坚忍不拔的精神。

再如，月亮象征着思乡之情、思念之意、团圆之感，它的阴晴圆缺之美能让身处不同心境的人联想出不同的情感。正月十五的圆月，在阖家团圆时寓意着祥和美好，在漂泊他乡时寄托着冷寂淡雅的思念之意，传达出别样的情感。彩虹象征着幸运之感、美好之意，在雨后晴朗天空的衬托下有种冲破困境、百折不挠的彩虹精神，能使人感到心情愉悦，获得美的享受。

【拓展阅读】

丁达尔现象

丁达尔现象（图3-1-2），又称"丁达尔效应"，是英国物理学家约翰·丁达尔在1869年首先发现和研究的现象，是由光的散射现象或乳光现象而产生的。丁达尔现象下的光有了形状，被人们称为"看得见的光"。丁达尔现象是自然环境中的一种自然现象，在日常生活中随处可见。清晨的森林中树叶

» 图3-1-2 丁达尔现象

间透过的一道道光线；灰尘在窗外射进的光束中跳舞；天空中太阳透过云层间隙倾泻出的光柱，形成一条条光亮的"通路"。丁达尔现象的画面看上去壮阔而圣洁，展现出光的另一种形态美，被称为"佛光""福光"，寓意着美好的愿望。

二、自然环境的审美意义

（一）陶冶人的品格性情

自然环境美对陶冶人的性情、锻造高尚品格有重要的作用，人的性情、精神、品格能在生活环境中逐渐养成。唐代诗人王维写下了："空山新雨后，天气晚来秋。明月松间照，清泉石上流。"的千古名句，描写了他在初秋傍晚幽清明净的雨后深山中如痴如醉，看到此情此景不禁抒发了自己高洁的情怀，坚定了对理想生活的执着追求。

自然环境包罗万象，那些生机勃勃、欣欣向荣的景象，给人以生命意义的深刻感悟。正如英国诗人蒲柏所说："自然永远灵光焕发，毫不差错，她是唯一的、永恒普遍的光辉，万物从它得到力量、生命和美，她是艺术的源泉、目的和检验的标准。"在快节奏的现代城市生活中，人们疲于日常奔波，饱受紧张不安、步履不停的情绪困扰，难以感受环境带来的美感。当人们驻足停留，走进自然环境中，能一洗尘世的烦恼与疲惫，从而豁然开朗、精神抖擞，唤醒内心对生活的热爱、对美感的追求。

正是在自然环境美的影响下，人们能感受到"润物细无声"的熏陶，从而产生出特定的审美领悟与丰富联想，将自然环境同个人的性格、情感、理想联系起来，使心灵在审美的精神世界中得到陶冶和净化。

（二）拓展人的审美视野

自然环境蕴藏着无穷的奥秘，人们在欣赏环境美的过程中，可以开阔视野与心胸、增长知识和见闻，甚至能丰富人的想象力，激发人的创造力。历史上许多文人学者、科学家、艺术家，都在观赏日月星辰、游览名山大川中拓展了视野，增长了阅历与胆识。唐代著名高僧玄奘，历时十九年、行程五万里游历西域，行走在大漠、雪山、丛林、江河中，感受着不同地域的自然环境。在旅途中，留下了《大唐西域记》这一宝贵文化遗产，记载了此次行程的所见所闻，为研究中国西北地区、古印度的地理形势、气候、政治经济、文化风俗、宗教等风物提供了宝贵的参考资料。

自然环境美不仅能开拓视野，还能活跃思维、启迪智慧，为人们提供无穷无尽的思想源泉。英国科学家牛顿在欣赏满园果实时，被苹果落地这一自然现象吸引，沉浸于天体运动之谜的思考中，从而发现了万有引力定律。人们在欣赏天上的日月星辰和地下的潮汐沙石时，也不禁感慨万事万物受到了自然法则的支配，并在不断探索中拨开认知的迷雾，从而增长自己的知识与见闻。

（三）增强环境保护意识

大自然充满了无穷无尽的生命力，与人类的生活环境休戚与共，维护生态平衡、保护自然环境是人类生存、社会发展的根本性问题。庄子曾提出"天地与我并生，而万物与我为一"的观念，强调人与自然是生命共同体，人类应与大自然和谐相处。《周逸书》中也曾记载："春三月，山林不登斧，以成草木之长。夏三月，川泽不入网罟，以成鱼鳖之长。"由此可见，古代的自然保护思想深入人心，人们理应与自然和谐共处，尊重并保护自然环境。

然而，随着人口的迅速增长、科学技术突飞猛进、生产力不断发展等因素，工业及生活排放的废弃物不断增加，使大气、水质、土壤污染日益严重，自然生态平衡受到了猛烈的冲击。因此，增强自然环境的审美能力有着重要意义，能让我们学会怎么欣赏、珍惜自然美，培养对自然环境的真挚感情，唤醒环境保护意识，从而减轻人类对自然环境的破坏，实现人与环境的和谐共生。

三、自然环境的审美技巧

(一)建立积极的人生观,拥有发现美的意识

《周易·系辞上》提到:"仁者见之谓之仁,知者见之谓之知。"人们面对同一个问题,从不同的立场或角度会有不同的看法,可见良好心态的重要性。面对世间万物,我们应树立积极向上的人生观,真正做到"宠辱不惊,闲看庭前花开花落;去留无意,漫随天外云卷云舒。"一般说来,乐观向上的人是热爱大自然、热爱美好生活的,能体会到生命与生活的意义,感受到世间事物的美好。

自然环境的美无处不在、无时不有,我们要拥有一双善于捕捉和发现美的眼睛。在大自然中,早晨初升的太阳透过云霞映衬朝气的天空,傍晚投影的霞光折射出红色的浪漫光芒。在四时之景中,静静感受春天的万物复苏,夏天的绿树成荫,秋天的天高气爽,冬天的银装素裹……自然环境从不缺乏美感,我们要拥有美好的心态和积极乐观的态度,去发现美、拥抱美、感受美。

(二)把握观察的好时机,找准欣赏美的角度

自然环境的美丰富多彩、姿态万千,由于其变易性,同一景象在不同的时间、不同的角度,往往有不同的美的表现。因此,我们要学会把握时机和角度,找准欣赏美的时节和视角。

一是要根据美好景物的变化把握住观察的好时机,找准欣赏美的时节,如季节、气候、温度等因素。例如,北京香山的红叶驰名中外,漫山遍野的树叶红得像火焰一般,霜后呈深紫红色,每年11月正是观赏的好时机,能够欣赏到漫山红遍、层林尽染的别样景致。又如,因温差效应而得名的雾漫小东江(图3-1-3),在每年的四月至十月,旭日东升和夕阳西下之时会腾起层层薄雾,碧绿的江水、漂浮的渔船,与弥漫的白雾构成一幅水墨画,令人如痴如醉。

» 图3-1-3 雾漫小东江

二是要根据观赏对象的特点确定观赏的好角度,找准欣赏美的视角,如距离、高度、位置等因素。例如,北宋诗人王安石在《登飞来峰》写下:"飞来山上千寻塔,闻说鸡鸣见日升。不畏浮云遮望眼,只缘身在最高层。"人们想要感受重峦叠嶂的雄伟壮丽,则要身居高处、登高眺远,才能望遍山河景象。又如,漓江的象鼻山、麻城的龟峰山、峨眉山的一线天等景色,视野范围的差异即可带来移步换景的效果,因此人们要找准位置和视角,学会发现和欣赏不同视角中所蕴藏的美。

(三)增强观察美的能力,培养丰富的联想力

人们对自然环境美的欣赏是一种直觉的观感,通过丰富的想象力与再创造,能够增加自然环境美的厚度。想象是人类最杰出的本领,在审美中有重要的地位与作用,

能对人们所见所感进行分解与重组，从而增添艺术美感。以漓江象鼻山为例(图3-1-4)，从直觉观感来看，它只是一座有洞的、普通的山，但人们加以无限联想以后，认为它犹如一只站在江边舒卷长鼻豪饮漓江的巨象，从而构成了"象山水月"奇景，被人们称为桂林山水的象征。再如黄山的迎客松，一侧枝干悄然斜伸出去，人们将这奇特的姿态联想为好客的主人伸出手臂热情地欢迎宾客，赋予了迎客松热情好客、海纳百川的象征。

» 图3-1-4　漓江象鼻山

　　增强观察美的发现能力，丰富欣赏美的联想能力，需要不断积累历史文化知识、丰富基本审美经验、提高艺术美学素养。在学习与观察的基础上，我们要找到审美对象的特点，将其与社会生活联系起来，再用想象力去丰富自然环境的美。只要我们善于联想，就能不断提升对自然环境的审美能力，从而感受更广阔、更美好的世界。

第二节　人文景观美

【学习目标】

1. 能够阐述人文景观之美的特征。
2. 掌握人文环境的丰富类型及美学意义。
3. 把握人文环境的基本审美技巧。

　　一般而言，人文环境指的是在一定社会系统内外文化变量的函数，文化变量包括共同体的态度、观念、信仰系统、认知环境等。其中，人文景观是人文环境的特有内容，是人类长期实践和创造的结果，叠加了丰富的文化特质和审美情趣，是物质财富和精神财富的综合体现。人文景观往往是自然美和人工美的结合，它不仅具有形式特征的美感，还蕴含深刻的历史文化价值，使人在享受艺术美的同时，还能感受到价值内涵、理想追求与精神力量。

一、人文景观的基本类型

（一）历史古迹

　　历史古迹指人类社会历史发展过程中留存下来的文化遗址、古代建筑、古代陵寝和历史文物等，是特定时期人类部分生产或生活的产物，反映了各个历史时期人类政治、经济、文化、科技、风俗等时代特征。在设计与建造历史名胜景观时，人们追求外形的美观和内化的人文精神，因此许多历史古迹不仅有显著的历史文化特征，也有较高的人文审美价值。

"严关百尺界天西，万里征人驻马蹄。飞阁遥连秦树直，缭垣斜压陇云低。"是林则徐途经嘉峪关时为长城的巍巍雄姿发出的赞叹，抒发了放眼山川、俯仰千古的气概。万里长城始建于西周时期，是中国古代一项规模庞大的军事防御系统工程，以雄伟城墙为主体，结合大量的关楼、墩堡、营城、卫所、烽火台等防御工事，用坚固且连绵不断的长垣限隔敌骑、保家卫国。长城的美(图3-2-1)，美在雄伟壮观，美在气势万千，宛如一条矫健的巨龙，蜿蜒盘旋在崇山峻岭之间。经历了漫长的历史时期和壮美的风霜雪雨，长城依然保持风华正茂和非凡气魄。长城凝聚着我国古代工匠的血汗和智慧，象征着中华民族坚不可摧的意志和力量。

» 图3-2-1　万里长城

"秦始皇帝葬于骊山之阿，下锢三泉，上崇山坟，其高五十余丈，周回五里有余，水银为江海，黄金为凫雁。"描述的正是规模宏大、阵容豪华的秦始皇陵，可见古人在帝王陵寝的修建上煞费苦心。帝王陵寝，是古代皇帝死后安葬的地方，大多数陵寝结构奇特、内涵丰富，极具历史考究价值。作为中国历史上第一位皇帝的陵寝，秦始皇陵呈现了一座豪华的地下宫殿，其修筑工程极其浩大，工匠人数数以万计，占地面积广袤无边，充分展现了古人的艺术创造才华。秦始皇陵依山环水、气势磅礴，给世人留下了精美绝伦的古代艺术范本，也留下了许多关于秦代的极富价值的历史记录。历史古迹是前人留给后人的文化瑰宝，凝聚着人类的智慧和工匠的精神，见证着历史文化发展的轨迹。除了上述著名的历史文化景观，每一个地方都保有历史古迹，留存着当地独特的历史文化传统，具有一定的文化意蕴和审美价值。

(二) 古典园林

正所谓：不到园林，怎知春色如许。中国古典园林，有着"世界园林之母"的美称，以独特的艺术风格和诗情画意形成了美妙景致，体现了中国源远流长的文化底蕴。我国古典园林因建筑风格的差异一般分为北方园林、江南园林、岭南园林，尤以江南古典园林和北方皇家园林为代表，在世界园林发展史上独树一帜，是全人类宝贵的历史文化遗产。

中国古典园林是建筑艺术精华和历史文化精华的集合，在造型布局、建筑设计、花木园艺、碑刻书画等方面都有着独具匠心的艺术美。古典园林讲究门、厅、堂、楼、台、阁、亭、榭、廊等建筑布局与山池、匾额、楹联、碑刻、书画、诗文等事物的巧妙融合，打造出变化万千、如诗如画的独特景致。

北方皇家园林是人工描绘画卷和天然山水环境的融合，构成了湖光山色、明媚秀丽、旖旎多彩的人文景观。北京颐和园(图3-2-2)是现存最大的皇家园林，以昆明湖、万寿山为基址而建成，整体风格体现了堂皇壮丽、美不胜收的韵味。南方园林小巧玲珑且细腻精美，常用假山假水组合成不同的淡雅景色，构造出宛如天然、曲折幽深的意趣环境。苏州拙政园(图3-2-3)以水为中心，楼台亭阁临水而立、布局自由，与山石、花木、建筑相互映衬，呈现了"虽由人作，宛自天开境界"的自然效果。

» 图3-2-2　北京颐和园

» 图3-2-3　苏州拙政园

在艺术审美上，中国园林传达了巧妙的意境美，其建筑艺术价值、历史文化内涵投射出园林主人的浪漫情感和中国古人的哲学思想。园林的建筑美与自然美形成了水乳交融的景象，表达了中国人民自古崇尚自然、追求与自然和谐共处的美好思想。筑山理水的布局体现了文人摆脱世俗功利的高洁心境，长走廊、窄洞门给人以沉思和冥想，飞檐翘角给人广阔深远的联想和想象，漏窗则带给人如梦似幻的独特意境和"以朦胧为美，以隐幽为美"的审美观，无不体现出中国人独特的审美意趣。

(三) 近代史迹

自鸦片战争以来，中国经历了对外反抗侵略者、对内反封建统治的伟大历程，人民为争取独立自强、自由、民主与社会主义，进行了不屈不挠的斗争，留下了众多革命遗址、遗迹和文物等，投射出中国人勇往直前的斗争精神。为了缅怀先烈、铭记历史，国家修建了许多纪念碑、纪念馆和烈士陵园，讲述着近代革命和解放战争的英雄事迹，传承了伟大的爱国主义精神，值得我们追忆并铭记。

1925年深秋，一代伟人毛泽东曾与革命友人在橘子洲指点江山，求索改变国家命运的道路，心系家国的情怀扣人心弦。当毛泽东伫立在橘子洲头，望着湘水滔滔向北奔流，心里惦记着动荡的革命形势，不禁发出"问苍茫大地，谁主沉浮"的仰天长问，写下脍炙人口的《沁园春·长沙》。如今，毛主席的雕塑正屹立在橘子洲头，俯瞰奔流不息的湘江和钟灵毓秀的岳麓山，成为了一道亮丽的风景线。该雕塑的头部通过沉思的表情刻画了毛泽东心忧天下的家国情怀，以宽厚的肩膀作为底座展现了伟人风华正茂、胸怀大志的英姿，给人强烈的视觉效果和艺术感染力，传达了气势磅礴之美。作为青年一代，仰望壮观景象，我们理应时刻关注国家和民族的命运，勇挑重担、肩负使命，为中国的发展献出自己的智慧和力量。

人民英雄纪念碑(图3-2-4)，是为了纪念在战争中牺牲的人民英雄而建立的，传达了博大雄浑，气势如虹的精神。它庄严宏伟地耸立于北京天安门广场中心，碑身正面刻着"人民英雄永垂不朽"八个大字，碑身下的须弥坛雕刻了虎门销烟、南昌起义、抗日游击战等革命事件，记录着先烈们的丰功伟绩，凝聚了中华民族英勇不屈的抗战精神。硝烟尽散，英气永存，纪念碑寄托了国家和人民对牺牲英雄们深深的哀思与缅怀，也时刻提醒我们铭记历史，勿忘先辈，不断学习人民英雄的革命斗争精神。

» 图3-2-4　人民英雄纪念碑

二、人文景观之美的特征

人文景观基于人类崇尚自然、亲近自然的美好观念。依山而建、傍水而筑的设计理念增添了审美意趣，展现了人工画卷与自然环境相结合的和谐美。人文景观美主要体现在以下几个方面。

（一）投射出工匠的匠心智慧

历史上的人文景观美无不投射出工匠的才华与智慧，许多景观屹立千年而不倒，传达了独特创新的设计理念和建造能力。处于险峻地形上的万里长城，大部分城墙均沿着悬崖峭壁修筑，"因地形，用险制塞"成为了修筑长城的重要指导经验，只为更好地抵御外敌入侵，整体震撼且壮观，让人望而止步、声声赞叹。这种既顺应自然环境又添加人工设计理念的景观不胜枚举,如西江千户苗寨(图3-2-5),选址在四面环山、重峦叠嶂的白水河两岸,连绵成片的吊脚楼沿山而建。每当夜幕降临,我们就能欣赏到万家灯火的绝美佳景。又如,贵州梵净山金顶海拔达2336米,中部裂缝将金顶一分为二,奇险无比。两座山峰上各修筑着一座庙,两庙由天桥相连,在风云变幻中,仙气缥缈、盛气凌人。常见的庙与桥因建造在险峰上,而成为一大奇观,充分展现了古人的勇气和智慧。

» 图3-2-5　西江千户苗寨

(二)承载了美好的历史意义

经过历史的沉淀和岁月的洗礼,人文景观反映了当时的生活状况和文化艺术水平,联结着现在和未来,承载了一定的历史意义,使人因其历史价值而产生更多的审美评价。故宫是世界上现存建筑面积最大、保存最完整、历史最悠久的木质结构建筑群。宫殿承袭了中国古代建筑艺术的传统形式和独特风格,象征着中国几千年的优秀文化传统,彰显了中国古代在建筑艺术上卓越的成就,对研究中国古建筑的独特类型和施工技巧有很高的价值。故宫现有的100多万件文物,涵盖了上自新石器时代、下至明清及近现代的历史文化,囊括了中国各地域、各民族的艺术精华,是中华民族几千年文明史的体现,为历史考究提供了重要的参考价值。

(三)蕴含了独特的文化内涵

人文景观是人类长期实践和创造的产物,融入了当地文化、艺术特色和思想精神,形成了各具特色的文化内涵。中国故宫孕育了底蕴深厚的中华文化,其堂皇、庄严、规划严密整齐的建筑文化体现着皇权至上的思想,是帝王中央集权、封建社会制度的映射。故宫中留存的珍贵文物、故事传说更具有无与伦比的文化价值和审美意义,能增进我们对中华民族文化的认同感,增强民族文化自信力。而有些历史景观即使断壁颓垣、残破不堪,仍有极高的历史价值和文化内涵,如被风化侵蚀、人为破坏过的莫高窟(图3-2-6),在悠久的历史长河中闪烁着不可磨灭的光彩。莫高窟以巍峨的九层楼、满堂栩栩如生的佛像、富丽多彩的壁画带给人视觉上的震撼和冲击,展现了建筑、彩塑、壁画的艺术美,体现了佛教思想理念与中国传统文化的融合,是佛教中国化的艺术宝库、珍贵财富。

» 图3-2-6 莫高窟

三、人文景观的审美技巧

（一）了解人文景观，领略不同美感

人文景观不仅是宝贵的美育资源，更是人文教育、思想熏陶的重要场所。人们欣赏人文景观时，需要增强对人文景观的了解和认识，把握传达的思想特征，积淀广博丰富的文化底蕴。在观赏前，可查阅该景观的文化背景、历史典故、地理信息，包括与其有关的绘画、诗词等艺术作品，从而体会到人文景观的文化价值、美学意义，拓展自己的鉴赏视野。

不同的人文景观有不同的特点，所蕴藏的美学内涵和思想品质能给人不同的观感，为此需要把握其呈现出的美感特点。历史古迹具有深厚的文化内涵，应侧重于观赏古风貌、古遗址、古建筑，结合历史故事与神话传说，探寻人文景观所蕴含的文化亮点。每个古典园林都有自己的个性美，观赏时要抓住园林的建筑特点、构景手法，体会艺术创造的美妙之处，感受园林的独特意境与匠心精神。游览近代史迹则要了解该景观所发生的历史事件，领悟背后的纪念意义和精神价值。

（二）走进人文景观，实现情景交融

欣赏人文景观的美，需要真正地走进并融入人文景观，通过满足感官知觉与感性需求，以获得更多的审美感受。景物的结构、外观能给我们带来视觉上的直观审美，如宫殿的对称美、园林的自然美、纪念塔的壮丽美，是人们身历其境能直接感受到的。而深入挖掘景观的历史由来、文物典藏、人物故事等文化内涵，则能带来文化层次的审美，深化感性认知。

在欣赏人文景观时，还要进行充分的联想，实现情景交融，进而陶冶性情、感悟人生。尽管圆明园留存了几根断梁残柱，缺乏常规的美感，但人们通过联想，仍能在残垣里看到"万园之园"的辉煌，体会被八国联军洗劫烧毁的沧海桑田，从而激起铭记历史、吾辈应自强的决心，并从中得到创造美的联想启迪。

"人文"一词贯穿了人类的思维模式、价值取向、审美意趣，投射出人的内在灵魂与美好心灵。区别于自然现象及社会情景，人文景观蕴含了深刻的人文精神，强调了人类对文化生命的弘扬和文明世界的开拓，不仅是身体栖居的美好环境，更是心灵

安居的最佳处所，值得我们仔细观赏、用心维护。

第三节　生活环境美

【学习目标】

> 1. 理解并掌握城乡环境、工作环境、学习环境、休憩环境的美学特点。
> 2. 能够感悟生活环境美的特征，进而强化对生活的热爱和向往之情。

生活环境美产生于人类的社会实践活动，其表现形式多样，能唤起人们对生活的热情和生命的热爱。生活环境美是丰富多彩的，如干净整洁的城区街道、鲜花吐蕊的生活街景、绿树成荫的休闲广场等，只要人们仔细观察、用心感受，就能发现生活中各色各样的美好事物。生活环境美影响着人的心境变化、精神状态和审美情操，健康的、积极的生活审美视角能唤起人们的激情，鼓励人们去追求和创造美的生活。

一、城乡环境之美

乡村、城镇是人们进行社会生活和生产的场所，由建筑、街道、服务设施等物质条件构成，是人类文明的重要标志。城乡环境美反映了人类社会生产生活与自然环境的协调统一，也是当地文明发展程度的体现。总的来说，城乡环境的美主要包括以下几个方面。

（一）整洁美观

整洁美观，是城乡环境美最基本的要素，也是最直观的美好感受。卫生整洁是创造宜居生活环境的基本要求，整洁干净的街道、清澈透明的河水、沁人肺腑的空气能让人感到身心健康、耳目舒畅。相反，假若我们生活的环境遍地垃圾杂物、尘土飞扬，到处充斥着噪音与污染，那么我们不仅感受不到环境之美，甚至会产生厌恶之情。由此可见，生活环境的整洁美观有着重要意义，生活在舒适幽静的环境，能够提升人类生活的幸福指数。

（二）功能齐全

生活环境功能齐全、设施完善，能够保障所在地政治、经济、文化和生活的正常运行，保证城市的健康发展。城市是按照实用性功能来进行设计的，在交通运输上让人享受出行的便利，如飞机、高铁、私家车等；在设施服务上让人满足生活的需求，如商场、银行、超市等。城市还包含了商业服务、教育、文化、公共安全等无形资产设施。美好的生活环境和齐全的社会功能可以满足人们多样的社会生活需求，提高居民的生活品质，提升安全感与幸福感。

（三）地方特色

任何一个美的场景，不仅结构布局、建筑风格等整体形象是美观的，而且还能体现出当地的文化特色、民族风情和精神内涵等。在众多城市中，上海开埠后迅速腾飞，一跃成为现代国际大都市，高楼林立，被称为"魔幻之都"；三亚四季如夏，有丰富的海滨和森林资源，建成了浪漫的海滨之都，享有"东方夏威夷"的美称；"春城无处不飞花"的昆明有着四季如春的气候，并借此自然优势发展了花卉景观，成了一座名副其实的"花城"；西安作为中国四大古都之一，拥有大量的人文景观和文物遗迹，是一座充满历史价值美的古都……审美是个性的、独特的，在地方特色的基础上感受人文内涵，能够增添环境的美感，使其充满独一无二的吸引力。

（四）变化万千

时代在向前发展，社会在不断进步，城乡也处于发展与变化之中。旧的、破的城乡街景被拆除或改造，新的、美的城乡环境应时而生，城乡环境呈现出与时俱进的动态美。各地正大力推行城市更新项目，不断对老旧建筑、绿色环境、公共设施进行改观与修缮，以形成舒适的生活环境和美丽的城市形象。即使是从前偏僻闭塞的小乡村，也逐渐成为四通八达的新农村，反映了人们新时代的建设意识和创造精神，展现了城乡建设的新风貌。

城乡环境的美时时刻刻映照在我们的生活中，拥有一双善于捕捉美的眼睛和一种不断坚持追求美的精神，能更好地发现生活环境中的美。我们既要看到城市车水马龙的繁华盛象，也要学会感受乡村小桥流水的慢生活；既能欣赏白昼时的川流不息，也能沉醉于夜深后的华灯初上。当然，我们还应该共同守护城乡家园、保持环境的卫生整洁、遵守社会制度法规，将生活环境建设得更加美好。

二、工作环境之美

工作环境容纳了各行各业、各式各样的人，既是给人们提供成长的空间，又是创造价值的空间。美的工作环境不仅能激发人的工作积极性，还能教会我们认真欣赏他人的劳动价值，共同创造社会的、美好的事物。

（一）舒适的工作环境

一个舒适的工作场所往往包含了优美的硬件环境和软件环境，大到个人的职业发展，小到饭堂的各类菜式，都有美的存在。首先，工作场所的硬件设施对劳动者工作态度、劳动效率和实施成果有着重要意义，如恰好适宜的温度，宽敞整洁的办公室，齐全完善的设备，安全无害的场所，安静舒适的空间等，都能有效提高劳动者的工作意愿，激发工作积极性和创造力；其次，和谐优美的环境氛围对劳动者的人际关系、职业晋升、幸福指数有着重要的意义，同事、上下级之间团结友爱、互帮互助的良好风气，能够增强彼此间的信任，体现着人际关系的和谐之美；再次，合理的薪酬制度和畅通的晋升空间是激励劳动者奋发向上的助推器，能使其在社会活动中获得认同与尊重；最后，"以人为本"的企业文化，是企业向前发展、员工激情工作的动力源泉，能够加强企业的凝聚力、有效满足员工心理需求，从而增强工作的幸福感。

（二）美好的勤劳品质

自古以来，勤劳是中华民族的传统美德和精神财富，如勤劳能干的后稷、追逐太阳的夸父、钻木取火的燧人等，无一不在勉励人们要勤劳勇敢、自强不息。马克思也曾说过，劳动创造了美，创造出劳动者自身的美和劳动产品的美。每一个劳动者都是社会的主角，如穿着橙色衣服穿梭在马路上的环卫工人、开着抑尘车一趟趟奔波在街道上的司机师傅、烈日下专注于修剪绿化花卉的园艺工等，这些劳动者美丽的身影，正如暖流般温暖着人心、浇筑了梦想。

（三）智慧的劳动产品

人类劳动是遵循美的规律而创造美的过程，因此劳动产品具有一定的审美价值。劳动产品凝聚了人类的聪明才智与精神力量，既具有产品的实用意义，又体现着人类自由创造的力量和智慧劳动的成果。当我们观赏劳动成果时，不仅能感受到产品的功能与便利，还能从中看到自己创造的价值，从而产生强烈的愉悦感与自豪感。日常生活中，商场、菜市场(图3-3-1)里陈列着种类齐全、颜色层次丰富的商品和菜品，既具有视觉效果上的美感，也体现出劳动者勤勤恳恳的工作态度。精美的珠宝首饰有着让人难以抗拒的魅力，华丽的线条、优美的形状、精致的工艺，均是制作者能工巧匠的技艺传达。

» 图3-3-1　整齐有序的菜市场

总的来说，人民创造历史，劳动开创未来。人世间的美好梦想，只有通过诚实劳动才能实现；发展中的各种难题，只有通过诚实劳动才能破解；生命里的一切辉煌，只有通过诚实劳动才能铸就。劳动创造了中华民族，造就了中华民族的辉煌历史，也必将创造出中华民族的光明未来。因此，我们应提升自己的实践能力，通过劳动创造出更美好的未来。

三、学习环境之美

"蓬生麻中，不扶而直；白沙在涅，与之俱黑。"出自荀子的《劝学》，描写了蓬草生长在麻丛中、不用扶持也能长挺直的现象；白沙混进污泥中，会变得和污泥一样黑。由此可见，环境可以塑造人、影响人，优美的学习环境对人的成长有着重要的作用。在日常生活中，学习的地方无处不在，如校园、教室、图书馆、互联网等，发现这些环境的美能促使人热爱学习、积极学习、有效学习。

（一）校园环境之美

学校是求学者学习、生活的主要场所，从幼儿园到大学，均发挥着育人立人的功能。合理的教学建筑和组织布局，能够充分满足多样的教学需求，如高校的教学建筑主要包括一般性教学楼、专业性教学楼、实训基地、科研基地等，均具备开展教学的设施功能。而校园道路旁的雕塑、教学楼内的壁画、宣传栏上的学习标兵，都展示了一定的教育意义，营造了浓郁的文化氛围，以耳熏目染的方式激起同学们的学习热情。校园环境也十分注重绿化，绿植可以舒缓心情、缓解视觉疲劳，令劳累紧张的肌体得到放松，从而提高学习的效率。丰富多彩的课外学习活动，也能为学生增添有趣的活动形式，有效调动学习的积极性。

（二）教室环境之美

对于寒窗苦读十余载的学生来说，教室是平凡且熟悉的地方，在求学生涯中占据着重要的位置。当人们走进教室，映入眼帘的是宽敞明亮的空间、整齐摆放的桌椅、卫生整洁的地面，这些景象构成了赏心悦目的学习环境。从人文意义看，悬挂在两侧的名言警句、名人故事，均对学生的品德素养起潜移默化的教育作用。从教学实施看，完善的教学设备有助于开展多样化的教学活动，如智慧教室(图3-3-2)，是集慕课、课堂分析、教学互动、课程评比等功能于一体的创新型智慧型学习环境，让教学内容以更优化的形式呈现，拓宽了学生获取知识的途径。

» 图3-3-2 智慧教室

（三）图书馆之美

教育家苏霍姆林斯基说过，图书是知识不可缺少的源泉，是精神财富取之不尽的源泉。图书馆典藏云集、书香四溢，有丰富的纸质图书与数字资源，滋养和培育了一批又一批莘莘学子。众多图书都分门别类地排列在整齐的书架上，既整洁美观，又便于读者迅速搜索所需书籍。在静默宽阔的知识殿堂里，我们凝心享受着图书馆的静谧美，既能寻得沉浸阅读、垂头学习的身影，又能感受到读者轻轻翻动摩挲书页和笔尖划过纸本的微微声响。置身于无边书海中，我们诚心学习书籍中的智慧、启迪和思想，在迷茫焦虑时能找到正确的航行方向。以书塑身，以书怡情，受用一生。图书馆的浓厚文化氛围，能激起读者博览群书、开拓视野的欲望，同时也能放松自己、愉悦心情。

美的学习环境，是净化人心、开拓思维、激发求知欲的舒适空间，需要每一位求学者用心创造与精心维护。保护与建设美丽校园，爱护学习设施设备，营造校园人文环境，是我们每一位学子应尽的责任与义务。同时，我们更要孜孜不倦地学习专业知识，不断拓宽美的视野，努力成为社会上的有用之才。

四、休憩环境之美

《说文解字》曰："休，息止也，从人依木。"甲骨文中的"休"字就像人在树旁休息，狭义的"休憩"指的是脱离了忙碌紧张的生活状态，置身于轻松、愉悦、舒适的环境中，强调一种悠闲自得的美感。随着人们生活水平的不断提升，"休憩环境"在人居环境中的比重越来越大，也对人们的生活质量有着更高的要求。随着时代发展，人们已不仅仅为寻得遮风避雨的建筑环境而栖居了，而是对休闲的环境美有了更大的期待和展望。

（一）休闲环境之美

在业余或课余时间，能展现出健康生活的活力美、让身心得到放松的环境，便是狭义的"休闲环境"。随着大众休闲时代的到来，休闲生活成为人们日常生活中不可缺的重要部分，人们对休闲的需求也日渐扩大。因此，美的休闲环境对提高人类物质生活和精神生活质量有着重要意义。

休闲环境一般按照美的特点来建造，主要包括体育休闲、饮食休闲、文化休闲等环境，使人能够感受到物质享受、精神享受、生理享受与心理享受，让生活更加纯粹、美好。公园广场以自然景观覆盖率高为特点，建有水池、花坛、树丛、绿篱，并用桥梁、亭台、雕塑等景物加以点缀，满足人们视觉上的审美需求。同时它也配备着各式各样的休闲设施，如歇息桌凳、健身器材、球类场地、绿道山道、文化长廊等，满足人们对休闲活动需求。除了环境上的观感，休闲环境的美还体现在休闲活动上，如清晨在公园绿道上奔跑的朝气身影，午后在凉亭树荫下与棋友博弈的沉稳睿智，傍晚在篮球场上挥洒汗水的青春活力，入夜后在广场上跃动舞姿的欢乐祥和，无不在展现着健康生活的活力美。

学会欣赏与享受休闲环境的美，关键在于保持积极向上的生活态度，以乐观心态对待一切事物，找寻生活中平凡且常见的美。珍爱生命，热爱运动，追求健康生活，是欣赏休闲环境美的重要意义。

（二）居室环境之美

居室是人们生活、休息、居住的地方，也被称为"家"。居室环境可以反映居室成员的文化涵养、兴趣爱好、精神面貌和思想感情，对人的健康成长有重要意义。居室环境美是多样的、因人而异的，主要有以下两方面的特点。

(1) 布局合理，整洁舒适。合理的居室空间布局，能够满足日常家居生活的需求，让生活变得井然有序。一般而言，我们将居室环境按功能划分为客厅、餐厅、书房、浴室、卧室等不同区域，并在相关区域摆放适宜的家具家电，做到物尽其用。居室美应是干净的、整洁的，物品摆放合理整齐，室内环境舒适宜人。有的居室装修清雅，陈设素朴，但室内卫生干净、摆设整齐，能让人住得舒适、心旷神怡。而有的屋子装修华丽，摆设高档，但满地垃圾、满屋灰尘，物品放置凌杂，就会令人思绪杂乱，无法感受到美的气息。

(2) 色彩协调，美观独特。正所谓："斯是陋室，惟吾德馨。"居室不一定要豪华气派、富丽堂皇，但要能体现自己的品格与情操。协调舒适的色彩搭配是居室美最有力的装饰，居室的色彩应当符合室内功能和居室主人的精神要求，如暖色调组成的是温暖、欢喜的家庭氛围，深色调给人沉着坚定的感觉，浅色调则带给人平和淡雅的气息。居室所摆放的绘画、书法、雕塑等陈设装饰，也反映了居室主人文化素养、思想境界、审美情趣，寄托了自己的理想追求，是居室环境的个人独特美。

衣食住行是人类生活的四大要素，环境是围绕人群生活的必要空间，能直接或间接影响人类的生存和发展。对于生活环境而言，我们应该在满足工作和生活基本要求的基础上，以健康生活为理念，满足生理、心理和社会多层次的需求，营造健康、安全、舒适的生活环境，促进身心健康良好发展。

▶【课后思考】

1. 自然环境美有哪些基本特点和审美意义？

2. 举例说明恰当的观赏时间在欣赏自然环境美中的作用。

3. 我国人文景观有哪些类型？请列举出有代表性的景观。

4. 请介绍家乡的特色人文景观，并分析它的美。

5. 结合你所在的城市，分析城市环境发展所带来的变化之美。

6. 以自己的家为例，简析居室环境美的体现。

第四章 劳动美

【本章导读】

　　劳动是人类适应自然的活动和改造的独特方式，也是世界上一切美好事物的源泉。《千华随笔》曾提到："劳动证明我们不懒惰，劳动说明我们不贫穷，劳动表明我们不落后。只要我们想进步、想拥有、想改变，劳动一定能够为我们实现。"在劳动中，人们能感受心灵美，厌弃好逸恶劳、游手好闲的思想；人们能感受到关系美，促进集体关系、人际交往的和谐；人们能感受到思想美，感受奋勇争先、勤勤恳恳的精神。本章节从创造、场面、过程、工具、产品等几个方面展示劳动美，感受劳动带来的诗意和幸福，鼓励大学生热爱劳动、热爱生活，以热忱的心去对待周围事物。

第一节 劳动创造美

1. 学会理解劳动的本质并审视劳动的意义。
2. 了解哪些劳动精神是中华民族精神的重要组成部分。

劳动创造世界，劳动成就梦想，劳动映照美感。我们站在历史长河的高峰远眺，是劳动创造了泽被华夏的文明成就；回望中国发展的伟大进程，是劳动铺就了中华复兴的康庄大道。无论是在华灯初上的现代都市，还是在淡泊宁静的田园小镇，处处可见劳动者挥汗如雨、全力以赴、步履不停的身影，映照了一道道亮丽的风景线。在这个属于劳动者的光荣时代，正是他们在各行各业、各条战线的辛勤耕耘，才让我们生活的土地和国度日新月异、扶摇直上。千千万万劳动者以昂扬奋斗的实干、精益求精的匠心、持之以恒的坚守，在平凡的岗位上收获幸福和快乐，创造了缤纷生活的美感，为奋进的时代涂上了最美的底色。

一、劳动创造世界

劳动是人在社会中存在与发展的方式，自从有了人类活动，劳动就与人类朝夕相伴，成为人在社会中存在的基本方式。人们在从事物质生产过程中是有意识地、审美性地、创造性地进行劳动，也是人们通过对规律的运用，积极发挥主观能动性，实现更大限度的生命自由的活动。马克思曾说："任何一个民族，如果停止劳动，不用说一年，就是几个星期，也要灭亡。"由此可见，马克思认为劳动在人和人类社会的形成和发展过程中起决定作用，劳动不仅创造了人和人类社会，而且是人类社会赖以生存和发展的基础。

劳动创造世界，奠定了物质基础条件。劳动是人类社会历史的起点，整个错综复杂、丰富多彩的社会物质和精神生活的过程，不过是劳动过程的展开和深化。劳动是全部人类生活存在和发展的第一个基础条件，是人们全部社会关系形成和发展的基础，为人类活动奠定了良好的物质基础条件。在人类的所有活动中，人类的精神活动、政治活动、文化活动、日常生活能够单独作为人类生活世界的基础吗？答案当然是：不能！当这一切都被排除后，只剩下"劳动"能够具有这样的伟大功能，人们能够通过劳动确证自己在世界中的存在。如果没有劳动，人类将会失去生存食粮、锦罗玉衣、千古建筑和生产资料等一切物质基础，世界将变得荒凉破败、茅封草长。劳动就像是一首赞歌，每一个劳动者都是跃然跳动的音符，成为社会长河中一朵璀璨的浪花，为人类社会奠定了坚实的物质基础。

劳动创造世界，打造了人类生存环境。高尔基曾经说过："我们世界上最美好的东西，都是由劳动、由人的聪明的手创造出来的。"整个人类历史的发展进程就是人通过物质生产劳动不断改造世界、获得自由的过程，是人与自然、存在与本质、自由与必然、个体与社会的矛盾不断得到解决，人的本质力量不断得到彰显的过程。在此背景下，人类通过劳动打造了美好的生存环境，也造就了繁花似锦、生机勃勃、欣欣向荣的人类家园。先哲们用辛勤劳动造就了五千年延绵不断、灿烂星河的华夏文明；建造者用钢筋水泥建设了四通八达、车水马龙的万丈高楼；教书匠用匠人匠心哺育了求学若渴、朝气蓬勃的栋梁之才；医护们用仁心仁术开创了众志成城、救死扶伤的美好景象；战士们用前仆后继铸就了砥砺前行、舍生忘死的精神……无数劳动者用自己的双手打造了不断进步、渐趋美好的生存环境，让我们在幸福生活中欢声笑语、引吭高歌。

劳动创造世界，推动了人类文明进程。在人类发展进程中，人通过创造性的劳动形成自己的对象化世界，这个对象化的世界就是人类实践的结果，是人类创造的物质文明和精神文明的总和。历史的发展是具有目的性和方向性的理性活动，是人们改造世界、完善自身、追求进步的进程，这个进程并非一帆风顺，但人类以无比强大的坚强意志或精神力量不断向前，通过劳动将世界逐渐改造成更符合人类需要的样子。这一进程永不停歇，人们通过劳动真正推动了人类的发展和文明的进步：一是生产劳动为人类的生存和发展提供了物质基础，为人们从事政治、科学、艺术等其他活动创造了物质条件；二是生产方式决定社会制度的性质和基本面貌，影响了整个社会的经济、政治和精神生活的过程；三是生产方式的变化、发展，最终决定着社会形态的变化发展，决定着社会形态的更替。总的来说，劳动推动了人类文明的进程，充分彰显了人类力量的伟大，也进一步验证了劳动是推动人类文明发展的重要组成部分。

二、劳动成就梦想

正所谓：民生在勤，勤则不匮。中华民族是勤于劳动、善于创造的民族，中国人民是具有伟大创造精神、伟大奋斗精神、伟大团结精神、伟大梦想精神的人民。在无数劳动者的铺垫下，中国人民拥有的劳动成果均凝聚着聪明才智，浸透着辛勤汗水，蕴涵着伟大精神，更使中国人民比历史上任何时期都更有信心和能力实现中华民族伟大复兴。这一切，正是依靠劳动创造，我们才拥有了今天的成就，也有了实现梦想的勇气和能力。

劳动成就了伟大中国梦。杜甫在《茅屋为秋风所破歌》中道出了振聋发聩的千古名句："安得广厦千万间，大庇天下寒士俱欢颜！"这一名句将诗人的博大胸襟和崇高理想表现得淋漓尽致，而如今人们正在万象更新的时代不断劳动，使这一伟大情怀不再是单纯的宽广梦想，而是真实的人民生活写照。中国共产党在百年的光辉历程中，带领中国人民取得了革命、建设和改革的伟大胜利，同时铸就了具有丰富时代内涵和民族特征的伟大精神，形成了独特的中华精神谱系，成为中国共产党人的精神支撑和宝贵财富。我国正处在"两个一百年"奋斗目标的历史交汇点，面临中华民族伟大复兴的战略全局和世界百年未有之大变局，需要我们读懂中国共产党人接续奋斗的精神密码，汲取百年党史中形成的优良传统和精神力量，激发新时代奋斗前行的内生动力。

劳动打造了中国式奇迹。中华民族自古就是崇尚劳动的民族，从"晨兴理荒秽，带月荷锄归"的耕作，到"女郎剪下鸳鸯锦，将向中流匹晚霞"的纺织，再到"六月调神曲，正朝汲美泉"的酿造……古往今来，人们对劳动的赞歌绵延不绝，由此诞生的"中国式奇迹"同样百花齐放。三峡工程竣工、青藏铁路通车，南水北调、西气东输、"嫦娥"飞天、"蛟龙"潜水、神舟十三号、港珠澳大桥……每个"中国式奇迹"的背后，都是众多劳动者经年累月、兢兢业业、辛勤奋斗的智慧结晶。劳动者的主动性、创造性愈加彰显，知识型、技能型、创新型劳动者成为时代的要求，但辛勤劳动仍然不可或缺，每一项奇迹工程都需要劳动者的热情参与。

劳动树立了时代的榜样。中华民族自古以来崇尚劳动，每一位中国人对劳动者都充满了敬意，并以此作为砥砺前行的榜样和动力。当耄耋之年的袁隆平又一次走进稻田，察看水稻长势；当披甲上阵的钟南山挤进火车餐车，奔赴武汉抗疫前线；当张定宇拖着正在萎缩的双腿，在病房里奔走；当张桂梅伸出贴满膏药的双手，用爱鼓励她的学生……谁能不为这些坚守和热爱感到热泪盈眶？这些劳动榜样的身后是一片岁月静好，也凝结了我们为之信仰的梦想与希望，给了我们只争朝夕、步履不停的勇气。在无数榜样的照耀下，一代代勤于劳动、善于劳动的高素质劳动者层出不穷，一曲曲豪迈激越、铿锵有力的新时代劳动者之歌响彻云霄，为我们托举了崭新的劳动时代。

劳动托举了无数小人物。烈日炎炎，农民在田野间劳作，汗珠砸在泥土上，一株株秧苗结出沉甸甸的粮食；天寒地冻，外卖小哥骑着电瓶车在大街小巷穿梭，头盔染上了白霜，保温箱里的饭菜还散发着腾腾热气；冬去春来，老师始终站在三尺讲台，迎接孩子们求学若渴的目光；花开花落，科技工作者一直守在实验室，验证一个个奇思妙想……日复一日，年复一年，在中华大地上，千千万万劳动者，耕耘着，创造着，用汗水和心血浇灌着劳动的果实，实现着人生的价值，成就着人生的梦想。无数劳模的"个人梦"凝聚成伟大的"中国梦"，正是他们这种爱岗敬业、艰苦奋斗、勇于创新、甘于奉献的劳动精神，一步一步引领中国走向繁荣富强。

三、劳动映照美感

马克思以唯物史观的宏大视野，对人类历史的审美特性做了深刻的分析，并在《1844年经济学哲学手稿》中提出了"人也按照美的规律来构造"这一观点。他之所以这样认为，是因为"动物只是按照它所属的那个种的尺度和需要来建造，而人却懂得按照任何一个种的尺度来进行生产，并且懂得怎样处处都把内在的尺度运用到对象上去"。马克思的这一论述旨在说明，人的劳动本质是使人改造自然以满足人的物质生活和精神需要的活动，也就是"自然的人化"和"人的对象化"，这个过程就是美的创造过程。

劳动的价值就是对美的创造。从人对自然的社会性的生产活动中来讲美的规律，人类的生产实践活动是按照美的规律有意识、有目的地自由创造活动。而在这种生产实践活动中，对象对人的自由本质的肯定，或者说人的本质力量的对象化，便体现了美的本质。青少年一代应该认识到劳动的真善美本质，从而增强从事劳动创造的自觉性，树立为国家和社会发展贡献力量的价值自觉，追求真理，勇于实践，乐于创造。

短视频创作者李子柒，被称为"东方美食生活家"，她以积极向上、热爱生活的劳动精神向世人传达了农耕之乐、劳作之美。在李子柒的短视频中，随处可见耕田地、收稻谷、缝刺绣、制家具、掌大勺的劳动身影，她的每一个动作都娴熟老练，每一道工序都追求完美，每一处细节都细致精妙。一个短短十分钟的视频，却要耗时数月完成，不论是劳动成果还是视频作品，李子柒都把"工匠精神"诠释到了极致，创作出了被网友称为能媲美"舌尖上的中国"的艺术精品。人们在欣赏李子柒的作品时，能够触及内心最深的感动，沉浸在耕耘、桑蚕、刺绣、裁缝的诗意美感中，在劳动中欣赏一个个精雕细琢的艺术精品。李子柒的作品在海内外圈粉无数，获得了全世界的注目和点赞，这与她在视频中传达出热爱劳动的态度和独立自强的精神是分不开的，这正是肉眼可见的"劳动创造幸福，劳动成就美感"。

功崇惟志，业广惟勤。劳动没有高低贵贱之分，不论我们身处哪个行业，只要付出足够的辛劳与智慧，干一行、爱一行、钻一行，就能够在平凡的岗位上取得不平凡的成绩。人行天地间，只有不图安逸，不惧困苦，爬过高山，蹚过激流，拼搏过，奉献过，才能感受"千淘万漉虽辛苦，吹尽狂沙始到金"的喜悦与充盈，才能体会生而为人的自在与尊严。我们要热爱劳动、热爱创造，通过劳动和创造播种希望、收获果实，也通过劳动和创造磨炼意志、砥砺精神、提高自己。

第二节　劳动场面美

【学习目标】

1. 认识古代劳动和现代劳动的场面美。
2. 从劳动场面美中感受劳动的幸福感和愉悦感。

拉·乔乃尼奥里曾说："劳动是产生一切力量、一切道德和一切幸福的威力无比的源泉。"劳动孕育着美的创造，劳动者以轻松、愉悦的心情进行自由创造，往往能形成劳动场面的美。放眼中西内外，从事士、农、工、商的人们在劳动过程中每一分、每一秒的定格场面，都是独一无二的劳动美感。无论是飞船上天、大江截流，还是钢花飞溅、耕牛奔忙，美都能从这些流动的场面(群体的行为)中表现出来，人们都会情不自禁地为之感染、为之动容。这种场面美或许有着宏大、微小、粗糙、细腻、简单、复杂等差别，但都表现出极强的有序性、组织性和自治性，使人进一步感受到节奏、旋律等形式的场面美感。

一、古代劳动的场面美

从古至今，中华民族历来以"热爱劳动"作为优良的传统美德，劳动激发了人民吃苦耐劳、自强不息的优秀品质，发扬了艰苦奋斗的卓绝精神，创造了惊人的物质财富和精神财富。在历史文化的长河中，古人呈现了"力尽不知热，但惜夏日长"的耕作美、"满面尘灰烟火色，两鬓苍苍十指黑"的勤劳美、"初发黄梅插秧时，双双女伴随"的真情美……这些都是人们对劳动场面的真情赞颂。劳动场面之美，让许多古代文人墨客大加赞誉，创作了不少流脍人口的诗篇、栩栩如生的画作，刻了古人勤于劳动、善于创造的场面。让我们随着古画像的定格、循着古诗词的韵脚，去感受古代文人对劳动人民和劳动场景的热情歌颂。

(一) 画作中的劳动场面美

我国自古以农业立国，诞生了流传千古的农耕文明，考古的文物中刻画了许多有关农业生产、辛苦劳动的场面，如画像石、画像砖、壁画和绘画作品等，具有极高的历史研究价值。古代的庄园坞壁(图4-2-1)便是劳动场面的真实写照，表现了农耕、采桑、渔猎和庖厨等农忙景象，表达了劳动者对富足生活和劳动丰收的渴望。该画面主要分为上下两层，上层描绘了池边弋射的景象，池边两人席地而坐，张弓射雁，池中荷花错落，鱼儿肥美；下层描绘了六名农夫在田间收获的场景，三人弯腰收割，左一人挑担，右两人相互顾盼，用力挥舞着镰刀，极具生活气息，生动地反映了汉时蜀地秋高气爽的劳作场面以及塘满谷丰的丰收景象，也从侧面表达了劳动者对美好生活的祈愿。

» 图4-2-1 庄园坞壁

南宋画家楼璹所作的《耕织图》是古代小农经济图景的象征，也是诗画相配的文学艺术作品，充满了田园气息和劳动精神。历代统治者常常组织绘制耕织图进行宣传推广，以鼓励劳动、鼓励耕织、劝课农桑，营造全民热爱劳动的美好氛围。在众多临摹的《耕织图》中，以《雍正耕织图》(图4-2-2)最为精

» 图4-2-2 《雍正耕织图》

美独特，深藏故宫三百多年，被视为"镇馆之宝"。该图由清朝宫廷画师精心绘制而成，共有46幅，其中耕图23幅、织图23幅。全图通过一幅幅生产劳动的场景，真实反映了当时耕织生产的全部过程，刻画精致，人物生动，形象逼真。图中的人物虽然都是百姓打扮，但是服饰花色不同、发型梳髻各异，让人赞叹连连。村落雅致风景以及风土人情方面也渲染得栩栩如生，绿树成荫夹装于山水之间，街巷阡陌，鸡犬相闻。成人劳动忙碌，孩童送饭放牧，或牵衣相看，或绕膝嬉戏，这些劳动场景，充分体现了清初的时代特征，细腻传神地描绘了劳动者丰衣足食、安居乐业的喜悦之情。一幅幅栩栩如生的《耕织图》将古代劳动人民自然淳朴、勤于耕作、精于蚕织的情景描绘得淋漓尽致，观者能从这些画作场面中感受到百姓们丰衣足食、安居乐业的劳动喜悦之情。

（二）诗词中的劳动场面美

古诗里的劳动精神是寓意深刻的，劳动场面是丰富多彩的，我们能从古人的诗韵中感受到人们对辛勤劳动的质朴热爱和对美好明天的憧憬之情。上至帝王将相，流传着："每一食，便念稼穑之艰难；每一衣，则思纺织之辛苦"；下至平民百姓，传唱着："乡村四月闲人少，才了蚕桑又插田"。中华民族的劳动精神融在诗词中，先民们顺着四时节令，日出而作，日落而息，在一句句千古传诵的诗句中留下勤劳的身影，谱写了灿烂辉煌的中华文明。

宋代范成大的《四时田园杂兴》为我们描绘了白天田里锄草，夜晚家中搓麻线的场景，村中男男女女各有各的家务劳动，不会耕田织布的小孩子也在桑树荫下学着种瓜，呈现了一派乐融融的美好样子；唐代李绅的《悯农》家喻户晓，"锄禾日当午，汗滴禾下土"更是家家传颂的千古名句，生动形象地刻画出了烈日当空，农民在田中辛勤劳动的场景，同时倡导人们尊重劳动、珍惜粮食；辛弃疾的《清平乐·村居》说道："茅檐低小，溪上青青草。醉里吴音相媚好，白发谁家翁媪？大儿锄豆溪东，中儿正织鸡笼。最喜小儿亡赖，溪头卧剥莲蓬。"此词整体表达得有声有色、活灵活现，将美好的农家劳动生活场景描写得惟妙惟肖，具有十足的生活气息和劳动热情。

【拓展阅读】

《四时田园杂兴》

宋·范成大

昼出耘田夜绩麻，村庄儿女各当家。

童孙未解供耕织，也傍桑阴学种瓜。

　　文人墨客笔下的劳动者与劳动场景不仅只有农民在田间劳作，更是延伸到各行各业、各个阶层，有写伐木工人的、有写冶炼工人的，有写烧瓦工人的，有写蚕农养蚕的，有写渔民打鱼的……如唐代李白的《秋浦歌》："炉火照天地，红星乱紫烟。赧郎明月夜，歌曲动寒川。"描写了红彤彤的炉火熊熊燃烧，甚至将广袤的天地照得通明。炉中因温度太高，火星四溅，紫烟蒸腾，在这般映照下，冶炼工匠的脸庞火红，甚至给月夜增添了光彩。在这明月之夜，他们一边唱歌，一边劳动，高亢而嘹亮的歌声打破了幽寂的黑夜，使寒冷的河水轻轻荡漾。这首诗将两组色调、不同情绪进行意象组合，构成强烈的对比，使动、静、声、色以及冷、热和谐统一，不仅描绘了冶炼工人的肖像和外形之美，还揭示了他们乐观豪迈的内心世界，字里行间表现出了他们的高尚情操。此外，宋代梅尧臣的《陶者》、方岳的《农谣》以及范仲淹的《江上渔者》均分别刻画了烧瓦工人、养蚕人以及捕鱼者等劳动者的辛勤劳作美景。

【拓展阅读】

《陶者》

宋·梅尧臣

陶尽门前土，屋上无片瓦。

十指不沾泥，鳞鳞居大厦。

《农谣》

宋·方岳

雨过一村桑柘烟，林梢日暮鸟声妍。

青裙老姥遥相语，今岁春寒蚕未眠。

《江上渔者》

宋·范仲淹

江上往来人，但爱鲈鱼美。

君看一叶舟，出没风波里。

二、现代劳动的场面美

（一）中国绘画的劳动场面美

在中国现代绘画中，创作者将现实情境观察得细致入微，呈现的劳动场面深刻且真实，使观者拥有更多砥砺前行的精神动力。中国现实主义油画的经典之作《夯歌》(图4-2-3)是王文彬的油画作品，记录了具有中国时代特色的劳动过程，以欢腾的劳动场景将劳动者的激情展现得淋漓尽致。这幅画捕捉了打夯这一重体力劳动的经典瞬间，以唱着夯歌打夯的农家姑娘为描绘对象，表现出她们的青春活力和劳动喜悦，勾勒出人民群众热火朝天的劳动场面。

» 图4-2-3 《夯歌》

春种秋收、春华秋实，金秋世界的累累硕果最能传递丰收的喜悦，也是劳动场面最美的金色象征。中国油画家朱乃正《金色的季节》是"画说丰收"的真实写照，以金色秋收为主题的背景烘托，传颂了丰收的幸福与快乐。画面中两位藏族女青年顶天立地、坚实壮美，以不同的曲线姿态互相依托站立在画面中，使画作充满了劳动的向上张力，表现了劳动人民的力量美和精神美。这幅作品让观者沐浴在一片金黄色调中，感受到西北高原清新秀丽的气息，令人耳目一新、赞叹连连，宛如一曲难以忘怀的生命颂歌。

（二）外国绘画的劳动场面美

放眼古今中外，洋洋大观的精美画作映入眼帘，外国艺术家画笔下的劳动场面同样栩栩如生、别具匠心，引起了世界人民对劳动精神的良好共鸣。在这些经典画作中，画家们对真实生活观察得细致入微，将眼中的劳动场景刻画成永恒的定格，呈现了一个个动人心魄、引人入胜的精美场面。

在外国绘画艺术作品中，也存在着大量歌颂劳动人民、描绘劳动场景的经典之作，如瓦西里格列高里耶维奇彼罗夫的《赞省的割麦女人从田野归来》(图4-2-4)、让·弗朗索瓦·米勒的《拾穗者》(图4-2-5)、梵高的《夕阳下的播种者》(图4-2-6)、杜普荷的《第二次收获》(图4-2-7)、库尔贝的《筛麦妇》(图4-2-8)等精品力作。

» 图4-2-4 《赞省的割麦女人从田野归来》

» 图4-2-5 《拾穗者》

» 图4-2-6 《夕阳下的播种者》

» 图4-2-7 《第二次收获》

» 图4-2-8 《筛麦妇》

在这些栩栩如生的动人画作中，各行各业、各个阶层的劳动者出现在画家笔下，以一种正在默默付出的姿态用心劳动，或弯腰屈膝，或保持动作，神色各异，让人身临其境。值得一提的是，这些描绘劳动人民的画作中，女性角色被频频引用，艺术家们常常从另一个侧面来突出故事主题，呈现一派和谐欢乐的劳动场面，歌颂女性辛勤劳作的光辉。

(三) 现实生活中的劳动场面美

在新时代劳动精神的指引下，中华民族逐渐实现从站起来、富起来到强起来的历史性飞跃，生动展现了我国工人阶级和广大劳动群众在实现中国梦伟大进程中拼搏奋斗、争创一流、勇攀高峰的时代担当和积极作为。在奋勇争先的现实社会中，各行各业展现了劳动场面美，如日夜忙碌插秧的农民(图4-2-9)、熟练操作机械的工人(图4-2-10)、户外勤于撒网的渔民、认真守卫巡逻的民警、亲切坐诊守护的医生、严格执勤待命的公安、辛勤传道授业的园丁……这些劳动者的身影在我们日常生活中随处可见，共同成就了美好的人民幸福生活，成为城市中最亮丽的风景线。

» 图4-2-9　农民的劳动场面　　　　　　　　» 图4-2-10　工人的劳动场面

　　劳动场面的美是对真实生活的热情颂歌和经典描绘，往往离不开劳动场景中美好乐观的劳动者、积极踊跃的劳动热情、整洁明亮的劳动环境、喜悦欢畅的劳动场景。身为新时代大学生，我们要牢记这些真挚而热烈的劳动场面，让它们指引我们更加热爱美好生活，往更好的方向砥砺前行。

第三节　劳动过程美

【学习目标】

　　1.了解我国古代劳动和现代劳动的过程美。

　　2.体会各行各业辛勤劳动的过程美。

　　人们常说："幸福都是奋斗出来的。"这句话看似平实质朴，却点燃了亿万人民在新时代奋发向前的劳动激情，而这里的"奋斗"指的就是劳动过程，劳动过程正是产生幸福的重要条件。劳动过程的美需要劳动者、劳动本身以及劳动对象三者相互配合，劳动者熟练的技艺、劳动所激发的各种动作、劳动对象的价值以及整个劳动过程后续所产生的无形正能量，往往会使整个劳动过程美不胜收。

一、古代劳动的过程美

《豳风·七月》是《诗经》中的经典之作，反映了周代的农业生产情况和农民的日常生活情况，如春耕、妇女蚕桑、布帛衣料、猎取野兽、过冬、采藏果蔬、造酒、修屋、凿冰、年终燕饮等画面，语言朴实无华，真实反映了古代人民一年四季的劳动过程。东晋诗人陶渊明在《归园田居》中写道："种豆南山下，草盛豆苗稀。晨兴理荒秽，带月荷锄归。道狭草木长，夕露沾我衣。衣沾不足惜，但使愿无违。"全诗生动地描写了作者对农田劳动生活的喜爱，洋溢着诗人愉快的心情和归隐的自豪。《吴越春秋》中的《弹歌》全文只有简单的八个字："断竹，续竹，飞土，逐肉"，却写尽了古人砍竹、制作弹弓、发射弹丸、捕猎的劳动场景，栩栩如生地再现了渔猎时代劳动者们从制作工具到狩猎的劳动全过程。这些苦与乐、等与盼的过程，产生了灵魂的充实感和精神的愉悦感，是人们只有在劳动过程中才能形成与体会的美。

【拓展阅读】

豳风·七月

七月流火，九月授衣。一之日觱发，二之日栗烈。无衣无褐，何以卒岁。三之日于耜，四之日举趾。同我妇子，馌彼南亩，田畯至喜。

七月流火，九月授衣。春日载阳，有鸣仓庚。女执懿筐，遵彼微行，爰求柔桑。春日迟迟，采蘩祁祁。女心伤悲，殆及公子同归。

七月流火，八月萑苇。蚕月条桑，取彼斧斨，以伐远扬，猗彼女桑。七月鸣鵙，八月载绩。载玄载黄，我朱孔阳，为公子裳。

四月秀葽，五月鸣蜩。八月其获，十月陨萚。一之日于貉，取彼狐狸，为公子裘。二之日其同，载缵武功，言私其豵，献豜于公。

五月斯螽动股，六月莎鸡振羽，七月在野，八月在宇，九月在户，十月蟋蟀入我床下。穹窒熏鼠，塞向墐户。嗟我妇子，曰为改岁，入此室处。

六月食郁及薁，七月亨葵及菽，八月剥枣，十月获稻，为此春酒，以介眉寿。七月食瓜，八月断壶，九月叔苴，采荼薪樗，食我农夫。

九月筑场圃，十月纳禾稼。黍稷重穋，禾麻菽麦。嗟我农夫，我稼既同，上入执宫功。昼尔于茅，宵尔索绹。亟其乘屋，其始播百谷。

二之日凿冰冲冲，三之日纳于凌阴。四之日其蚤，献羔祭韭。九月肃霜，十月涤场。朋酒斯飨，曰杀羔羊。跻彼公堂，称彼兕觥，万寿无疆。

二、现代劳动的过程美

近年来，中国的基建和制造业突飞猛进，被网友赋予了"基建狂魔"的称号。新华网曾点评："我们总说中国有'基建狂魔'，其实哪有什么'魔'，全都是一个个朴实而善良的劳动者，因为他们我们才有了超越人类极限，缔造世界奇迹的'魔力'。"在日常生活中，许多基础设施映入眼帘，如铁轨、防沙网墙、信号塔、风力发电机、公路光缆等建设景观，均来自"基建狂魔"背后的科技成就、整体规划和实施艰辛，成就了可可西里雪山下的公路光缆、沱沱河站外密集的防沙网墙、戈壁滩上孤独伫立的信号塔。

三、各行各业劳动的过程美

（一）城市美容师

每日清晨，当我们还在恬静的睡梦中，环卫工人已经用他们勤劳的双手，在自己特定的工作岗位上发出了悦耳的声响。勤劳的环卫工人踩着小车，来到空无一人的街上，手持笤帚、簸箕，卖力地扫起街道来，用辛勤的劳动换来了干净、整洁的城市环境。环卫工人的一扫一铲、一腾一挪、一颦一笑，这种连贯有序的劳动过程形成了无声的美感，投射了一座城市最温暖的光辉。不论寒冷冬夜还是炎炎夏日，不论风雨交加还是漫天飞雪，他们不叫苦、不抱怨、不偷懒，永远把脏和累留给自己，把干净和优美奉献给别人。这些默默无闻的小人物被称为"城市美容师"，他们的身上沾满的灰尘是劳动者辛勤工作的见证，也是一颗颗闪亮心灵的美好投射。

【拓展阅读】

最美环卫工人

孙凤芝，是市政建设服务中心环卫三中队的一名环卫工人。

不辞劳苦，坚守负责。她在平凡的工作岗位上，默默无闻、兢兢业业地奋斗了 12 个春秋，用辛勤的汗水为市民创造出洁净舒适的人居环境。脏、累、苦是环卫工作的共性，孙凤芝从不怕脏，从不怕累，从不怕苦。冰雪期间，她凌晨六点便赶到工作地点，清积雪、破冰包，都是一锹一锨地往车上装。近半个月的时间里，锹头掉了头，铁锹折了把，扫把散了架，桥北平房区的每一个地段都留下了她的足迹和汗水。

敬业乐业，维护清洁。一分耕耘，一分收获。2011 年年终考核考评时，孙凤芝赢得全队员工的赞美，在干好本职工作同时，她热心地帮助同事，同事们都关心她、支持她、帮助她，以环卫工人的先进事迹感染她，用"宁愿一人脏，换来万人洁"的行业精神鼓舞她，使她对自己的工作有了更清楚的认识。

甘于平凡，无私奉献。从事环卫工作12年来，孙凤芝把苦和累都留在心里，用青春和奉献谱写着城市建设的音符，在平凡的岗位上，歌颂着爱岗敬业、无私奉献的精神。

（二）灵魂工程师

蜡烛、园丁、春蚕、明灯，这些都是"灵魂工程师"的代名词，没错，他们就是伟大的人民教师。教师们的世界虽然只有三尺讲台，却造就了人类灵魂的工程师，成为了美好世界的设计者。当教师踏在三尺讲台上，温柔的育人言语、恰当的举手投足、动人的温暖表情都投射着老师在劳动过程中散发的美感。老师的一言一行，是我们在文明的天空里展翅翱翔的底气；老师的一笔一画，是我们在知识的海洋里尽情徜徉的资本；老师的一心一意，是我们在青春的岁月里沐浴阳光的希望。

【拓展阅读】

2020年度感动中国十大人物：张桂梅

张桂梅，丽江华坪女子高级中学书记、校长，华坪县儿童福利院院长（义务兼任），丽江华坪桂梅助学会会长。

2002年，在云南儿童之家工作的张桂梅看到了很多农村贫困家庭的不幸，她希望创办一所免费女子高中，彻底解决山区贫困问题。她四处奔波筹集资金，努力了五年也才筹集到一万元。经多方努力，2008年，华坪女子高级中学成立，这是全国唯一一所免费女高，专门供贫困家庭的女孩读书。建校10多年来，已有1800多名大山里的女孩从这里走进大学完成学业，在各行各业作贡献。

华坪好高中佳绩频出之时，张桂梅的身体却每况愈下，患上了10余种疾病。张桂梅说："当听到学生大学毕业后能为社会作贡献时，我觉得值了。她们过得比我好，比我幸福，就足够了，这是对我最大的安慰。"

（三）救死扶伤者

悬壶济世、起死回生、救死扶伤、妙手回春、仁心仁术、白衣天使、赛华佗在世、妙手仁心……这些都是形容医者的美好词汇，无不透着对医护人员的赞赏之情。罗·路·史蒂文森说："医生是我们文明世界的精华。"当医者握着冰冷的手术刀伫立于手术台前专心工作，当医者奔波于病房之间忙碌抢救病人，当医者耐心地坐在诊室对患者进行一系列病情诊断，当医者将药品注射进患者体内时，这些治疗过程都是一幕幕美好的劳动场景。

（四）城市建设者

在川流不息的城市中，有许多城市建设者奔波忙碌的身影，不论什么级别，不论什么职业，他们都在各自的岗位上积极地劳动。工人们扛着钢筋、提着沙石，穿行在建筑工地；建筑师在高空作业时提着庞大的混凝土块和钢铁构件在空中不停地移动；开拓者在冰河里开山、运石、清底、筑堤，搬的搬、抬的抬、打的打；搬运工有的在冰水齐膝深处挖沙砌石，有的在推着小车健步如飞，打夯声、号子声、欢笑声连成一片，整个过程热气腾腾；技术员实地勘察、搜集资料、撰写报告、形成规划、招商引资、劳碌奔波，记不清多少个日日夜夜，他们埋头伏案工作……最终，崎岖的山路变成了宽阔平坦的大道，低矮的茅屋建成了错落有致的高楼。城市建设者用平凡的身影铸成一幅流动的画面，既有擦拭汗水的劳动身影，又有欣赏成果的微笑收获。

【拓展阅读】

2021年度感动中国十大人物：彭士禄

彭士禄，革命英烈彭湃之子，中国第一任核潜艇总设计师，中国工程院首批及资深院士，被誉为"中国核潜艇之父"。彭士禄是中国的核动力专家，中国核动力领域的开拓者和奠基者之一，为中国核动力的研究设计做出了开创性贡献。

1925年，彭士禄出生于广东省汕尾市海丰县城桥东社。

1945年8月1日，彭士禄经陈勇岷（曾任602所副所长）和陈锦华介绍，加入中国共产党，由于表现突出他一入党即被破例免去预备期，成为正式党员，不久就担任党支部书记。

1945年底，彭士禄在晋察冀边区工业学校延安自然科学院学习。

1951年，彭士禄被选派留学苏联，先在喀山化工学院化工机械系学习。

1955年苏联将中国留学生集中到几个大城市学习，彭士禄又被转学到莫斯科化工机械学院继续学习，到1956年毕业。6年间，彭士禄共修了36门课程，除3门课程成绩为合格外，其他33门课程成绩均为优秀。求学期间，彭士禄还有3门实践课程的成绩也是优秀。最后在毕业证书上，彭士禄的成绩总评为优秀。综合彭士禄的课程成绩和毕业论文成绩，彭士禄在毕业时以全优的学习成绩，在莫斯科化工机械学院获得了"优秀化工机械工程师"的称号。

1958年回中国后一直从事核动力的研究设计工作，曾先后被任命为中国造船工业部副部长兼总工程师、中国水电部副部长兼总工程师、中国广东大亚湾核电站总指挥、中国国防科工委核潜艇技术顾问、中国核工业部总工程师兼科技委第二主任、中国秦山二期核电站联营公司首任董事长。

2021年3月22日，彭士禄在北京逝世，享年96岁；5月26日，彭士禄被追授为"时代楷模"。2022年3月3日，被评为"感动中国2021年度人物"。

（五）健步邮人

随着社会的发展和通讯的便利，快递行业日益蓬勃发展，萌生了快递员、外卖小哥、配送员、物流员等职业，一个个奔波的身影在城市中穿行。无数平凡岗位的快递人，东奔西走、风吹日晒、争分夺秒，从快件揽收、粘贴快递信息、装卸货件、派送货件、到最后签收和客户信息收集结束，简单又平凡的劳动过程成为了无数家庭的支撑，用最朴实的举动和最迅速的行为感动了无数快递人！

（六）体育健将

运动精神是一种坚持不懈、积极向上、敢于拼搏的精神。运动员的拼搏过程能给人们带来精神上的提升，使人们在面对困难时产生巨大的勇气和拥有坚韧不拔的毅力。运动员们在赛场上，争分夺秒、勇往直前，为国家而战，为民族而战，为自己而战。田径运动员们在起跑点做好准备，身子成蹲姿前曲，左脚尖顶住起跑线，右膝盖着地，双手四指并拢，与拇叉开在腿的两侧压住起跑线，在枪响的那一刻，一个箭步窜出去，使出全身的力气奔跑着；跳高健儿在小小的场地上，奔跑、起跳、腾空、转身、落地，如燕子穿梭，用全身划出一道亮丽的弧线……运动场上的他们身姿矫健、汗流浃背、乐此不疲，胜利的喜悦、激动的心情、欢呼的声音，都在一瞬间爆发出来，使整个运动场充满生机。他们用青春的脚步、青春的速度、青春的活力、青春的激情以及敢于迎接自我、挑战自我、战胜自我的信念给了我们巨大的精神鼓舞。

2021 年度感动中国十大人物：苏炳添

苏炳添，中国田径运动员，暨南大学体育学院副教授，硕士研究生导师。男子 60 米、100 米亚洲纪录保持者。

2007 年，苏炳添进入广东省队，两年后进入国家队。

2012 年在伦敦奥运会男子 100 米比赛中，苏炳添以小组第三晋级半决赛，成为中国短跑史上第一位晋级奥运会男子百米半决赛的选手。

2015 年 5 月，在国际田联钻石联赛美国尤金站以 9 秒 99 的成绩获得男子 100 米第三名，成为首位进入 10 秒关口的亚洲本土选手。

2017 年 5 月，在国际田联钻石联赛上海站男子百米赛以 10 秒 09 夺冠。

2018 年 2 月，苏炳添以 6 秒 43 夺得国际田联世界室内巡回赛男子 60 米冠军，并刷新亚洲纪录；3 月，在世界室内田径锦标赛中以 6 秒 42 再次破男子 60 米亚洲纪录摘得银牌，成为首位在世界大赛中赢得男子短跑奖牌的中国运动员，也创造了亚洲选手在这个项目的最好成绩；6 月 23 日，在国际田联世界挑战赛马德里站以 9 秒 91 成绩追平亚洲纪录获得男子 100 米的冠军；8 月，在雅加达亚运会田径男子 100 米的决赛中以 9 秒 92 打破亚运会纪录夺冠。

2019 年 11 月，当选世界田联运动员工作委员会委员。

2021 年 3 月，在 2021 年室内田径邀请赛西南赛区男子 60 米决赛中以 6 秒 49 的成绩位列 2021 年亚洲第一，世界第三。8 月 1 日，苏炳添在东京奥运会男子 100 米半决赛中以 9.83 秒刷新亚洲纪录。

劳动过程是人类生存的第一要素，能让人真正了解劳动是获得生活所需的一切，也能切身体验劳动者的解放与自由，从而创造出美好的现实世界。只有当我们沉浸在劳动过程中，才能真正体验到创造价值的幸福生活和人性快乐。劳动本身是美的，这种美的形成必然需要长时间劳动过程的积累，因此，人们在劳动的过程中本身也是一种享受。

第四节 劳动工具美

【学习目标】

1. 了解劳动工具的基本分类及历史演变。

2. 培养自主分析归纳知识的能力，提高对劳动工具美的认识。

生产工具又称劳动工具，是人们在生产过程中用来直接对劳动对象进行加工的物件。它被用于劳动者和劳动对象之间，是劳动资料的基本的和主要的部分，是机械性的劳动资料。制造和使用劳动工具是人区别于其他动物的标志，是人类劳动过程所独有的特征。从原始人的石斧、弓箭，到现代各种各样的机器、工具、技术设备等，都起着传导劳动的作用，均属劳动工具。正所谓：工欲善其事，必先利其器。劳动工具的出现是必然的，是人类在发展过程的历史性进步，让人类的双手真正解放出来。新石器时代的人类在长期打磨石器的实践中，逐步懂得了光滑匀整会提高石器的使用效能，在自制的石器上体现对称比例和方圆变化时，便逐渐展现了劳动工具之美。

一、劳动工具的基本分类

恩格斯曾提到："劳动是从制造工具开始的。"根据历史遗迹和文物资料可知，最古老的劳动工具是打猎和捕鱼的工具，而前者同时也可作为武器。从古人的生活方式来看，打猎和捕鱼的活动，代表着人类从只吃植物转变到进食肉类，这既是劳动与劳动工具之间不可分离、关系密切的开始，又是人类文明进步的重要见证。

迄今为止，劳动工具发展史主要经历了六个阶段：简单工具、复合工具、天然动力工具、蒸汽机器、电气机器和自控机器阶段。

（一）简单工具阶段

弗兰克林曾说过："人是制造工具的动物。"在太古时代，由于地理环境变化剧烈，迫使古猿居地而生。古猿下地后，渐渐直立行走，四肢分工促进了猿手的进化，开始使用天然工具，如木棍、石块等，还学会了制造工具。从制造出第一把石刀起，古猿逐渐进化为人。劳动工具的发展进入到简单工具阶段，即旧石器阶段(图

4-4-1为打制石器)。人类制造的工具主要是以手的各种劳动形态为模型的，它们是人手的延长和强化。正如厄恩斯特·卡普所说："最早的工具确实是'按照'人体器官的'模样'制造的"。最早的工具是由手头现成的物件充当的，犹如身体器官的延长、加强和锋锐化，如钝器以人的拳头为模型，锐器以趾甲和门齿为模型。简单工具的出现，实现了人手的劳动功能向工具的部分转移，堪称工具发展史上的第一个阶段。

» 图4-4-1　打制石器

（二）复合工具阶段

距今一万多年，人类开始用两种不同质地的材料制成工具，即复合工具。例如，装上木柄的石斧，即在木棒上装着石制矛头而制成的矛(图4-4-2)。在中石器时代，人类已发明了弓箭这种复合工具，弓箭的制造和大量使用，使狩猎的劳动生产率大大提升。到了新石器时代，人类学会了磨制工艺和凿孔工艺，使复合工具得到进一步的发展，促进了原始农业和畜牧业的发展。复合工具的出现，标志着

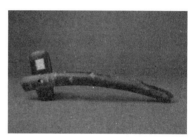

» 图4-4-2　石斧

人类已经学会利用杠杆等最简单的力学原理，从而使人类的体力放大了许多倍。换言之，复合工具的发明和使用，实现了人体骨骼的劳动功能向工具的部分转移，这是工具发展史上的第二个阶段。

（三）天然动力工具阶段

尽管复合工具的发明强化了人手和骨骼系统的劳动功能，但由于生产中使用的动力是人力，因而生产的发展会受到劳动者体力的限制，于是人们开始寻找新的动力源。

一方面，人们利用畜力作为新的动力源。人类通过对牛马等牲畜的驯教，利用它们作为驭运、乘骑和耕种的动力。郭沫若根据对甲骨文的研究，推断出我国在公元前1324至1281年，已经开始用牛拉犁了(图4-4-3)。

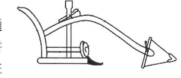

» 图4-4-3　铁犁

春秋战国之后，随着铁器的广泛使用，牛耕才流行起来。人们除了利用畜力耕田、播种、灌溉之外，还利用畜力磨面、碾米和砻谷，并利用畜力拉车和驭载。役畜这种"活动力机"的使用，促进了精耕细作的农业生产方式的形成，提高了农业生产率，改善和加强了陆路交通，促进了商品经济的发展。

另一方面，人们利用风力和水力作为动力源。我国至少在1700年以前就发明了风车。风车是人类把自然力转换为生产动力的重要手段之一，是强化人类体力的工具。风力除了用于加速水上运输之外，其主要用途是磨粮食和排水灌溉。在古代，人们

还发明了另一类开发天然能源(水力)的工具。我国远在
1900年以前就已发明了水排(图4-4-4)、水碓和水车，之
后又发明了水碾、水磨和水转连磨。人类利用水力作
为生产的动力，在历史上比利用风力广泛得多，在中
世纪的欧洲，多数农村都应用了水磨，如英国在十一

» 图4-4-4　水排

世纪的磨坊大约有5000个。水磨等能量转换工具所产生的动力被用于纺织、制革、矿
井抽水、磨坊、冶炼、锯木等生产过程中，极大地推动了手工业的发展，实现了人体
肌肉系统的劳动功能向工具的部分转移和工具对人体肌肉系统的劳动功能的局部替
代，这是工具发展史上的第三个阶段。

（四）蒸汽机器阶段

随着近代工场手工业的发展，以人力、畜力、风力和水力相结合的自然动力体系
难以满足社会生产力发展的需要，由劳动分工所引起的劳动工具的分化、专门化和简
化为机器的产生奠定了重要的工艺的、物质的前提。十八世纪，首先在英国发生了技
术革命，这次技术革命以纺织机的发明为起点，以能够在大工业中普遍应用的蒸汽机
(图4-4-5)为重要标志。蒸汽机的广泛应用，使
劳动者摆脱了"能源奴隶"的处境，从牛马般
的体力劳动中解放出来。在蒸汽机器体系的发
明和应用阶段，劳动者的手、骨骼系统和肌肉
系统的劳动功能基本上外化为机器的功能。故
而，马克思将机械性的劳动资料(即工具)称为
"生产的骨骼系统与肌肉系统"。

» 图4-4-5　蒸汽机

（五）电气机器阶段

随着资本主义工商业的迅猛发展，市场日益扩展，交通急骤发展，企业不断增
多，迫切需要先进的信息传递工具来维系和加强世界范围内的工商业联系。十九世纪
下半叶，产生了一次新的技术革命，以电报、电话等通信工具的发明以及内燃机、电
动机等新的动力工具的诞生为主要标志。

一方面，信息传递工具崛起。电报(图4-4-6)、
电话、收音机和电视等信息传递工具的发明和应
用，大大地延伸和扩展了人类的感觉器官和周围
神经系统。电视使人眼和视觉神经系统的功能得
到扩展；电报、电话和收音机使人耳及其听觉神
经系统的功能得到延伸。神经是人体传递信息的
脉络，电话电报等构成的通信网则是人类社会传
递信息的重要渠道。

» 图4-4-6　电报

另一方面，能源系统发生变革。在电气时代，由发电机和电动机等组成的二级供

给能源的方式取代了蒸汽时代的一级供给动力的方式。二级供给能源是指由电厂用发电机集中发电，然后通过输电线路把电力传输和分配给消费电力的企业，这些企业再用电动机或其他电器把电能转换为生产所需的各种形态的能量。例如，电动机把电能转换为机械能，以此带动工作机运转。

信息传递工具的脱颖而出，社会性能源系统的形成，有机结合型机器系统的出现，大致上构成了劳动工具第五阶段的美好图景。

（六）自控机器阶段

二十世纪中期以来，新的技术革命是一场以电子计算机(图4-4-7)为代表的信息革命。从1945年底，世界上第一台电子计算机"埃尼阿克"(ENIAC)问世后的几十年间，电子计算机已经历了电子管、晶体管、集成电路和大规模集成电路这四代的变革历程。电子计算机在生产中的应用使机器系统产生了"新质"——加工处

» 图4-4-7　电子计算机

理信息的控制机，这就使以往的工作机、传动装置、动力机相结合的机械化机器系统发展成由工作机、传动装置、动力机和控制机相结合的自动化机器系统。电子计算机的发明和广泛使用，实现了人脑的劳动功能向工具的部分转移，这是工具发展史上的第五次革命。

二、劳动工具的美学特征

（一）功能性与审美性相结合

大体上看，劳动工具仍是劳动主体的手脚延伸，具有作用于、改变于劳动对象的实用功能，同时也具有给劳动主体，甚至一般人在视觉上带来愉悦感的美学功能。例如拖拉机和喷雾机，在具备运载物资这一基本实用功能的前提下，又做到了造型考究、色彩和谐。

（二）使用性与适应性结合

劳动工具及其各构成部件能够为劳动主体所使用、所操作，并通过使用、操作实现作用于、改变于劳动对象的目的；同时，劳动工具及其各构成部件的设计、制造又能以人为本，其长度、宽度、弧度和硬度能够适合人体各部位，特别是直接使用、操作的部位，给人以适合感、舒服感，并且使这些感受与使用、操作次数和强度成正相关。例如拖拉机，座椅既是可坐的，又是适体的、舒服的；方向盘、操作杆既是可把握方向的、可控制速度的，又是方便的、适手的、舒服的。又如喷雾器，器具既是可装农药的、可背起的，又是轻便的、易背的、适体的；遥控柄既是可将农药压喷出来的，又是易于操作的、适手的、有手感的。

（三）工具性与音乐性相结合

劳动工具作为劳动主体手脚的延伸和劳动主体劳动的工具的同时，还在劳动主体需要的时候，发出能符合劳动主体欣赏需求的音乐。事实上，劳动工具播放音乐这一功能在现实上已有所实践了，汽车上装置录音设备、播放音乐，电脑上装置音乐设备、播放音乐等功能，这无不给人们在开车时、坐车时、用电脑时带来了音乐享受，消除或减轻了开车疲劳、乘车疲劳、办公疲劳。

人类劳动是从制造工具开始的，生产工具在生产资料中起主导作用，认识劳动工具的重要性不言而喻。良好的劳动工具能够解放劳动者的双手，减轻劳动者的劳动强度，更好地发挥劳动者的智慧，从而促使劳动者为新时代的社会发展贡献智慧和力量。随着时代的发展，那些传统的、落后的、效率低的劳动工具被逐步淘汰，以创新为主导的现代化劳动工具不断改进，对提高人民生活水平、加快社会经济繁荣带来了巨大的推动作用。劳动讲究方法，劳动工具的不断改进对劳动方法的创新带来了巨大影响，我们在传承艰苦奋斗劳动精神的同时，应自觉认识劳动工具美，劳动成果才会越结越丰硕。

第五节　劳动产品美

【学习目标】

1. 掌握劳动产品的丰富类型及美学意义。
2. 把握基本的劳动产品审美技巧。

劳动产品产生于人类的社会实践活动，是工人在一定的劳动时间内生产出来的社会产品。在生产过程中，人们借助劳动资料，使劳动对象发生预定的变化。当这一过程结束时，劳动和劳动对象结合在一起，劳动被物化了，对象被加工了，形成了适合人们需要的物质资料，即劳动产品。

劳动产品美的表现形式多样，主要表现为劳动者在创造劳动产品过程中涌现的灵感、智慧、知识、技术，所取得的成就，以及寄托的情感。劳动产品不仅本身具有其独特的美感，还体现了劳动者"爱岗敬业、争创一流，艰苦奋斗、勇于创新，淡泊名利、甘于奉献"的劳模精神和工匠精神，让人们在被劳动产品美吸引的同时，更被劳动者的价值取向、理想追求与精神力量深深地吸引着。

一、劳动产品的基本类型

（一）农业产品

作为世界农业大国，中国经济的根基是农业，农业产品关系到十几亿人口的生存问题，历来受到国家的高度重视。在过去几十年里，"杂交水稻之父"袁隆平、"中国紧凑型杂交玉米之父"李登海、植物遗传育种学家谢华安、玉米育种专家程相文、"甜瓜大王"吴明珠、"中国抗虫棉之父"郭三堆等一代代农产品研究者从事的专业各有不同，但都有一个相同的理想，就是实现"手中有粮、心中不慌，在任何时候都是真理"的伟大目标，为此，他们创造出一个个育种奇迹，为我国农业发展进步作出了突出贡献。

袁隆平，一辈子专注于杂交水稻研究，矢志不渝地追逐"禾下乘凉梦"用一粒种子改变世界的梦想。他是一位真正的耕耘者，顶着90岁高龄仍步履匆匆地踏上一片又一片的盐碱荒地，成功试种"海水稻"。60载岁月，他始终怀揣同一梦想：田里的水稻长得像高粱一样高，稻穗像扫帚一样长，颗粒像玉米一样大。稻花香里说丰年，禾下乘凉梦万千，谁又能说这一望无垠的稻花，不是最美的产品呢？当他还是一名乡村教师的时候，已经具有颠覆世界权威的胆识；当他名满天下的时候，却仍然只是专注于田畴，淡泊名利，播撒智慧，收获富足。

李登海，中国紧凑型杂交玉米之父，开辟了中国玉米高产路。在我国育种领域，素有"南袁北李"之说，"南袁"是指"杂交水稻之父"袁隆平，"北李"指的则是开创和刷新了中国夏玉米高产纪录的李登海。李登海培育的玉米种累计在全国10亿亩土地上推广，使中国土地由每亩养活1个人提升到养活4.5个人，直接增加经济效益1000亿元。

谢华安，一位稻田里的守望者，也是植物遗传育种学家、中国科学院院士。他选育出的"汕优63"成为了中国推广面积最大的杂交水稻品种，其带领的育种团队，在超级稻育种、航天育种、优质稻育种等方面屡创佳绩，更使中国人端稳了自己的饭碗。

程相文，坚守58载育玉米良种。如今，已有86岁高龄的程相文仍在育种基地做着玉米育种实验，坚持用"生命"解读种子。他曾说过"种子是农业的'芯片'，每一粒种子，都关系着中国人的饭碗安全。"作为农业科技工作者，程相文胸怀祖国和农民，勇攀玉米育种事业的高峰，淡泊名利、潜心研究，为守卫粮食安全奉献一生。

吴明珠，新疆甜瓜品质改良的创始人和奠基者，令"北瓜南移"成功突破并结出硕果。这位"甜瓜大王"，改变了人们"橘生淮南则为橘，橘生淮北则为枳"的传统认知。她淡泊名利，扎根基层，致力于收集和整理新疆甜瓜的品种资源，结合多项新型技术培育出新品种，并利用生态差异成功创造了一年四季高速育种的成功实践。

郭三堆，被称为中国"抗虫棉"之父，荣膺"中国种业十大功勋人物"，投身于抗虫棉科研攻关。心系农村和农民的郭三堆，一生以"为农民服务"为目标，带领其研究小组独立自主地完成了中国抗虫棉的分子育种研究，使中国成为继美国之后全球第二个拥有自主知识产权抗虫棉的国家。

农业产品是众多农业研究者的结晶，凝聚着人类的智慧和工匠的精神，见证着中国农业的发展轨迹。除了上述典型的农业产品外，每一个地方都自己独特的农产品，彰显着当地独特的人文情怀及乡土人情，具有一定的文化意蕴和审美价值。

(二) 建筑业产品

1. 水立方

国家游泳中心"水立方"(图4-5-1)是2008年北京奥运会的标志性场馆，举办了游泳、跳水和花样游泳等比赛，各国运动员在此打破21项世界纪录，成为世界上"最快的泳池"，给人们留下难忘的奥运记忆。"水立方"是一个关于水的建筑，从建筑功能"水上竞技休闲"到建筑立面"ETFE气枕"，从建筑结构"多面体空间刚架"到建筑空间"泳池大厅，嬉水乐园"，从室外景观"放掷于水，水滴涟漪"到室内形象"蓝白水韵，漪水盈方"，处处充满"水"的主题、"水"的感受和"水"的神韵，为大众创造出前所未有、令人精神愉悦的空间场所。

》 图4-5-1 水立方

2. 国家速滑馆

从2008年北京奥运会主场馆——中国国家体育场("鸟巢")，到2022年北京冬奥会标志性场馆——国家速滑馆("冰丝带")，无不体现着精美的建筑艺术，更是作为时代见证而存在的标志性建筑。建设这两座体育场馆的总工程师，就是被称为"双奥总工"的李久林——教授级高级工程师，他带领团队不断地突破技术瓶颈，为双奥场馆建设奉献出世界领先的中国智慧，用科技书写了"双奥"传奇。

国家速滑馆，又称为"冰丝带"，是2022年北京冬奥会北京主赛区标志性场馆，也是唯一新建的冰上竞赛场馆。李久林曾说过："像造汽车一样建奥运场馆，使用国产高钒密闭索，让3360块玻璃呈现'丝带飞舞'，造出世界'最快的冰'，打造世界最智慧的场馆"。国家速滑馆采用了国产高钒密闭索，填补了国内首个大吨位、大面积的超大跨度单层正交索网同步张拉技术空白，在国内大型场馆中首次成功应用。

国家速滑馆作为一个综合性场馆，成为了社会服务功能和企业运营兼备的运动健身场馆，既为运动员提供了训练场地也满足了市民冬季运动的需求。

（三）工业产品

我国自古就是一个工艺制造大国，有着尊崇和弘扬工匠精神的优良传统，诞生了鲁班、李冰、沈括等世界级工匠大师，"庖丁解牛""巧夺天工""匠心独运""技近乎道"等典故耳熟能详。进入新时代后，一批批杰出工匠、技能大师坚守产业报国初心，以"择一事终一生"的执着专注，"钻一行精一行"的精益求精，"偏毫厘不敢安"的一丝不苟，"没有最好只有更好"的卓越追求，攻克了一个个技术难题，铸就了一件件大国重器，打造了一张张中国制造、中国创造、中国建造的大国名片，为全面建成小康社会、实现第一个百年奋斗目标作出了重要贡献，谱写了"中国梦·劳动美"的崭新篇章。

盛世中华筑梦行，神州大地骋银龙。横飞万水连国际，纵跨千山汇藏青。曾叹遥亲千里远，时怀故土一天程。扬帆丝路驰轮掣，雄起炎黄伟业兴。赵卫红给高铁动车组装上"智慧大脑"，刷新了中国速度；王鹤用一双巧手在航天器上"绣花"；邓福亮用一双"蓝手"保障电网"血液通畅"；马健实现了天堑架桥，让山乡不再遥远……各条战线英雄辈出、群星璀璨，他们在实现中国梦伟大征程中拼搏奋斗、争创一流、勇攀高峰，用智慧和汗水营造了劳动光荣、知识崇高、人才宝贵、创造伟大的社会风尚，无愧为新中国"最美的人"！

二、劳动产品的审美技巧

（一）了解劳动产品，领略不同美感

"劳动美"是人类在生产实践中合理调节人与自然关系的感性活动，是显现和外化的人的本质力量活动，正是生产劳动使美得以呈现，使劳动自身成为审美对象。不同的劳动产品有不同的特点，因此能给人以不同的观感，为此需要把握不同劳动产品呈现出独一无二的美感特点。如农业产品具有悠久的历史，与满足个人生存需求息息相关，我们应侧重于观赏农产品的区域特色，结合产品故事与劳动者的生产创造理念，探寻农产品所蕴含的传统文化，传承中华民族梦想；又如每个建筑业产品都有自己的个性美，观赏时要建筑产品的建筑特点、建造手段、建筑故事，体会建筑制造的美妙之处，感受建筑人的独特意境与匠心精神；再如鉴赏工业产品则要了解该工业产品所产生的历史背景，领悟背后的纪念意义和精神价值。

（二）走进劳动产品，感受劳动精神

欣赏劳动产品的美，需要真正地走进并融入劳动者的精神思想，通过满足感官知觉与感性需求，以获得更多的审美感受。产品的结构、外观能给我们带来视觉上的直观审美，如鸟巢的不规则美、港珠澳大桥的大气美、航天飞船的神圣美，是人们身临其境能直接感受到的。深入挖掘劳动产品的产生背景、人物故事等文化内含，则能带

来文化层次的审美，深化感性认知。因此，我们在欣赏劳动产品时，要进行充分的联想，实现情景交融，进而陶冶性情、感悟人生。尽管只能看到一望无垠的稻田，但人们通过联想，仍能在一禾一粟、一草一木中，体会袁隆平院士"禾下乘凉"的心境，从而激起爱岗敬业、艰苦奋斗、乐于奉献的精神，并从中得到创造美的联想启迪。

（三）了解产品故事，致敬劳动模范

劳动模范是民族的精英、人民的楷模，是时代的先锋。他们的事迹可学可做，他们的精神可追可及。中华民族的辉煌历史，当代中国震惊世界的发展奇迹，都是勤劳智慧、兢兢业业的中国人民用伟大的劳动和创造托起的。长期以来，广大劳模以平凡的劳动创造了不平凡的业绩，铸就了独特的劳模精神，丰富了民族精神和时代精神的内涵，是我们极为宝贵的精神财富。我们在欣赏劳动产品美时，要试着了解劳动产品背后的辛勤故事，以劳模为榜样，学习其兢兢业业、只争朝夕的奋斗精神，共同投身于中华民族伟大复兴的宏伟事业。

劳动产品在各行各业均有不同的体现，但创造这些产品的人都怀抱着同一个信念，就是要在自己的岗位上做到极致，以执着专注、精益求精、一丝不苟的工匠精神创造出劳动产品真正的美。从古至今，劳动者在平凡的岗位上创造了不平凡的业绩，以实际行动诠释了中国人民具有的伟大创造精神、伟大奋斗精神、伟大团结精神、伟大梦想精神。我们要用劳动工作者的精神和品格不断鞭策自己，将诚实劳动、辛勤劳动视作毕生的追求，在新征程上依靠劳动开创更加美好的未来！

▶【课后思考】

1. 分享你身边劳动者的真实故事，并讲述对方给你带来的影响。

2. 作为新时代大学生，该如何更好地提升劳动的价值？

3. 中外绘画作品中的劳动场面美有哪些审美意义？

4. 请同学们列举各行各业的劳动场面美。

5. 我们身边有哪些有意义的劳动产品？请列举出有代表性的劳动产品。

6. 请介绍家乡的特色劳动产品，并试着分析它的美。

第五章 生活美

◆◆ 【本章导读】

生活美的内容丰富且充满乐趣，包括那些积极、健康、有益的生活性质以及具有创造意义和先进理想的生活状态。在广泛的社会生活实践中，既有诗情画意、优美典雅的恬静生活，又有开拓进取、积极向上的奋斗人生，均能鼓舞人的精神、坚定人的信念，激励着人们去创造美好的未来生活。本章选取了服饰之美、饮食之美两个部分，展示与人们生活息息相关的内容，促进读者对生活美的向往与热爱。

第一节 服饰之美

【学习目标】

1. 掌握服饰的美学原则及审美意义。

2. 了解服饰美的基本表现特点。

3. 能够掌握中国服饰之美的鉴赏技巧。

服饰，即服装和饰品的总称，具体指人们的衣服、鞋、帽和装饰品等。服饰除了防寒避暑、遮羞蔽体等保护作用以外，还具有装饰和美化人体的功能，能够满足人类的心理需求。它不仅是人类生活的基本需求，还代表着一定时期的社会文化背景，成为人类文化的积淀和标志。不同的时代、不同的民族，都有形色各异的服饰。换言之，服装与社会的政治经济、道德建设、文明风尚、艺术修养等紧密相连。因此，服装是社会意识形态的组成内容之一，是人类文化的结晶，也是人类文明的体现。

一、服饰的美学意义

（一）服饰是整体形象的表现

一般而言，服饰能改变人的外在美和反映内在美。从外在美来看，服饰能改变人的自然形态，尽显个人的身材之美，是人的外在美的重要组成部分。从内在美看，服装能与人的心灵、气质相融合，反映穿着者的内心活动和基本素养。总之，服饰能传递一个人的情绪、感觉、生活习惯、审美情趣、身份地位，更能反映一个人的性情、气质、追求、文化修养、个人情操，是人外在美与内在美相互结合的具体显现。

（二）服饰是满足心理的需要

人们对于服装的功能要求首先是满足保护人体、防寒取暖的生理需求，但随着时代的发展和经济的改善，人们对服装的功能有了更深层次的心理需求。服饰作为非语言性的信息传达媒体，可以将穿着者的社会地位、职业方向、色彩搭配、个性喜好、文化修养、整体风格等内容传达给他人，从而满足个人的心理需要。总体说来，为了满足人的不同需求，服装的功能随之日渐丰富。人们有怎样的需要，就会产生相对应的服饰产品。

（三）服饰是综合的艺术特色

在一定的情况下，服饰也是一种艺术品。例如，在文化活动中，人们常常通过服饰创造出各种艺术形象，用以增强文化活动的光彩，如戏剧、话剧、电影、音乐、舞蹈、杂技等文化活动中，演员们都穿着特别设计的服装进行表演，以此提升整体的观感效果、增强观众的欣赏乐趣。另外，各国的服饰艺术各具特色，中国的服饰大方朴实、法国的服饰华贵精美、意大利的服饰别致实用、美国的服饰简洁自由……各国、各民族均形成了自身独特的艺术风格和服装特色。

（四）服饰是社会文明的标志

服饰是人类特有的劳动成果，既是物质文明的结晶，又有精神文明的内涵。一部人类服饰史，实际上就是一部感性的人类文明发展史。可以说，从服饰诞生的那天起，人们就已将其物质生产、生活习俗、审美情趣、色彩爱好、文化心态以及宗教观念等方面融入服饰之中，构筑起服饰精神文明的内涵。我们透过服饰，不仅可以触摸人类改造自然的伟大成果，而且可以窥见人类文明的发展轨迹。

二、服饰美的基本特点

（一）服饰是造型艺术

所谓造型，即服饰总体表现为一种几何形状，也称之为"款式"或者"样式"。根据特定的实用审美需要及其尺寸要求，人们通常将面料裁剪为点、线、面、条、块等形状，根据颜色、色调、花纹、图案的特点，用特定的缝制加工技术或工艺相继拼接，从而形成特定的服装样式。这种服饰造型，虽千变万化，但也并非随心所欲。服装是人类特定文化圈的产物，因此即便同样是夏装，由于民族、地域的文化圈不同，其样式也是各不相同的。

（二）服饰是重组艺术

所谓重组，即服饰作为一种审美客体，并不能独立成为审美对象，而必须与穿着者重新组合搭配，才能显示出服饰美的光彩。换句话说，服饰要与使用它的人体进行再构，形成新的审美对象，才能展示其鲜明的、全新的、与主体相统一的视觉形象，给人以整体上的美感。这种重组主要表现为色彩之间、服饰之间、服饰与人体之间、服饰与环境之间等要素的重组。

（三）服饰是个性艺术

一般来说，服饰审美元素的选择、取舍和组配，完全取决于穿着者的意志，体现了鲜明的个性特征。随着人类经济、文化、科技等因素多维度的纵横交流，世界各国、各地区形成了十分类似的款式基础和色调搭配。比如，男性主要推崇阳刚、庄重的审美倾向，女性则偏向于凸显自身的温柔曲线和健康体型，着装有含而不露或露而虚掩的特点。再如，套装类的职业服，多以蓝色为主调；运动服以轻质、适体、便于活动为主，显示力量和运动的美感；礼服讲究款式和色调，给人以文明庄重、高雅温和之感。这些都是服饰的个性特征。

（四）服饰是综合艺术

服饰的面料及其裁剪方式、缝制技术、色彩色调、款式样式、着装方式等，既兼容绘画、剪纸、书法、音乐等多种艺术样式，又汇集哲学、文学、民俗学、社会学、美学等诸多类目，既体现了人们的信念、情操和志向，又成为了一个时代、一个民族、一个地区的经济、文化、科技、生态的真实写照，是一种真正的综合艺术。

三、中华服饰之美

（一）中华传统服饰

自古以来，衣、食、住、行是人类生存生活的四大必要元素，人们将"衣"排在首位，足见中华民族对服饰文化的重视和认同。中国素有"衣冠古国""衣被天下"的美誉，加之海陆"丝绸之路"的开通，一度让古中国成为世界服饰文化的中心，服饰成为了诸多传统民族文化的重要组成部分。中华传统服饰融合了不同时期人们的美学思想与审美情趣，形成了中华民族特有的服饰文化系统，反映出每个时代的社会发展状况以及人们的精神追求和文化底蕴。故《左传·定公十年》有言："中国有礼仪之大，故称夏；有章服之美，谓之华。"可见，中华服饰华彩之美，历来被万邦推崇，影响深远。

1. 原始社会时期的服饰

中国服饰的历史源远流长，最早可以溯源至原始社会时期。据考古记载，距今两万五千多年前的山顶洞人就已经开始使用骨针缝制兽皮来防身蔽体，还用兽牙、贝壳、石子等串成项链状穿戴在身上作为装饰。史书《鉴略·三皇纪》提到："袭叶为衣裳"，又如《物原·衣原第十一》记载："有巢氏始衣皮"。可见，人类最早用树叶或动物毛皮做成衣服，而服饰文化史基本上发端于旧石器时代晚期。

上古时期，轩辕黄帝的元妃嫘祖发现天虫，首创种桑养蚕制丝之法，用蚕丝织出了精美的衣裳。相传，裁缝鼻祖胡曹发明了衣服和帽子，因此有"胡曹作衣""胡曹作冕"之说。此时，服饰已经不仅用于满足御寒保暖的生理需要，更是为了更进一步满足美化人体的需要。从我国考古发现的大量纺织物表明：中国纺麻织布技术起源于新石器时代，距今大约八千年以前，比上古传说中的嫘祖养蚕制衣要早了三千多年。

2. 殷商时期的服饰

商代是我国历史上最早有文字可考的朝代。人们在出土的商代文物中发现了"桑""茧""帛"等象形文字字样，足见农业和服饰文化在当时蓬勃发展的盛况。人们又从商代武器铜钺上发现了存有雷纹的绢痕和丝织物残片，可见当时工艺水平的高超和精湛。

商代的服装主要采用上衣下裳制，且以小袖居多，多数服装的长度在膝盖上下，制成上下两截：上为衣，下作裳。从甲骨文中可知，王公贵族和农牧奴夷穿戴的服饰不同，说明随着生产力和社会分工的不同，服饰开始有了时代的烙印，此时衣冠服饰已具有了等级制度的雏形，成为封建礼制阶级的产物。值得一提的是，当时民间女子所穿服装与男子服饰大体上是相同的。

3. 春秋战国时期的服饰

春秋战国时期，七雄崛起，割据封侯。受百家争鸣之风影响，各诸侯国服饰风采各异。《淮南子·览冥训》中记载："晚世之时，七国异族，诸侯制法，各殊习俗"，客观地反映了当时各诸侯国服饰审美的多样化。例如，春申君三千食客中的上客均着珠履，卫王宫的卫士穿黑色戎衣，儒者的缛服采用长裙褒袖、方履等。

4. 汉代的服饰

汉初服饰，与民无禁。西汉初期，基本沿袭先秦时代的服饰风格，喜好深衣，男子喜着襦裤，女子喜穿襦裙。襦是一种短衣，长度只到腰间，裙则为长裙，配上高高的发髻，使女子的身段渐显苗条。汉代盛行冠制，以区分身份尊卑。古时是成年及冠，汉代改为尊者及冠，卑者戴帻(即头巾)，但由于"冠"的区别较为细微，因此汉代还用腰间绶带以区别官阶高低，绶带颜色和织绣工艺不同，代表的官品等级也有所不同。

【拓展阅读】

西汉直裾素纱禅衣

西汉直裾素纱禅衣(图 5-1-1)，是国家一级文物，于 1972 年在湖南长沙马王堆一号汉墓出土，现藏于湖南省博物馆。

此素纱禅衣为交领、右衽、直裾，类似汉时流行的上下衣裳相连的深衣，而袖口较宽。除衣领和袖口边缘用织锦

» 图5-1-1　素纱禅衣

做装饰外，整件衣服以素纱为面料，没有衬里，没有颜色，故出土遣册称为素纱禅衣。它由精缫的蚕丝织造，以单经单纬丝交织的方孔平纹而成，丝缕极细，轻盈精湛，孔眼均匀清晰，通身重量仅 49 克，可谓轻若烟雾，薄如蝉翼。

西汉直裾素纱禅衣色彩鲜艳，纹饰绚丽，其高超的制作技艺代表了西汉初期养蚕、缫丝、织造工艺的最高水平，2002年被国家文物局列入《首批禁止出国(境)展览文物目录》。

西汉直裾素纱禅衣是世界上现存年代最早、保存最完整、制作工艺最精、最轻薄的一件衣服，在中国古代丝织史、服饰史和科技发展史上有着极为重要的地位。

5. 魏晋南北朝时期的服饰

魏晋南北朝时期，北方各族入主中原，社会动荡，玄学盛行，南北服饰与中外服饰互相影响、交流融合。一方面，胡服穿戴更为广泛，南朝的汉族穿北方民族的"裤褶服"。男子喜穿大袖翩翩、饰带层层叠叠的长衫，大有峨冠博带、飘然如仙的风骨(图5-1-2为《历代帝王图》陈宣帝陈顼)。妇女的日常着装仍以上身着襦或衫、下身穿裙子为主，襦裙也可作为礼服之内的衬衣。另一方面，北朝的帝王公卿醉心于穿戴汉族统治者的冠冕朝服，北魏孝文帝即为其代表。

» 图5-1-2 《历代帝王图》
陈宣帝陈顼

6. 隋唐时期的服饰

隋文帝统一全国后，重新厘定了汉族的服饰制度，但难以摆脱北方民族服饰形制的影响。直到唐代，由于长治久安、国力昌盛，长安成为东西方交流的中心，服饰制度上承历代制度、下启后世冠服制度之经道，呈现出繁荣多样的壮观景象。

» 图5-1-3 虢国夫人游春图(局部)

一方面，这一时期的服饰积极吸收外来元素，表现出大胆开放的特点。妇女的日常服饰多是上身着襦、袄、衫，下身束裙子。其中，裙子以红色最流行，其次是紫、黄、绿色等。整体造型雍容华贵，配饰富丽堂皇(图5-1-3为虢国夫人游春图)。从初期到盛唐，衣裙呈现从窄小到宽松肥大的变化，这一过程也从侧面反映了唐朝时期经济与文化的高度繁荣。可以说，隋唐时期是中国服饰发展的鼎盛时期。当时还流行"时世妆"的装束，冲破了封建传统束缚妇女的"衣不露体、笑不露齿、行不露面"的羁绊，更显仪态大方、精致典雅。

另一方面，这一时期的官服制度有了更加明确、具体的规定，如"品色衣"成为定制。所谓"品色衣"，就是以服装的颜色来区分官位的品级，即把颜色引入服饰等级制度。一般规定：皇帝着黄袍衫；亲王及三品以上官员着紫袍衫；五品以上着大红袍；五品以下着绿袍、青袍；士兵着黑袍；未进入仕途的士子和平民着白袍。除服色之别以外，官员还以腰间所佩带铸来区别等级。

7. 宋代时期的服饰

宋代服饰基本依唐制，但色泽不及唐代鲜艳夺目(图5-1-4为《宋人十八学士图》局部图)，一般分为三种：一为皇后妃嫔至各级官妻贵妇所用的"公服"；二为平民百姓所用的吉凶服"礼服"；三为日常所用的常服。宋代普通百姓多穿交领或圆领的长袍，以黑白二色为主，劳动时将衣服塞在腰带上。宋代妇女大多上身穿袄、襦、衫、褙子、半臂，下身束裙子、裤，其面料为罗、纱、锦、绫、绢。值得一提的是，宋代的裙子颇具风格，质地多见罗纱，颜色以石榴花的红色最引人注目。相较于唐朝，宋服更讲究修身适体。

» 图5-1-4 《宋人十八学士图》局部

8. 元代时期的服饰

元代是蒙古族统治的王朝，其服饰承袭汉族制度而又保留本族特色，皇帝、百官的冠冕服，均参考古今制度。根据蒙古族的民族特点，古人另定"质孙衣"，汉人称为"一色衣"，形制是上衣连着下裳，上紧下短，腰部有很多衣褶，便于骑马射猎(图5-1-5为元世祖出猎图)。蒙古贵妇则喜欢戴"姑姑冠"，其冠高二尺，以木竹为骨，包以绒锦，顶上用翠花或羽毛进行装饰。

» 图5-1-5 元世祖出猎图(局部)

9. 明代时期的服饰

朱元璋建立明朝以后，根据汉族习俗重新规定了服饰制度。在明初，先禁胡服、胡语、胡姓，而又下诏"上承周汉，下取唐宋"，中后期更出现了前朝没有的新样式——立领，并且首次在衣服显眼处大量使用了纽扣这一元素(图5-1-6为明世宗孝洁肃皇后画像)。明代官吏依品级穿着不同颜色和绣有各式花纹的

» 图5-1-6 明世宗孝洁肃皇后
常服画像

宽大袍服，头戴乌纱帽，品级还用袍服上的"补子"加以辨别。明代的男装，大人多穿青布直身的宽大长衣，头上常戴四方平定巾，一般平民穿短衣，裹上头巾。贵妇服饰方面，皇后戴龙凤珠翠冠，穿龙凤真红大袖子，加霞帔，着红罗长裙。一般妇女只能穿桃红、紫绿及浅色，平时常穿短衫长裙，腰上系着绸带，裙子宽大，款式多样，整体风格敦厚繁丽，如凤尾裙、百褶裙、月华裙等。

10. 清代时期的服饰

清代是我国服装史上改变最大的一个朝代，清代的满汉文化交融碰撞，服饰几

易其改。其一，清代初期，朝廷实行高压政策，按照满族习俗制度实行剃发易服，强令汉人削发留辫；其二，废除了明代服饰制度，以满族风尚重定冠服制度，如官员穿"蟒袍"，蟒的数目因品级而异；其三，清代中后期，满汉效仿风气颇盛，出现"大半旗装改汉装，宫袍裁作短衣裳"的说法。妇女服饰款式越来越丰富，如围巾、云肩、一口钟(斗篷)、坎肩、马褂、抹胸、腰带、眼镜、手笼、裙子、大衣等(图5-1-7为清朝女子服饰)。

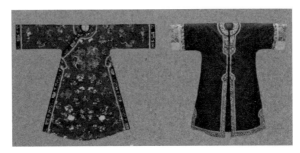

» 图5-1-7 清朝女子服饰

(二)中华近现代服饰

自辛亥革命结束了两千多年的封建君主专制时代，中华民族服饰也随之迈进了新的时代潮流。随着中外文化交流的加强，异彩纷呈的服装样式冲垮了固有的衣冠等级制度，许多便捷的新品种、新款式逐渐取代了传统的袍、衫、袄等样式。

在男装方面，民国初年出现了西装革履与长袍马褂并行不悖的局面。无论穿着中装还是西装，均戴礼帽，被认为是最为庄重的服饰装扮。20世纪20年代前后，孙中山先生设计中山装，大为流行，一度成为当时深受中国男子喜爱的标准服装(图5-1-8)。

» 图5-1-8 中山装

在女装方面，在吸收西洋服装特点的基础上，出现了大量改良旗袍(图5-1-9)，并在20世纪20年代之后成为国人和世界华人女性最喜爱的女子服装。除此之外，广大农村人民服饰上一直沿用传统的袄裤，头戴毡帽或斗笠，脚着自家缝纳的布鞋，具有简单、质朴的美感。

总的来看，20世纪50年代到70年代，中山装渐成男子主体服装，此外流行过军装、干部服、人民装、工农装等；女装

» 图5-1-9 改良旗袍

则深受苏联影响，布拉吉(连衣裙)风靡一时，此外还流行过列宁装等，但在服饰色彩上比较局限于绿、黑、蓝、灰这几种颜色。在中国农村，上衣下裤一直是大多数农民的传统装束。20世纪80年代，黑皮鞋、花衬衫、喇叭裤等服装形式，成为了男士最具代表性的装扮，而红裙子、牛仔裤、蝙蝠装、海魂衫则成为女性喜爱的风格。

随着国内物质水平的逐步提高，国人审美情趣的不断提升，具有中华民族特色的服饰如雨后春笋般发展起来，整体面貌簇新。在世界各地交流融合发展下，现代人的服饰风格越来越多元化、个性化(图5-1-10)，主要分为时髦、流行和传统三类，各式各样的服饰均展现了多姿多彩的美。

» 图5-1-10　现代女子服饰

除此之外，我国还有各类精美的民族服饰，即各民族独有的特色服饰，也可以称为"地方服饰"或"民俗服饰"。民族服饰的文化内涵丰富，包括制作原料、纺织工艺、印染工艺、刺绣工艺、图案纹样、色彩表现、饰品工艺、文化价值等因素，极具历史文化价值和艺术审美价值。中华民族服饰种类繁多、异彩纷呈，这类集民族性、丰富性、多样性、实用性为一体的服饰，是人类文明发展的产物，也是各民族生产、生活方式的具体体现。总体来说，近现代服饰风格从拘谨、呆板、保守、等级森严逐渐向自由、舒适、方便、美观、平民化转变。而服饰作为时代产物，不仅反映着时代的精神面貌，也体现着一个时代的审美倾向，更是人类文明的象征。

四、服饰的美学原则

孔子曾经将服饰作为文明教化的重要议题，并把服饰看成是思想人格的折射，在《孔子集语·劝学》曾提到："君子不可以不学，见人不可以不饰。不饰无貌，无貌不敬，不敬无礼，无礼不立。"这句话表示：君子不可以不学习，与别人相见时不可以不对自己的服饰、容貌稍作整理。可见，古人认为，不断学习是修内，打扮装饰是修外，应该内外兼修，二者都很重要。又如，英国著名诗人莎士比亚曾说："服装往往可以表现人格。"总之，服饰作为一种文化符号和个人象征，可以表明一个人的身份、个性、气质、情绪和感觉，也可以反映一个人的追求、理想和情操。为此，我们要掌握服饰的基本美学原则，化丑为美、化俗为雅，从适体、适宜、适度、适时、适龄等角度选择适合自己的服饰，尽显中华服饰之美。

（一）适体

所谓适体，即服装搭配要讲究合适得体。服饰是美化人体形象的有力武器，而每个人的体型、高矮、胖瘦各不相同，因此要讲究量体裁衣，选择适合自己的服饰。人们在选购或定制服饰时，要选择合适自己尺寸大小、符合个人气质的服装进行搭配，才能彰显个体独有的人格魅力。一般来说，服饰必须和着装主体协调一致，比如形成于民国时代的女性服装——旗袍，整体穿搭比较考验身材和气质，尤其在剪裁上更为讲究，身材适中的女性穿上可以尽显曲线美。

（二）适宜

所谓适宜，指服饰要便于使用且适合场景。服饰往往服务于人类生活的实际需要，根据使用目的和穿着场景不同，通常分为日常服、工作服、运动服、社交服、舞台服、室内服等。因此，人们穿着服饰，要适应其工作、学习或者生活的环境。比如，学生应着校服上学，工作者需着职业装上班，演员着戏服表演。在特定场合穿戴适宜的服饰，可以呈现出与其整体环境相匹配的和谐之美。

（三）适度

所谓适度，指服饰搭配讲究简约而不简单，参照"少即是多"的原则。不论是服装搭配、妆容妆发、饰品佩戴，都应该遵从适度原则。比如，在服装的色彩选择上，不宜使用过多颜色，过于花哨华丽反而会"喧宾夺主"，因此，可参考一套服饰不超过三个主颜色的搭配方法。在搭配上，在经典、简约的服饰上搭配"画龙点睛"的饰品，也能使整体造型更显质感。在妆容上，化妆也应注意适度，尤其是日常妆容，不宜浓妆艳抹，淡妆、裸妆均能给人舒服且得体的观感。

（四）适时

所谓适时，指服饰搭配要配合适宜的时间节点，主要包括两个方面：一是要适应时代发展，作为特定时代的产物，服饰的整体穿搭要符合时代潮流，体现出时代美、时尚性；二是要适应时令、季节的变化，夏有夏装，冬有冬装，同时应尽量做到与个人身体状况相协调。

（五）适龄

所谓适龄，指服饰搭配要与人的年龄相协调。比如未成年人佩戴贵重首饰，如玉镯、金器之类，容易滋生攀比心理，更破坏了学生本来的和谐美与青春美。

郭沫若先生曾说："衣裳是文化的表征，衣裳是思想的形象。"总体来说，每个人的体形、脸型、肤色、身高各有差异，选择服饰时应当与个体的年龄、性别、身份、爱好、审美等因素相协调，着装中注意扬长避短。通过服饰与人体的重组再构，着装者可以尽情展现个性追求与个人意志，从而呈现出一个健康的形象。

第二节　饮食之美

【学习目标】

1. 从饮食的名称、环境、过程等内容了解饮食之美。
2. 能从饮食之美中感受对生活的热爱。

饮食既是人类生活的基本内容，也是一种文化，是物质文化和社会风俗中最能反映民族和地区特色的重要组成部分。孙中山先生曾说："是烹调者，亦美术之一道也"，这句话将饮食与绘画相提并论，认为它们都是美的艺术活动。在中国的习俗中，无论是婚丧嫁娶，还是走访亲友，人们都将饮食作为活动的重要内容。人们能在饮食文化中感受到生活的惬意与舒适，获得真实的生活情感体验，从而能以更饱满的热情和积极的心态去面对生活。

一、饮食本身的美

（一）色泽美

　　色泽美，即饮食外观色泽上的美，具有"先声夺人"的美感魅力，常给人以鲜明、强烈的第一印象，从而影响人的感官知觉。饮食色泽的美主要来自三个方

» 图5-2-1　食物色泽美

面：一是食品原料的天然色泽(图5-2-1)，如翠绿的青菜、紫色的番薯、金黄的玉米等；二是用人工色素和调味品增色，如红烧肉加糖像挂了一层糖霜、鸡块中撒入咖喱粉呈鲜艳的金黄色等，让人目不转睛、垂涎欲滴；三是食品颜色组合之美，有效的色彩搭配能够增添视觉趣味，如番茄炒蛋、翡翠羹、宫保鸡丁等菜品，使美食呈现出"万绿丛中一点红"的美感。

（二）香味美

　　香味是饮食中带有挥发性的物质，直接作用于人的嗅觉，即食品中所含的化合物挥发后，香气扑鼻，使人产生愉悦感，因此也成为诱发食欲的重要因素。食物的香味主要分为食物自身的香味、加热后散发的香味、经烹饪发酵之后的香味、经人工调和后的香味等，这些香味均能极大地刺激人的味蕾。一是食物的自然香，如稻谷香、麦芽香、水果香、薄荷香等(图5-2-2)；二是食物的加热香，通过炸、炒、炖、蒸、煮等方式，使食物散发香气，如清蒸鱼的清香、螺蛳粉的异香、酱香鸭的鲜香等；三是食物的发酵香，如腐乳、泡菜、酸菜等美食；四是食物的调味香，如在菜品中加入八角、香菜、胡椒或花椒等增香料。

» 图5-2-2　薄荷

（三）味道美

　　味道美，指食物直接作用于人的味觉而带来的美妙感受。食以味为主，味道美是饮食美的主导因素，是饮食美感中最具实质性的重要内容。一道菜肴，即使色彩鲜艳、造型精美，倘若食之无味，则难以被欣赏。总的来说，除了酸、甜、苦、辣、咸、香、鲜等基本味以外，味道美可以分成四个方面：一是本味，即保持食材本身的味道，如洗米的程序不可多次重复，应保留本身的"米味"；二是调味，通过调整食

物的酸、甜、苦、辣、咸等味道，增添食物的复合味，如微辣的回锅肉、麻辣的麻婆豆腐、香辣的宫保鸡丁(图5-2-3)等；三是口味，烹调应讲究适合不同人的口味，注重因人而异、因时而异；四是风味，中国烹饪因地域差别而产生不同的风味，如八大菜系、四大菜系等。

» 图5-2-3　宫保鸡丁

【拓展阅读】

八大菜系

菜系是在选料、切配、烹饪等技艺方面，经长期演变而自成体系，具有鲜明的地方风味特色，并为社会所公认的菜肴流派。

中国饮食文化的菜系是指在一定区域内，由于气候、地形、历史、物产及饮食风俗的不同，经过漫长历史演变而形成的一整套自成体系的烹饪技艺和风味，并被全国各地所承认的地方菜肴。

早在商周时期中国的膳食文化已有雏形，以太公望为代表，再到春秋战国的齐桓公时期，饮食文化中南北菜肴的风味就表现出差异。到唐宋时，南食、北食各自形成体系。到了南宋时期，南甜北咸的格局形成。在清朝初年，川菜、鲁菜、淮扬菜、粤菜，成为当时最有影响的地方菜，被称作四大菜系。到了清朝末年，浙江菜、闽菜、湘菜、徽菜四大新地方菜系分化形成，共同构成汉民族饮食的"八大菜系"。

二、饮食名称的美

一般而言，美味佳肴应有与之匹配的名称，使菜肴与美名交相辉映。雅致巧妙、恰当得体的名称，不仅悦耳动听，还能增添一些激人联想的意趣，从而起到加强食欲的作用。中国人讲究含蓄、低调，菜品名称不仅讲究韵味，还具备了生动、形象的文学特性，体现了命名者的文化修养。总的来说，饮食的命名方式有以下几种。

一是以寓意方式命名。如模拟实物外形，强调造型艺术：金鱼闹莲、孔雀迎宾；借用珍宝名称，渲染菜品色泽：珍珠翡翠白玉汤、银包金；镶嵌吉祥数字，表示美好祝愿：八仙聚会、万寿无疆；借用修辞手法，讲求口彩与吉利：早生贵子、好事发生；附会典故传说，巧妙比衬：霸王别姬、舌战群儒。

二是以人物名字命名。如西施舌、贵妃鸡、昭君鸭、貂蝉豆腐等名称是以我国古代四大美女命名；东坡肉，以文学家苏东坡名称命名；麻婆豆腐，以清朝一位女店家的名字命名。

三是以菜肴意境命名。许多菜肴尽管只用简单的食材和朴素的方式烹饪，但其命名方式却有极强的象征意义或深远且雅致的意境，给人以无限的遐想。如瑶柱扒竹笋，使人联想到瑶池的美妙仙境；贵妃醉酒，透着浓厚的历史感，让人赞叹连连。

除此之外，还有许多特色命名方式，如主料名+配料名：冰梅凉瓜、松仁玉米；主料名+调料名：红油抄手、蒜泥娃娃菜；主料名+烹调方法：红烧狮子头、卤水鹅掌；主料名+地名：北京炸酱面、四川辣子鸡，这些都展现了地方风味和乡土风情。

总之，菜肴的命名方式不胜枚举，要取一个切合实际、朗朗上口，又能经久流传的菜名实属不易，而要创新出一道大众欢迎、久经考验的名菜品，更是难上加难。只有通过长期的学习、实践和创新，才能创作出精致美味的菜肴，取出至真至雅的菜名，让人从视觉、嗅觉、味觉甚至听觉上感受到美食佳肴之美。

三、饮食派生的美

（一）形态美

形态美，即食品外观造型的美，具有赏心悦目、引起联想等美感作用，极大地满足了人们的视觉需求。美食的造型千变万化、多种多样，既可用食品原料的天然形态做造型，也可通过刀工、捏塑、雕刻、

» 图5-2-4　美食摆盘

拼摆、镶嵌等方法做造型。餐厅用餐与外卖用餐的最大区别就是餐厅精美的摆盘设计。为了使菜品的视觉效果更好，厨师们往往精心布置、用心雕刻，从食物摆盘到灯光设计、拍摄技巧，均花费了大量的时间与精力(图5-2-4)。总之，饮食的形态美是食物美感的一部分，注重食物的外在装饰能够增强美的法则，带给人视觉与味觉的双重享受。

（二）器具美

器具美，即盛装饮料或食品的酒具、茶具、餐具等表现出的美感，能够很好地提升就餐的仪式感。精美的食器，不仅能美化饮食环境，而且还能起到诱发丰富联想、

渲染和烘托气氛、增添就餐情趣的作用。中式的餐具风格经历了漫长的历史进程，从陶器到瓷器，形色各异、争奇斗艳，或清秀大方，或小巧玲珑，或庄重典雅，或富丽堂皇，更有出彩的繁复纹样和色彩装饰。比如，刻有牡丹图样的餐具寓意生活富贵；刻有传统纹饰的餐具代表永远长青；刻有水墨花样的餐具(图5-2-5)可以增添书香气息等。总之，不同的食物搭配不同的器具，往往能使食物看起来既精致又美味。

» 图5-2-5　精美餐具

(三) 饮食环境的美

一般来说，优雅、干净、整洁的就餐环境能够增添温馨的气氛，使人心情愉悦、食欲大增；喧闹、脏乱、嘈杂的就餐环境则会降低食欲和就餐意愿，不利于食物的吸收与消化。良好的就餐环境主要体现在以下几个方面。

一是环境美能增添就餐情趣。风格优雅的室内环境、便捷舒适的餐桌餐椅、色调和谐的精致餐具，往往会给人以清新、舒适的感觉，有益于增进食欲。在整体就餐环境中，独特的风格与情调往往能给人带来不同的审美感受。这些就餐环境，或典雅宁静，或淳厚古朴，或豪华富丽，或恬淡宁静，使人既能享受美食，又能沉醉在美妙的环境中。

二是卫生程度影响餐饮健康。餐桌应保持整洁，尽可能优雅、方便、舒适；餐具应清洗干净，并用开水或消毒用品去除可能致病的微生物；室内应保持干净，常通风、常打扫，必要时可布置成雅致的场景。

三是就餐心情影响环境氛围。人们带着愉快的心情就餐，可以营造出轻松快乐的就餐氛围，有利于消化液的分泌以及对食物的摄取和消化。如果把愤怒、忧愁、悲伤、惊恐等不良情绪带到餐桌上，不仅会影响食物的吸收，甚至还会对身心健康产生不利影响。因此，就餐时要善于调节情绪，避免在餐桌上谈论不愉快的事，应多谈论生活中的趣事，营造良好的就餐氛围。

除此之外，黄色、橙色等暖色调可以大大提高食欲；炎热的夏天，冷淡灯或淡蓝色的桌布可以为整个餐厅增添一丝凉意，食欲更佳；餐桌的合适高度，相邻餐桌的合适距离，会减轻人们就餐时的紧张感。可见，在一个优雅、整洁的环境中进餐，能够放松身心、美化生活，满足人们精神方面的追求。

四、饮食礼仪的美

孔子说："不学礼，无以立"，即一个人如果不懂得礼，就无法在社会中立足。据文献记载可知，至少在周代，饮食礼仪已形成一套相当完善的制度，在孔子的称赞和推崇下，饮食礼仪成为历朝历代表现大国之貌、礼仪之邦、文明之所的重要方面。从古至今，良好的饮食礼仪是一个人素质和人品的基本体现，既是家庭长期熏陶的结果，也是社会交往的基本礼仪。因此，掌握基本的饮食礼仪有助于塑造良好的形象、提高自身的修养、赢得他人的尊重。

【拓展阅读】

中国餐桌礼仪

中国餐桌上的礼仪归结以下几点：

第一，入座的礼仪。先请客人入座上席，再请长者入座。入座时要从椅子左边进入，入座后不要动筷子，更不要弄出声响，也不要起身走动。

第二，进餐时。先请客人、长者动筷子。夹菜时每次少一些，离自己远的菜就少吃一些，吃饭时不要发出声音。喝汤用汤匙小口地喝，不宜把碗端到嘴边喝，汤太热时凉了以后再喝，不要一边吹一边喝。

第三，进餐时不要打嗝，也不要出现其他声音。如果出现打喷嚏、肠鸣等不由自主的声响时，就要说一声"真不好意思""对不起""请原谅"之类的话以示歉意。

第四，如果要给客人或长辈夹菜，最好用公筷，也可以把离客人或长辈远的菜肴送到他们跟前。如果同桌有领导、老人、客人的话，每当上来一个新菜时就请他们先动筷子，或轮流请他们先动筷子，以表示对他们的重视。

第五，吃到鱼头、鱼刺、骨头等物时，将它放到自己的碟子里或放在事先准备好的纸上。

第六，要适时地抽空和左右的人聊几句风趣的话以调和气氛。不要光低着头吃饭而不管别人，也不要狼吞虎咽地大吃一顿，更不要贪杯。

第七，最好不要在餐桌上剔牙。如果要剔牙时，就要用餐巾或手挡住自己的嘴巴。

第八，要明确此次进餐的主要任务。要明确是以谈生意为主，还是以联络感情为主，或是以吃饭为主。如果是前者，在安排座位时就要注意把主要谈判人的座位相互靠近。如果是后者，只需要注意一下常识性的礼节就行了，把重点放在欣赏菜肴上。

第九，最后离席时，必须向主人表示感谢，或者邀请主人以后到自己家做客以示回敬。

总而言之，通过了解饮食之美，人们能够感受食物的美好，充满对美好生活的向往和热爱，真正提升自己对日常生活的审美情趣。值得一提的是，在万千世界中，各个地区有着不同的饮食文化，在就餐礼仪、进食方式、食材选用等方面均有不同程度的差异。因此，我们在就餐前应了解当地的饮食文化，避免跨文化交际的冲突与误解，真正做到与当地美食愉快地交融。

▶【课后思考】

1. 与同学们分享你最喜欢的穿搭风格，并简要分享个人观点。
2. 简述服饰美学原则，并结合实际情况谈谈怎样穿着才能展现自己的美。
3. 观看一部关于美食的纪录片，并分享你的感受。
4. 与同学们分享你家乡的美食，并说出美的感受。

第六章

人生美

 【本章导读】

　　大学之道，在明明德，在亲民，在止于至善。人类是这个社会的主体，在自觉或不自觉的情况下，受到来自社会、他人的影响，并在相互交流中不断前行。舒适的社会交往、融洽的人际关系、美好的人情往来，能提升人们的精神境界和幸福指数。本章节展示了人生之美，运用人文思想和人情之美讲述了古人哲学智慧和现代人际关系的相处之道，引导大学生养成善良纯真、待人真诚、平和友爱的品格性情。

第一节 人文思想与品格性情

【学习目标】

1. 走进古人的哲学世界,感受先哲们的人生智慧,养成良好的品格性情。

2. 学会欣赏"以仁为本""以和为贵""以度为则""自强不息"的品质之美。

中华民族是一个勤劳、善良、乐观的优秀民族,这与中国人独特的人生智慧和品格性情息息相关、密不可分。古代先哲们对天地万物、人生变迁、社会境况做出了深刻的思考和认识,凝聚了中华民族无穷的人生智慧,使中国人在人文思想的熏陶下感悟了为人处世的道理。在人文思想的影响下,中国人养成了推己及人、天下大同的美好价值观,更懂得"以仁为本""以和为贵""以度为则""自强不息"的人生智慧,这些思想在无形中形成了中国人独特的人生观念、价值取向和行为准则,值得我们细细品味、反复咀嚼。

一、以仁为本

儒家学者提出了"仁、义、礼、智、信"的五常道德准则,贯穿于中华仁礼思想的价值体系,其中"仁"是最核心的道德观念。孔子倡导"仁爱",主张"仁者爱人,有礼者敬人""推己及人""己所不欲,勿施于人"的思想;孟子认为人性本善,提出了"恻隐之心,人皆有之"的观点,认为不可弃"仁义",应推行"仁政",深刻体现了"人本主义"思想。

《周易·系辞上》:"仁者见之谓之仁,知者见之谓之知。"不同的人从不同角度去认识事物,仁者从仁的角度去发现仁的一面,智者从智的角度去发现智的一面。可见,人们心中有什么,眼中就能看见什么,就能解读出什么。这一思想启迪着我们,每个人心中应该树立人文思想的标杆,学会欣赏人生之美和品质之美,用充满善意和满怀仁爱的目光看待世界万物。

《论语·学而篇》曾言:"弟子,入则孝,出则悌,谨而信,泛爱众,而亲仁。行有余力,则以学文。"清朝康熙年间的《训蒙文》认同道:"弟子规,圣人训。首孝悌，次谨信。泛爱众，而亲仁。有余力，则学文。"因此生而为人，应当"以仁为本"，首先要学会敬爱父母和家人，推己及人、由近及远，而后学会关爱他人。

"以仁为本"，学会敬爱父母。晚清近代著作《围炉夜话》中提到："百善孝为先。""孝"是诸德百善之本，是中华传统美德的重要组成部分。如果每个人能在家孝敬父母、关爱家人，在外自然会尊敬他人、与人为善。正如春秋时期的仲由，他善良直爽、诚实守信，为儿孝顺至亲，为徒尊敬师长，为官坚持善政，位列"孔门十哲"，为后世留下了"百里负米"的美德故事。

"以仁为本"，学会关爱他人。《孟子》曾言："穷则独善其身，达则兼济天下。"穷困潦倒之时，应不忘修身养性、洁身自好；得志显达之时，应不忘惩恶扬善、积德行善。宋太宗年轻时曾和宋太祖一起打天下，深知江山来之不易，因此懂得体恤子民、关怀百姓。淳化四年的冬天，宋太宗在皇宫里穿着狐狸皮外套，烤着温暖的炭火，却仍然能感受到刺骨的寒冷。顿时，他联想到贫苦的人民百姓："天寒地冻，那些缺衣少食的百姓该如何度日呢？"于是，宋太宗吩咐开封府尹前去慰问老百姓，挨家挨户地赠送衣服、粮食和木炭，由此留下了"雪中送炭"的千古佳话。

《论语·里仁》提到："不仁者不可以久处约，不可以长处乐。仁者安仁，知者利仁。"与善良同行，与仁爱为伴，与温暖相拥，有助于塑造美好的精神世界和人格品行，感受古人哲学指引的温暖之光。

二、以和为贵

《论语·学而篇》："礼之用，和为贵。先王之道，斯为美；小大由之。有所不行，知和而和，不以礼节之，亦不可行也。"《礼记·中庸》也写道："喜、怒、哀、乐之未发，谓之中。发而皆中节，谓之和。中也者，天下之大本也。和也者，天下之达道也。致中和，天地位焉，万物育焉。"自古以来，中国人讲究"以和为贵"的人生智慧，具体表现为两方面：一是与自然和谐共生，二是与他人和谐相处，这些都值得我们认真品读与探究。

"以和为贵"，要学会与自然界和谐共处。中国几千年的传统农业生产生活方式，孕育出重视节气变化和尊重自然环境的农耕文明，产生了人与自然密不可分、人与时空交融合一的美学理念。道家老子强调"道法自然"，人应遵从自然规律；庄子主张"顺应自然"，人与自然协调契合。这些思想时刻警醒我们，要怀着敬畏之心欣赏自然之美、顺从自然之律，与天地为友，与日月并行，才能在这纷纷扰扰的人世间寻得一片独处之地，静享生命的魅力。反之，不尊重自然者，必会被自然所反噬。从前，一位江南官吏在赴京途中，品尝到了甘甜凉爽的井水，在离开之际将马匹吃剩下的残草败根扔到了水井里。一个多月后，该官吏离京时回到旅馆，却在喝井水之时被草杆卡住了喉咙，不一会儿便一命呜呼了。由此，该事例告诫后人："千年井，不反唾。"不珍惜水资源、爱护环境的人，最终也只能独自吞下污染自然的恶果。

"以和为贵"，要学会与身边之人和谐共处。协调的人际关系，和谐的生活环境，对我们的生存与发展至关重要。在社会交往中，人与人之间难免产生矛盾和冲突，但若能以宽容之心待人，就能获得"化干戈为玉帛"的喜悦。古话说得好："退一步海阔天空"，康熙年间的"六尺巷"便是一个最佳例子。史料记载，清朝大臣张英的老家宅旁有一块空地，邻居吴家越界占用两尺，引起了张吴两家的纷争。张家人修书一封，送给在京城的张英，请示定夺。张英提笔批诗一首："一纸书来只为墙，让他三尺又何妨？长城万里今犹在，不见当年秦始皇。"言恳意切，情操高古，令人动容。家人接书，遂退让三尺。吴氏闻之，深感其义，亦退让三尺，于是桐城就有了传诵至今的"六尺巷"佳话。

"以和为贵"，要学会与世界人民和谐共处。中国人秉持着"人类命运共同体"的美好价值观，积极构建一个和谐共处、互帮互助的社会。正如2022年北京冬奥会导演所说，这次冬奥开幕式表达了"我们"二字，中国人和世界人民一样，真诚、善良、爱美。诚然，君子和而不同，人与人不可能完全相同，在不同程度上有着差异和矛盾，但人们可以积极追求和谐统一的思想，在纷繁复杂的社会中求同存异，以高尚美好的德行来容载世间万物。

三、以度为则

明代文学家陈继儒在《小窗幽记》中道："世间万物皆有度，无度胜事亦苦海。"《论积贮疏》也道："生之有时，而用之无度，则物力必屈。"《沁园春》又言："物无美恶，过则为灾。"由此可见，世上的事物没有好坏之分，但超过限度就会走向灾难、跌落深渊。中国人讲究"以度为则"的思想观念，这个"度"并非固定不变的衡态，而是随着条件的变化而不断调整各方关系，以达到最终的平衡状态，即为"中庸之道"。因此，我们要把握适度原则，平衡好内外、得失、长短之间的关系。

"以度为则"，平衡好自我与他人的关系，不因外界的要求而过度苛责自己，也不因自己的恩惠而随意伤害他人。《处世悬镜》有言："恩不可过，过施则不继，不继则怨生；情不可密，密交则难久，中断则有疏薄之嫌。"与人相交，应坦诚相待，纯粹平淡，才是长远之道。唐贞观年间，一开始生活窘迫的薛仁贵与妻子住在破窑洞中，全靠心地善良的王茂生夫妇经常接济。后来，薛仁贵投军，立下赫赫战功，成了天子重臣。前来府上送礼祝贺的文武大臣络绎不绝，均被薛仁贵婉言谢绝，但却收下了普通老百姓王茂生送来的"美酒两坛"。负责启封的执事官打开酒坛时吓得面如土色，因为坛中装的并非美酒，而是清水。岂料薛仁贵不但没有生气，而是命执事官取来大碗，当众饮下三大碗清水"美酒"，并解释道："我过去落难时，全靠王兄夫妇的帮助，如今我美酒不沾，厚礼不收，却偏要收下王兄弟送来的清水，因为我深知这是王兄的一番美意，这就叫君子之交淡如水。"此后，薛仁贵与王茂生一家关系密切，经常来往，做了一辈子的好知己。

"以度为则"，平衡好得与失的关系，不一味沉迷于现下的安逸，也不过于担忧未知的危险，应合理看待生活中的欢乐和痛苦。"塞翁失马，焉知非福"，比喻福与祸相互依存，得与失一时难下定论。塞翁丢失了马匹，邻居也为之惋惜，他本人却并不觉得这是件坏事。不久后丢失的马儿带回一匹胡马，邻居们为之庆祝，但塞翁却十分担忧。自从得了胡马后，塞翁儿子每天都骑着出去兜风，最终从马背上摔下来。邻居们前来表示慰问，塞翁却依旧乐观，觉得这并不算是一件坏事。一年后，为抵御胡人，村里的青壮年纷纷入伍上战场，而塞翁的儿子由于坡脚而留在村里，和家人安然度过了余下生活。正所谓："祸兮福所倚，福兮祸所伏"，在顺境中要谦虚谨慎，不可狂妄自大，不然容易滋生祸事；在逆境中要勤奋刻苦，不可自怨自艾，不然容易停滞不前。

"以度为则"，平衡好自我长处和短处的关系，不恃才傲物、骄傲自满，也不妄自菲薄、自暴自弃。《荀子·宥坐》有云："虚则欹，中则正，满则覆。"有一次，孔子带着弟子参观鲁桓公宗庙，在桌上发现一个形状古怪的酒壶。孔子问看守庙人："这是什么器具？"守庙人回答："是君王放在座位右边警诫自己的酒壶。"孔子回头对弟子们说："快取清水来，灌进这只酒盅里。"弟子提水来灌，注入少量时壶身开始倾斜，倒了一半水时酒壶便端正了，而装满水时酒壶却翻倒在地。孔子感慨道："世上哪有过满而不倾覆的事物啊！"子路问："请问有保持满的方法吗？"孔子说："做人的道理与这只酒壶一样，聪明博学之人，要看到自己愚笨无知的一面；功高盖世之人，要懂得谦虚礼让；勇敢英武之人，要学会怯弱的办法；富裕强盛之人，要注意勤俭节约。"因此，做人要懂得不偏不倚、过犹不及的道理，客观地看待身上的优缺点，并采取恰当的方式取长补短、酌盈剂虚。

《论语·雍也》言："中庸之为德也，其至矣乎！"为人处世，凡事应"以度为则"，追寻事物发展过程中相对调和与均衡的状态，才能使我们的生活达到一种细水长流的完满状态。

四、自强不息

《周易》有言："天行健，君子以自强不息；地势坤，君子以厚德载物。"《孟子》也提出："天将降大任于斯人也，必先苦其心志，劳其筋骨，饿其体肤，空伐其身，行拂乱其所为，所以动心忍性，曾益其所不能。"面对人生的种种苦难，自强不息之人懂得勉励自我，敢于承认、接纳现实的错误与失败，从而能够直面困苦并不断修炼自我。

"自强不息"，意味着热爱生活，接纳最真实的生命，即使身处贫瘠，也依然乐观向上。众所周知，草根网红"奥利给大叔"的生活贫困拮据，上有年迈的老父亲，下有生活不能自理的脑瘫弟弟。但他依然积极乐观地面对生活，凭借充满正能量的"奥利给"一词风靡全网，激励自己的同时也照亮了他人。

"自强不息"，也意味着修炼自己，坚持以刚健有为、不屈不挠的精神，追求人生至善。明代文学家宋濂在《送东阳马生序》中描述了自己早年勤苦学习的经历，以勉励他人勤奋向上。求学路上，他忍受饥寒之苦，克服借书和求师之难，虚心求教，专心治学，最终通过自己的主观努力在学业上有所成就。无独有偶，中国科学院黄国平博士的童年生活也是艰苦的，面对外在物质和自身精神上的双重压力，他没有自暴自弃、怨天尤人，而是选择感恩当下的境遇、独立乐观地面对困顿。经过了多年刻苦学习，他终将博士学位论文呈到世人面前，真正做到了"穷且益坚，不坠青云之志"。

【拓展阅读】

致　谢

我走了很远的路，吃了很多的苦，才将这份博士学位论文送到你的面前。二十二载求学路，一路风雨泥泞，许多不容易。如梦一场，仿佛昨天一家人才团聚过。

出生在一个小山坳里，母亲在我十二岁时离家。父亲在家的日子不多，即便在我病得不能自己去医院的时候，也仅是留下勉强够治病的钱后又走了。我十七岁时，他因交通事故离世后，我哭得稀里糊涂，因为再得重病时没有谁来管我了。同年，和我住在一起的婆婆病故，真的无能为力。她照顾我十七年，下葬时却仅是一副薄薄的棺材。另一个家庭成员是老狗小花，为父亲和婆婆守过坟，后因我进城上高中而命不知何时何处所终。如兄长般的计算机启蒙老师没能看到我的大学录取通知书，对我照顾有加的师母也在不惑之年匆匆离开人世。每次回去看他们，这一座座坟茔都提示着生命的每一分钟都弥足珍贵。

人情冷暖，生离死别，固然让人痛苦与无奈，而贫穷则可能让人失去希望。家徒四壁，在煤油灯下写作业或者读书都是晚上最开心的事。如果下雨，保留节目就是用竹笋壳塞瓦缝防漏雨。高中之前的主要经济来源是夜里抓黄鳝、周末钓鱼、养小猪崽和出租水牛。那些年里，方圆十公里的水田和小河都被我用脚测量过无数次。被狗和蛇追，半夜落水，因蓄电瓶进水而摸黑逃回家中；学费没交，黄鳝却被父亲偷卖了，然后买了肉和酒，都是难以避免的事。

人后的苦尚且还能克服，人前的尊严却无比脆弱。上课的时候，因拖欠学费而经常被老师叫出教室约谈。雨天湿漉着上课，屁股后面说不定还是泥。

夏天光着脚走在滚烫的路上。冬天穿着破旧衣服打着寒颤穿过那条长长的过道领作业本。这些都可能成为压垮骆驼的最后一根稻草。如果不是考试后常能从主席台领奖金，顺便能贴一墙奖状满足最后的虚荣心，我可能早已放弃。

身处命运的漩涡，耗尽心力去争取那些可能本就是稀松平常的东西，每次转折都显得那么的身不由己。幸运的是，命运到底还有一丝怜惜。进入高中后，学校免了全部学杂费，胡叔叔一家帮助解决了生活费。进入大学后，计算机终于成了我一生的事业与希望，胃溃疡和胃出血也终与我作别。

从家出发坐大巴需要两个半小时才能到县城，一直盼着走出大山。这一路，信念很简单，把书念下去，然后走出去，不枉活一世。世事难料，未来注定还会面对更为复杂的局面。但因为有了这些点点滴滴，我已经有勇气和耐心面对任何困难和挑战。理想不伟大，只愿年过半百，归来仍是少年，希望还有机会重新认识这个世界，不辜负这一生吃过的苦。最后如果还能做出点让别人生活更美好的事，那这辈子就赚了。

(引自：《人机交互式机器翻译方法研究与实现》论文致谢，黄国平)

至今，中国先哲留下的"以仁为本""以和为贵""以度为则""自强不息"等哲学智慧，对现代人的思维逻辑和行为模式仍有深远的积极影响。通过品读这些人文思想，当代大学生可以培养善良仁爱、宽容和气、不偏不倚、自强不息的高尚情操，拥有发掘人生之美的智慧双眼，从而构建出和谐美好的现实社会。

第二节　人情之美与情感关系

【学习目标】

1. 了解人与人之间的情感关系，感受人情之美。
2. 从亲情、友情、爱情中感受美，学会建立和维护健康的情感关系。

人类作为社会的、群居的主体，需要与他人建立起良好的人际关系，在志同道合又积极向上的社会群体中健康生活。马斯洛需求原理显示，爱与归属的需求是实现自我价值目标的基础。科学研究也表明，一个人80%的幸福感来自于人际关系。因此，良好的人际关系是通往幸福生活的美好途径，拥有发现人情之美的眼睛，有助于享受生活带来的美感。当代大学生应学会用充满爱意的眼光去看待世界，在人际交往中感受炎黄子孙的团结聚合之美。

一、亲情之美

基于"血浓于水"的联系，亲人之间相互疼爱、互帮互助、共同成长，形成了世间最美的真挚情感。自然界流传着"舐犊情深""乌鸦反哺"的仁爱故事，人世间传唱着《常回家看看》《当你老了》《时间都去哪儿了》《父亲》《烛光里的妈妈》等亲情歌曲，无不展现着深厚美好的至亲之爱。

随着时间的推移和岁月的积淀，父母对孩子的爱愈发深厚，表现形式也愈发多样。儿童时期，父母的爱是无微不至的照顾和陪伴；青春时期，父母的爱是絮絮叨叨的叮咛和嘱咐；成年时期，父母的爱是默默无声地注视和祝福。正如《目送》所表达的那样，父母和孩子之间的爱与缘，是孩子逐步从依赖走向独立，是父母一直目送着孩子的背影，渐行渐远。

随着身体的成长和心智的成熟，孩子对父母的爱渐显责任，感受到"亲情的厚重"，并学会了承担责任、关爱家人。当他们长大独立、为人父母后，真正懂得了父母的不易，恍然大悟，父母的爱是"无条件的爱"，更无可取代。在一步步成长中，每个人渐渐学会了平衡家庭与事业的冲突、处理自我与孩子的关系、把握溺爱和严格的程度……

亲情，常伴我们身边，只要用心体会就能悄然发现。亲情之美如同春日的细雨，润物无声；如同夏日的大树，遮蔽风雨；如同秋日的阳光，温暖人心；如同冬日的白梅，沁人心脾。亲情之美告诉我们，在外时常惦记，给家人打个电话，聊聊生活近况；在家时多陪伴，共度一日三餐，谈谈未来时光……

【拓展阅读】

孟佩杰与她的养母

孟佩杰是2011年"感动中国"年度人物，她知恩图报、孝顺养母的事迹传唱中国大地，收获了许多人的尊重、感动和鼓励。5岁时，孟佩杰失去父亲，迫于生计压力，母亲不得不把她托付给养母刘芳英照顾。在命运的捉弄下，孟佩杰的养母刘芳英突然患上椎管狭窄症，下半身瘫痪，生活不能自理。面对如此困境，养父选择离去，徒留8岁的孟佩杰独自承担生活的重负。十几年来，"有妈就有家"的信念一直支撑着孟佩杰，使她在维持生计、努力读书的同时，自始至终对养母不离不弃、悉心照顾，甚至做出了"带着养母去上学"的孝女之举。"感动中国"年度人物颁奖词说道："在贫困中，她任劳任怨，乐观开朗，用青春的朝气驱赶种种不幸；在艰难里，她无怨无悔，坚守清贫，让传统的孝道充满着每个细节。虽然艰辛填满四千多个日子，可是她的笑容依然灿烂如花"。

二、友情之美

在芸芸众生的茫茫人海中，人与人的相遇、相逢、相聚，皆是缘分。友情则是缘分的美好象征，散发出真诚可贵的友谊之光。真正的友情，超越了血缘地缘因素，跨越了国别种族差异，超越了骨肉血亲之爱，是一种能够平等奉献、彼此欣赏、互相感知的美好关系。古时曾有伯牙与子期"高山流水遇知音"的典故，也有管仲与鲍舒牙"伯乐与千里马"的缘分，更有"范张鸡黍"家家传颂的生死之交，这些无不传达了至真至善的友情之美。

"海内存知己，天涯若比邻。"即使隔着遥远的距离，朋友之间的心是近的，情是深的。当失落难过的时候，当孤独寂寥的时候，当彷徨迷茫的时候，朋友都会尽其所能给予安慰、关怀、信心与力量。北宋范仲淹因主张改革被贬之时，王质不顾身体抱恙、不计个人得失，将范仲淹送出城门、遥遥相望。如此真诚待友之举，实则难能可贵。除了真挚的情感，朋友也是人生的一面镜子，是我们不断完善自己的标尺。子曰："独学而无友，则孤陋而寡闻。""三人行，必有我师焉；择其善者而从之，其不善者而改之。"与良师益友共同学习、相伴成长，我们终将在人生路上走得更远。

相遇不易，理应珍惜缘分。朋友之间有着"爱与归属"的关系，总能让人感受到被认同、被看见、被理解的愉悦之感。这样的情感联结，值得我们用心维系、体会和祝福。

三、爱情之美

美好的爱情，是纯真的、专一的、强烈的情感体验，是一种至高、至纯、至美的感情，也是一股滋养于心田、蔓延于心间的暖流。中国古代民间四大爱情故事有《孟姜女哭长城》《牛郎织女》《梁山伯与祝英台》和《白蛇传》，这类传奇故事表达了中国人对爱情的共同愿望，抒发了劳动人民对忠贞爱情和幸福家庭的向往之情。

秦观曾说："两情若是久长时，又岂在朝朝暮暮。"爱情之美，美在绚烂多彩、激情四射，也美在天长地久、至死不渝。无助时的依靠，伤心时的慰藉，疲惫时的陪伴，都是风雨路上最长情的告白。《诗经》也云："宜言饮酒，与子偕老。琴瑟在御，莫不静好。"执子之手，平淡生活，相伴一生。最浪漫的事情，便是和爱人携手共度一生，一起慢慢变老。

当代大学生处于朝气蓬勃的年纪，应树立正确的爱情观，学会欣赏自我和对方，懂得尊重感情、维护健康关系。在成熟、健康的爱情中，恋爱双方需要朝着共同的目标持续奋斗，积极关心对方的生活和成长，深入了解彼此的性格和本质，尊重对方个性和发展的自由，认真承担彼此的责任。

作为地球上最具情感、最感性化的动物，人类的认知、行为和社会活动等各方面都会受到感情的影响。学会欣赏世间的人情之美，体会亲情、友情、爱情的巨大能量，保持协调的人际关系，每个人都能过上幸福美好的生活。

▶【课后思考】

1. 先哲们的人文思想对中国人的品格性情产生了什么影响？请谈谈你的理解。

2. 联系实际生活，举例说明"仁""和""度""坚"的重要性。

3. 联系自身经历，说说感动你的亲情故事。

4. 谈谈你对"友情之美"的认识。

5. 如何建立和维系"真正的爱情"？请谈谈你的看法。

第七章
中国文化遗产美

【本章导读】

　　文化是一种社会现象，是人们长期创造形成的产物；文化是一种历史现象，是社会历史的积淀物。中国是世界四大文明古国之一，有着数千年从未中断过的文明史和发展史，在漫长的发展历程中孕育并形成了博大精深的中国传统文化。中国传统文化凝聚了中华民族在历史长河中沉淀的智慧和精神，留下了包罗万象、生生不息的文化经典，如琴棋书画、中医中药、宗教哲学、曲艺杂耍、节礼习俗、民间工艺、中华武术等优秀文化遗产。这些文化遗产已成为维系中国人的精神纽带，铸就了中华民族团结奋斗、共同坚守、自强不息的精神力量，值得我们追根溯源、铭记于心。

第一节 物质文化遗产美

【学习目标】

1. 掌握物质文化遗产的基本内容。
2. 理解并感受物质文化遗产美的意义。
3. 把握基本的物质文化遗产审美技巧。

一般认为，文化分为广义文化和狭义文化。广义文化是指人类创造出来的所有物质财富和精神财富的总和，其中既包括世界观、人生观、价值观等具有意识形态性质的部分，也包括自然科学和技术、语言和文字等非意识形态的部分。具体说来，文化反映了一个国家或民族的历史、地理、风土人情、传统习俗、生活方式、文学艺术、行为规范、思维方式、价值观念等内容，也是人的生存状态及其人格的反映。狭义文化是指人们普遍的社会习惯，包括衣食住行、风俗习惯、生活方式、行为规范等内容。任何一种文化都包含了一种生活或生存的理论和方式、理念和认识。

文化遗产是历史遗留下来的、以特定的实物或非实物的形态存在的人类创造物，具有较高的历史、文化、艺术或科学价值。可以说，文化遗产是在人类社会发展过程中，人们直接创造或借助自然力创造的各种精神财富和物质财富的总和。概括来说，文化遗产具有以下四个基本特征：

(1) 文化遗产具有一定的价值；

(2) 文化遗产是与时间相关的概念；

(3) 文化遗产必然以一定的形态或形式被保留；

(4) 文化遗产是人类所创造的事物。

一、物质文化遗产的概念

按照文化遗产的载体可见性或者是否具有实物形态的分类标准，文化遗产首先应该划分为物质文化遗产和非物质文化遗产。其中，物质文化遗产，又称"有形文化遗产"，与"非物质文化遗产"合称"文化遗产"。根据《保护世界文化和自然遗产公约》，物质文化遗产主要包括以下几方面：

古迹：从历史、艺术或科学角度看，具有突出的普遍价值的建筑物、碑雕和碑画、具有考古性质的成分或构造物、铭文、窟洞以及景观的联合体。

建筑群：从历史、艺术或科学角度看，在建筑式样、分布均匀或与环境景色结合方面具有突出的普遍价值的单立或连接的建筑群。

遗址：从历史、审美、人种学或人类学角度看，具有突出的普遍价值的人类工程或自然与人的联合工程以及包括有考古地址的区域。

二、物质文化遗产的特性

（一）物质性

物质文化遗产可称为物质或有形遗产，其存在的基本特性为物质性。与非物质文化遗产相比，"物质"性和"非物质"性是两种文化遗产最本质的区别。作为历史文化的物质载体，无论是可移动的还是不可移动的文化遗产和文化财产，物质文化遗产都是人类使用一定的材料创造、建造而成的，离开了物质材料，物质文化遗产便不复存在。因此，我们可以简单地理解为：物质文化遗产，即历史遗留下来的，看得见、摸得着的文化遗产。它们会以一定的形态(形式、形状)存在于一定的环境中。

（二）静态性

物质文化遗产是历史的产物，以物质的形式被保留下来。从诞生到成型，基本保持着最初的样貌，终止在一个历史点上，凝固在一个物质外壳之中。因此，相对非物质文化遗产而言，它具有一定的静态性，不会因为时间流逝产生本质变化，其内容也基本停留在成型后的状态。基于这一特性，人们历来对物质文化遗产的保护，多数以考古发掘、整理归档、收藏修复、展示利用等措施展开，便于将其既有的物质形态保存下来，使之永续存在。

（三）时代固定性

物质文化遗产长期处于相对稳定的状态中，在时代进程中并不会随着时代变革而产生巨大变化，因而每一处或每一件物质文化遗产都具有相对固定且不连续的时代性。基于此特性，某一时代的物质文化遗产往往只体现其产生时代或者年代的特点，具有极高的历史考古价值。由此，后世可以根据物质文化遗产的特征去推论、想象当时的生活场景，探寻该时代的基本特性。可以说，物质文化遗产是一定历史时期内人们社会活动的产物，蕴藏着反映当时文化状况的有关内容和信息，其时代特征和时代内容在历史事迹和遗物上是统一的。这一历史定格和烙印相对固定，不会随着时代的发展而改变。

（四）不可再生性

物质文化遗产属于不可再生资源，难以复制，不可替代。在广阔的中华大地上，遗留着数十万件不可移动文物和上亿套可移动文物，它们都承载了一定的历史文化，象征着曾经灿烂的中华文明。因此，历史文化遗产一旦毁损，中华传统风格一旦变异，人居环境一旦破坏，将会是人类文明的损失和历史文化的缺憾。

【拓展阅读】

周口店遗址

周口店遗址位于北京市西南 48 千米处，房山区周口店镇龙骨山北部（图 7-1-1）。自 1927 年进行大规模系统发掘以来，共发现不同时期的各类化石和文化遗物地点 27 处，发掘出土代表 40 多个"北京人"的化石遗骸，10 多万件石器，近 200 种动物化石及大量的用火遗迹等，成为举世闻名的人类化石宝库和古人类学、考古学、古生物学、地层学、年代学、环境学及岩溶学等多学科综合研究基地。1987 年作为

》 图7-1-1 周口店遗址

文化遗产列入《世界遗产名录》。到目前为止，科学家已经发现了中国猿人属北京人的遗迹，他们大约生活在中更新世时代，同时发现的还有各种各样的生活物品，以及可以追溯到公元前 18 000 至 11 000 年的新人类的遗迹。周口店遗址不仅是有关远古时期亚洲大陆人类社会的一个罕见的历史证据，而且也阐明了人类进化的历史进程。

三、物质文化遗产之美

物质文化遗产是一种"静态"的文化遗物，保留着最初的历史原貌和深厚的人文内涵。人类能通过研究、挖掘、探索等方式取得对其时代特征和文化内涵的认知，并以不同形式传递给受众群体。美学家张世英说："人生有四种境界：欲求境界、未知境界、道德境界、审美境界。审美为最高境界。"可见，学会欣赏物质文化遗产之美、感受中国传统文化之美，是当代中国大学生的必修课。

（一）物态美

物质文化遗产常常表现为物质性的载体，自其诞生以来，就一直保持着原有的基本外部形态。纵然时间流逝，其外观、结构依然能够体现出原有的美感。以福建土

楼(图7-1-2)为例，它主要是以土做墙而建造起来的集体建筑，因人们对其功能需求发生变化而不断改造，呈圆形、半圆形、方形、四角形、五角形、交椅形、畚箕形等，形态各异，独具特色，美不胜收。在现存的土楼中，以圆形土楼最为引人注目，当地人称之为"圆楼"或"圆寨"。它不但造型奇特，而且极富有神秘感，这种物态上的美便是其本身固有的特征。

» 图7-1-2 福建土楼

（二）内涵美

物质文化遗产是由人创造的。无论是文物古迹，还是建筑、遗址等，都表达着人类特有的情感，承载了中华民族的文化基因和民族血脉。人类在创造物质文化的时候，常常赋予其特定的内涵，借以表达自身的情感和文化的特性。以中国传统建筑为例，在宫殿建筑中，工匠们常常运用隐喻、谐音、借代等手法传递美好的文化内涵，如象征长寿的"松鹤"，象征高洁的"莲花"，象征富贵的"牡丹"，象征强盛的"狮子"等，借以表达精神上的寄托(图7-1-3为传统建筑上的雕塑)。木雕装饰的常见类型有气节类、祈福类、家庭和睦类以及辟邪类等，被赋予吉祥美好之意。物质文化遗产通过具体的物质形态将其文化内涵进行保留，以至于今日，我们依然能够感受其丰富的内涵之美。

» 图7-1-3 传统建筑上的雕塑

（三）时代美

中国物质文化遗产作为时代的产物，具有深刻的时代特征和时代背景，代表着某一时代的人类的审美意识和思想理念，体现了文化在某一历史时期内的具体内涵，使现代人能穿越时空、感受其诞生之初的时代美感。每个民族在每个时代都创造了不同的文化形态和文化内容，使民族群体的文化得到更好发展的同时，也使得人类文化不断丰富和积累。因此，我们应当自觉地把文化在历史发展中形成的优良基因与时代要求有机结合起来，从历时性和共时性的角度出发，深刻地理解我们的文化渊源、文化本质、文化构成和文化脉络，真正拥有文化自觉意识，知晓中国物质文化遗产美在何处、因何而美、如何更美。比如，被列入世界文化遗产的敦煌莫高窟坐落在河西走廊西端，是世界上现存规模最大、内容最丰富的佛教艺术之地(图7-1-4为敦煌壁画)。从莫高窟的历史时代价值来看，本生、佛传等资料反映了古代经济生活的状况；法华经

» 图7-1-4 敦煌壁画

变、涅槃经变提供了古代军事考究资料；骑射、相扑等内容提供了包含体育属性的资料；彩塑和壁画等作品让人能了解当时的宗教发展，反映了佛教与中国传统文化的融合发展以及佛教中国化的过程。

【拓展阅读】

世界级物质文化遗产——开平碉楼与古村落

开平碉楼与村落，以广东省开平市用于防卫的多层塔楼式乡村民居——碉楼而著称，其历史最早可上溯到明末清初。到20世纪二三十年代，碉楼鼎盛的时候有3000多座，至今仍完好保存了1833座。它表现了19世纪末及20世纪初开平侨民在南亚国家、澳大利亚以及北美国家发展进程中的重要作用，也反映出海外开平人与其故里的密切联系。

开平碉楼与村落建筑分为三种形式：由若干户人家共同兴建的众楼，为临时避难之用，现存473座；由富有人家独自建造的居楼，同时具有防卫和居住的功能，现存1149座；出现时间最晚的更楼，为联防预警之用，现存221座。根据所用材料，也可分为石楼、土楼、青砖楼、钢筋水泥楼。碉楼与周围的乡村景观见证了明代以来以防匪为目的的当地建筑传统的最后繁荣。

2007年6月，第31届世界遗产大会通过中国"开平碉楼与村落"入选世界文化遗产名录。此次收录的遗产包括四组共计20座碉楼，是村落群中近1800座塔楼的代表。

从始至终，中国物质文化遗产反映了中华民族发展的重要进程，其智慧的结晶真正贯穿了人类文明史，如古遗址等不可移动文物和图书资料等可移动文物，以及样式别致的历史文化名城，都是社会发展不可或缺的重要物证。它们以实物的形式向我们呈现了中国美学思想的发展脉络，帮助各族人民进行爱国主义和革命传统教育，并广泛汲取民族精神养分。因此，认识中国物质文化遗产即了解人类文明的结晶与精神，保护中国物质文化遗产即保护人类文化的根基与传承、维护文化的多样性和创造性，推动社会文明不断向前发展。

第二节　非物质文化遗产美

【学习目标】

1. 掌握非物质文化遗产的基本内涵。
2. 了解非物质文化遗产的丰富类型及美学特征。
3. 结合生活感受非物质文化遗产之美。

联合国教科文组织的《保护非物质文化遗产公约》指出，"非物质文化遗产指被各群体、团体、有时为个人视为其文化遗产的各种实践、表演、表现形式、知识和技能及其有关的工具、实物、工艺品和文化场所。"这种非物质文化遗产世代相传，在各社区和群体适应周围环境以及与自然和历史的互动中，被不断地再创造，为这些社区和群众提供持续的认同感。

《中华人民共和国非物质文化遗产法》指出，非物质文化遗产是指各族人民世代相传并视为其文化遗产组成部分的各种传统文化表现形式，以及与传统文化表现形式相关的实物和场所。非物质文化遗产主要包括以下几方面：

(1) 传统口头文学以及作为其载体的语言；

(2) 传统美术、书法、音乐、舞蹈、戏剧、曲艺和杂技；

(3) 传统技艺、医药和历法；

(4) 传统礼仪、节庆等民俗；

(5) 传统体育和游艺；

(6) 其他非物质文化遗产。

非物质文化遗产是先辈在劳动和生活中自然产生、代代传承下来的活态文化，是不脱离民族的生活、生产方式。非物质文化遗产依托"人"本身而存在，强调以"人"为核心，注重"人的传承"与"活的文化"。换言之，非物质文化遗产是与人民群众生活密切相关、世代相传的传统文化表现形式，展现的是一个民族的精神特质，具备鲜明的中华民族特色。其价值主要有三个方面：历史价值、精神价值、经济价值。其一，非物质文化遗产有助于人们深入了解历史文化，增强历史真实性与说服力，也有助于塑造独特的民族精神；其二，非物质文化遗产蕴藏了民族文化精神，其丰富的文化内涵和审美情趣有助于产生民族凝聚力、形成良好的社会氛围；其三，非物质文化遗产蕴含着巨大的文化资源，非物质文化遗产的活化有助于推动非遗商业化，使文化资源向文化生产力转化，从而形成良性循环的经济效益。总的来说，非物质文化遗产是人类文化的结晶，是历史发展的珍贵产物和文化发展的价值体现，具有极高的美学价值和审美意义。

【拓展阅读】

文化和自然遗产日

　　为进一步加强中国文化遗产保护，继承和弘扬中华民族优秀传统文化，推进社会主义先进文化建设，国务院决定从 2006 年起，将每年 6 月的第二个星期六设立为"文化遗产日"。

　　文化遗产包括物质类和非物质类。物质类包括古遗址、古墓葬、古建筑、石窟、石刻、壁画等不可移动文物，历史上重要实物、艺术品、文献、手稿等可移动文物，以及历史文化名城、街区、村镇。非物质类包括口头传统、民俗活动和礼仪节庆、传统手工艺等以及与此相关的文化空间。政府希望通过设立"文化遗产日"，使文化遗产保护得到全面加强。到 2010 年，已初步建立比较完备的文化遗产保护制度，文化遗产保护状况得到明显改善。到 2015 年，基本形成较为完善的文化遗产保护体系，具有历史、文化和科学价值的文化遗产得到全面有效的保护；保护文化遗产深入人心，成为全社会的自觉行动。2016 年 9 月，国务院批复住房和城乡建设部，同意自 2017 年起，将每年 6 月第二个星期六的"文化遗产日"调整为"文化和自然遗产日"。

　　设立"文化和自然遗产日"的教育目的主要在于：强调它的精神意义，设法使公众成为这一天的主人，成为主动的参与者，使国家文化遗产日成为全民的文化遗产日，使国家举措转化为每一个公民自觉的文化行为。

一、非物质文化遗产的特性

　　非物质文化遗产是一个较为宽泛的概念，是人类的生存活动以及思想感情构筑起来的文化史，其内涵几乎包含了人类探索世界的方方面面，不仅有深厚的文化底蕴，更蕴含着丰富的生活情趣与审美价值。相对于物质文化遗产而言，非物质文化遗产具有地域性、民族性、活态性和流变性四个特点，显现出了独特的内涵与差异。

（一）地域性

古语云："一方水土养一方人。"每个民族或族群生活在相对固定的区域，都会因所处自然环境、地理位置的不同，或受生存条件、经济水平、历史发展等多种因素的影响，逐渐形成形态各异的宗教信仰、礼仪规范、习俗节气、生产方式、歌舞曲艺、民族语言、手工艺术等独特文化。在经年累月的发展中，我国形成了每个民族、每个地域鲜明且独特的非物质文化遗产，记录了当地人类的社会生产生活方式、风俗人情、文化理念等特性。

我国非物质文化遗产资源宝库中蕴藏着三大史诗：藏族民间说唱体长篇英雄史诗《格萨尔》、蒙古族英雄史诗《江格尔》和柯尔克孜族传记性史诗《玛纳斯》，它们主要分布在北纬40°以北的游牧民族地区。其中，《格萨尔王传》(图7-2-1)又称《格萨尔》(格斯尔)，是西藏民间流传千余年的地方传统民间文学，也是中国藏族人民集体创作的一部英雄史诗，现已整理成书，全书共有120多部，100多万行诗句，2000多万字，是世界上最长的一部史诗。该史诗主要描写了"雄狮国王格萨尔

》 图7-2-1 《格萨尔王传》插图

以大无畏的精神率领岭国军队南征北战、降妖伏魔、抑强扶弱、救护生灵，使百姓过上安宁日子，晚年重返天国"的故事。该史诗具有鲜明的民族地域特色，既有民族共同语言，又吸收了各地有生命力和表现力的方言词汇，整体上熔铸了神话、传统民歌、格言俚语，具有雄浑壮丽、多姿多彩的艺术风格。

（二）民族性

非物质文化遗产是人们在生存发展过程中不断积累和传承而来的，其民族性是指某一民族所独有的文化深深地刻上了该民族的生活文化烙印，体现了特定民族独特的生存智慧、审美意识、思维方式、情感取向、价值判断等。如京剧、昆曲、粤剧、侗族大歌、黎族传统纺染织绣、朝鲜族农乐舞等非物质文化遗产，都是具有鲜明民族特色的代表性文化。

侗族大歌是中国国家级非物质文化遗产，主要流行于贵州省黔东南地区的黎平县、从江县、榕江县等侗族聚居区和广西壮族自治区三江侗族自治县等地区。侗族大歌是中国侗族地区一种多声部、无指挥、无伴奏、自然和声的民间合唱形式，起源于春秋战国时期，已有2500多年的历史。侗族大歌在音律结构、演唱技艺、演唱方式、演唱场合等方面都与一般民间歌曲不同，是一领众和、分高低音多声部谐唱的合唱种类，属于民间支声复调音乐歌曲。侗族大歌并非单纯的音乐艺术形式，其对侗族文化与精神的传承和凝聚都起着非常重大的作用，是侗族文化的直接体现。

（三）活态性

非物质文化遗产是一个民族的生命记忆和活态文化基因。它的生存与传承离不开"人"本身的活动和人类生存的区域环境，通常以手工技艺、艺术表演、习俗习惯等为主要表现手段，以"口传心授"的方式得以传承，从而延续到现代生活甚至更遥远的未来。"活态化"作为非物质文化遗产的重要特性，对保持文化的长久活力具有重要作用，深刻影响着文化的传承与发展。历史上著名的"泰山封禅"曾是帝王封禅、祭祀的重要礼仪，却在发展进程中被中断，最终完全废止。这种文化失去了活态性，使其无法被纳入非物质文化遗产的范畴。

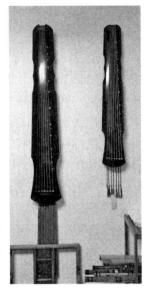

在"活态性"特征的影响下，不少非物质文化遗产得到了有效的传承。以古琴艺术为例，作为中国传统音乐的典型代表，其流传至今依旧充满活力，在当今文化艺术界占据重要地位（图7-2-2为古琴照片）。2006年，古琴艺术经国务院批准列入第一批国家级非物质文化遗产名录，是继昆曲之后被列入"人类口头与非物质遗产"的第二个中国文化门类。古琴演奏是中

» 图7-2-2　古琴

国历史上最古老，最具民族精神、审美情趣和传统艺术特征的器乐演奏形式之一。

（四）流变性

非物质文化遗产是在时间及空间的不断流转中逐步演进的。在这一过程中，由于受到不同区域的历史、人文、资源等因素的影响，非物质文化遗产的演变往往呈现继承与发展并存、传承与创新两步走的状况。在整体的传承进程中，非物质文化遗产的本质得以保留，其根本脉络及基本特征保持不变。但在形式、内容等方面，非物质文化遗产被不断创新，进而带来了不可避免的流变，因此常以不同的面目呈现给世人。这一性质在历代陶瓷烧制技艺的传承中表现得尤为明显。

总体而言，陶瓷作品的风格和内涵等方面与时代特点基本相符，同时又随着时代发展产生了一脉相承的多彩演变。以龙泉青瓷烧制技艺为例，龙泉青瓷是汉族传统制瓷工艺的珍品，南朝劳动人民利用当地优越的自然条件，吸取越窑、婺窑、瓯窑的制瓷经验烧制青瓷。南宋时烧制出了晶莹如玉的粉青釉和梅子青釉，青如玉、明如镜、薄如纸、声如磬，赏之让人心情畅然，这也标志着龙泉青瓷的烧制技艺发展到了顶峰。历代龙泉青瓷忠实地继承了中国传统的艺术风格，而随着时代的演变，龙泉青瓷也不断地流变，在继承和仿古的基础上有了新的突破，如成功研制了紫铜色釉、高温黑色釉、虎斑色釉、茶叶末色釉、乌金釉和天青釉等瓷器，图7-2-3至图7-2-5为历代青瓷的演变图。在2009年，龙泉青瓷传统烧制技艺被联合国教科文组织批准列入人类非物质文化遗产代表作名录，成为全球第一个也是目前唯一入选"人类非物质文化遗产"的陶瓷类项目。

» 图7-2-3　龙泉窑青釉凤耳瓶(宋) » 图7-2-4　龙泉窑青釉划花执壶(元) » 图7-2-5　龙泉炉(明万历)

二、非物质文化遗产之美

中国非物质文化遗产的创造过程自始至终与灿若繁星的中华文明进程紧密联系在一起，体现了人类文明的发达程度和智慧高度，同时展现了浩瀚生动的非物质文化遗产之美。非物质文化遗产之美，不单单是美学意义上的形式美感，更体现在其生动诠释中国传统文化博大精深的独特方式上，成为了维系中华民族情感的特殊纽带。简而言之，非遗增强了相关群体和个人的民族文化认同感，在当代展现出日益绚烂的岁月风采，创造了巨大的精神文化价值。

(一) 手工之美

多姿多彩的民间艺术离不开传统手工技艺的支撑，而手工技艺是我国非物质文化遗产的重要组成部分。概括来说，其价值主要包含这三点：第一，传统手工技艺承载的历史文化能反映整个民族的世界观和价值观，投射出中华民族的集体心态和行为模式；第二，传统手工技艺是中华民族文化的生动表现，表现了该民族的思维方式和审美取向；第三，传统手工技艺是民族生命力和民族精神的寄托，是中华文化可持续发展的源泉之一。总之，作为非物质文化遗产的重要载体，传统手工技艺承续了各民族的社会生活、思想风貌、审美情趣等广泛内容。因此，从中汲取文化精华，我们能感受到真正的历史文化价值和精神价值。

就传统刺绣工艺而言，纵使机器绣花很高效，也无法与传统手工刺绣相媲美。如苏绣、湘绣、蜀绣、粤绣是中国四大名绣，它们风格迥异、各具特色，一针一线皆由匠人手工刺绣而成，千丝万缕间，传递的正是温润醇厚、华贵清雅、形神兼具的手工之美。这正是非物质文化遗产具有极高艺术价值和文化底蕴的体现，也是中国传统文化婉约、古典之美的体现。下面重点介绍粤绣。

粤绣是广州刺绣(广绣)和潮州刺绣(潮绣)的总称，是中国四大名绣之一，起源于唐代。广绣(图7-2-6)是指广州、佛山、南海、番禺、顺德、东莞、宝安、香山、台山等地的刺绣，也就是以广州为中心的珠江三角洲民间刺绣工艺的总称。潮绣(图7-2-7)发源并流行于今潮汕地区，有着强烈的地方色彩，构图饱满均衡，针法繁多，纹理清晰，金银线镶，托地垫高，色彩浓艳，装饰性强，尤以富有浮雕效果的垫高绣法大放异彩。

此外，以金碧、粗犷、雄浑的垫凸浮雕效果的钉金绣尤为人所瞩目，宜于庙堂会所装饰和有喜庆之事时使用。粤绣是广东地区的代表性刺绣，已有1000多年的历史。2006年被列为国家级非物质文化遗产，2018年入选第一批国家传统工艺振兴目录。

（二）匠心之美

"匠人"一词通常指专门从事某一职业、经验丰富、技艺熟练的手工艺人。非物质文化遗产是历史的"活化石"，是各族人民世代相传的各类传统文化的表现形式，凝聚着人们的智慧与巧思，其蓬勃的生机活力离不开匠人们精工细作、精益求精、追求完美的工匠精神。工匠精神，是我国自古尊崇并积极弘扬的美好理念，代表着一种可贵的职业精神和行为表现，反映了从业者执着、专注的工作态度。可以说，离开了匠人们的辛勤与智慧，非物质文化遗产的产生、维系、传承与发展也就难以为继。因此，工匠精神是非物质文化遗产得以活态传承的关键条件，我们可以从非遗的代表

» 图7-2-6 百鸟争鸣图(广绣)

» 图7-2-7 戏曲人物帐帘(潮绣)

作中，感受到匠人之功、匠人之心，真正体会非遗匠心之美。无论是一针一线还是千锤百炼，匠人的精神和情感都全盘浇筑到作品之中，并且不断流传，这便是"匠心"所在。当我们欣赏一件艺术品时，往往能够体会到其散发出来的浓郁的文化气息和历史厚度，感受到非遗超越时空的人文关怀和浓浓温情。

潮州木雕，始于唐代，盛于明清。潮州木雕以巧夺天工的雕刻技艺、精益求精的细节塑造，反映了潮州雕刻匠人心灵手巧的悟性、吃苦耐劳的精神、精打细算的性格和精明强干的作风。这种文化秉性不仅使潮汕手工业得以繁荣发展，而且使潮汕的工艺美术在全国也占有一席之地，如潮绣、抽纱、枫溪瓷器等工艺品同样享有盛名，而潮州木雕(图7-2-8)则以其典型的潮色潮味在全国的木雕艺术中独树一帜。2006年，潮州木雕经国务院批准列入第一批国家级非物质文化遗产名录，2018年，潮州木雕入选第一批国家传统工艺振兴目录。

（三）科学之美

» 图7-2-8 金漆通雕蟹篓梁托

非物质文化遗产作为历史文化的产物，是对历史上不同时代生产力发展状况、科学技术发展程度、人类发明创造能力和基本认识水平的保存与反映，在一定程度上体现了技术发展的科学性。换言之，非物质文化遗产之美，除了琴棋书画、手工技艺、

书法美术等传递的感性之美，更有闪耀理性光辉的科学之美。

在东汉时期，我国古代杰出的天文学家和数学家刘洪发明了"珠算"，他本人也被后世尊为"算圣"。珠算是以算盘为工具进行数字计算的一种方法，被誉为"中国的第五大发明"。"珠算"一词，最早见于汉代徐岳撰的《数术记遗》，其中有云："珠算，控带四时，经纬三才"。

珠算，用算盘作为工具，通过拨动算盘上的珠子，结合口诀进行数学演算。传统的算盘分为上二下五珠结构，计算时采用"五升十进制"，即每一挡"满5"时便用一粒上珠表示，每一挡满"10"时便向前一挡进"1"。珠算自发明以来，便一直在人们的生活中被广泛运用，人们也总结出了加减乘除四则口诀。算盘给人类带来了极大的便利。自明代以来，珠算极为盛行，先后传到日本、朝鲜及东南亚各国，在美洲也较为流行。这种便捷的计算工具和计算形式，汇聚着古人对数学的探索、对科学的思考，其流传至今，依然闪耀着理性之光、科学之美。

【拓展阅读】

生活中的非遗美——莞香制作技艺

莞香，常用名土沉香，别名白木香、女儿香，因东莞所产最有名，故称"莞香"。

莞香于唐代由国外传入，宋代时广东各地普遍种植，尤以莞邑为盛，明代时已闻名于世。据成书于明代的鸡翅岭村汤氏族谱记载："女儿香名，其种异于他处，故九州之远，京师之人，无不以为天下第一香也。"早在明万历元年，东莞就已经形成了对莞香进行收购、加工、交易的产业链。大沙、大朗、寮步、茶山等圩市为主要集散地，来自莞城、寮步、石龙等地的香贩云集在此采购莞香，再贩卖到广州、香港等地，甚至销售到东南亚一带，每年的莞香销售量可达三四万斤。当时东莞的香市与广州的花市、罗浮的药市、合浦的珠市并称"广东四大市"。清代时莞香作为贡品进入宫廷，据记载，东莞进香始于雍正六年，止于清乾隆五十九年，共记载了十批次。

莞香的制作一般选用七八年树龄、树冠约8～20厘米的莞香树，在春季斩去正干，只留旁支，来年秋冬季节，在正干出土约一尺的地方初采莞香，称作"开香门"。初次采香时只采一两片，所采莞香为白木香。香树在开了香门之后，要用泥土覆盖，到第二年冬可在同一地方复采，这种香块称为镰头香，木质花纹少，无油脂，但价值比白木香高。要制作价值最高的女儿香和沉香，需要有生长期较长的老香树，采香的间隔要达到二至三年，这样可以使香树的精华大量沉结，香头蕴含大量的油脂，采香时将其大块凿出来，再将无油脂的部分铲去，留下油脂部分便为沉香。女儿香即为牙香，同样是在老香头开凿出来后，精心加工成马牙形的香条。

莞香原料经过加工才能成为上好的成品，制香人左手持莞香原料，右手持锋利的小刀，娴熟地削去原料表层的白木，直到富含油脂的纯莞香完全暴露。莞香香料的制作与中药的炮制有许多相似之处。总体来说，炮制莞香香材的目的，一是去其杂质，便于使用；二是导顺治逆，理其药性。具体的炮制有蒸、煮、炒、炙、烘焙、水飞等多种方式，之后将其制成各种用途广泛的香。

莞香的品种繁多，古时根据莞香的色泽、纹理、形状不同，可细分为鹧鸪斑、朱砂管、黄熟、黑格、马牙、马尾渗、窃凿、结根、铁格、菱角壳、香角等十多个品种。而进贡至宫中的严露香、莲头香、切花香更为名贵，女儿香则是莞香中的极品。莞香可分为白木香、镰头香、牙香和沉香四大等级。莞香可以用于制药、香料、收藏、制作饰品、制茶、提油、提取香精等。长期以来，莞香的香味一直无可替代。今天，在配制世界顶级香水、精油等产品时，莞香仍是必不可少的添加成分。

20世纪50年代以后的30年间，莞香树由于种种原因而遭乱砍滥伐。现在，莞香濒临灭绝，被列为国家二级重点保护植物，莞香制作技艺的传承也因此受到限制。2014年12月，莞香制作技艺入选第四批国家级非物质文化遗产名录。

中国非物质文化遗产蕴含了中华民族独有的精神价值、审美情趣和思维方式，其无穷的生命力为中华民族的发展提供了源源不断的精神支撑。因此，传承和发展非物质文化遗产，能够引导学生正确认识、了解并热爱传统文化，从而增强民族自尊心和文化自信心，具有重要的教育意义。身为当代大学生，我们理应正确认识、感受和欣赏非遗之美，在保护与传承的基础上培养创新意识，真正学会汲取中国传统文化的精神养分。

▶【课后思考】

1. 你在旅行时参观过哪些物质文化遗产？请列举出来，并谈谈你的感受。
2. 请介绍你家乡的物质文化遗产，并分析它美在何处。
3. 物质文化遗产与非物质文化遗产的区别是什么？
4. 请列举你最喜爱的非物质文化遗产项目。
5. 请介绍家乡的非物质文化遗产，并简要阐述它的美。

第八章 中国艺术美

◆◆ 【本章导读】

　　子曰："兴于诗，立于礼，成于乐。"孔子认为道德的最高成就，便是达到与艺术结合且美善兼具的境界，孔子认为道德人格的完善应具有美感。这种境界便是"成于乐"的艺术化境界。孔子在古代教育体系中还倡导"六艺"，即礼、乐、射、御、书、数等内容，丰富了美育的内涵和范围，这正是中国艺术融入美育的最佳见证，值得纳入美育的视野。中国的代表性艺术种类丰富，雅俗共存，动静兼具，如书法、绘画、雕塑、建筑、音乐、舞蹈、戏曲等，都在历史长河中不断积淀、传承与发展。通过中国传统艺术教育，能够引导学生接受人文精神熏陶，增强民族自豪感，树立文化自信力，唤起学生对生活的热爱与向往之情。

第一节　书法之美

【学习目标】

1. 了解著名的书法大家及其代表作品。
2. 掌握书法传递的思想情感与道德精神。
3. 掌握经典书法作品的基本审美技巧。

　　自古以来，书法作为中华传统文化的文脉传承，蕴含了历代文人雅士的美好情思、磅礴之气与君子之风，是世界艺术之林的奇葩与瑰宝。书法有着深厚的历史文化内涵，以汉字为载体，涉猎了语言、文学、美学等方面的内容，又与音乐、绘画、建筑相通，成为了世人与中国文化直接对话的重要途径。总的来说，书法是审美性与实用性的统一结合体，对于培养人们的思想道德情操、良好审美情趣、正确生活习惯和塑造个性特征等都有重要的作用。学会欣赏书法之美，是当代大学生的素质必修课。

一、书法概述

（一）书法的含义

　　书法是中国特有的艺术表现形式，通常被誉为"无言的诗、无行的舞、无图的画、无声的乐"。它以方形结构和线条变化为基础，构成了线条流畅、结构平衡、均匀有度的书写法则。换言之，书法需按照文字特点及其含义，以其书体笔法、结构和章法书写，使之成为富有美感的艺术作品。

（二）书法的起源

　　《书林藻鉴》指出："声不能传于异地，留于异时，于是乎书之为文字。文字者，所以为意与声之迹也。"中国的书法艺术起源于汉字的产生阶段，从刻画符号和简单图案开始，逐渐形成了镌刻在陶器、甲骨、石头、洞壁、竹简上的文字，这些记录方式推进了汉字的发展。原始文字的起源，是一种人类模仿的本能，是大概的、混沌的概念，这种本能激发着人类不断地思考并进行创造。书法艺术源远流长，据记载从甲骨文时代就已经开始了。但从总体上看，书法艺术在汉魏时期才真正形成，成就了书法技法的集大成期。

原始文字的起源

距今八千多年前，黄河流域出现了磁山、裴李岗文化。在裴李岗出土的手制陶瓷上，有较多的类文字符号。这些符号是交际功能、记事功能与图案装饰功能的混沌结合，虽然不是现在的人们能识别的汉字，但却是汉字的雏形。

紧接着距今约六千年前的仰韶文化的半坡遗址，出土了有一些类似文字的简单刻画的彩陶。这些符号已区别于花纹图案，把汉文字的发展又向前推进了一步。这可以说是中国文字的起源。

接着有二里头文化和二里岗文化。二里头文化考古发掘中发现有刻画记号的陶片，其记号共有二十四种，有的类似殷墟甲骨文字，都是单个独立的字。二里岗文化已发现有文字制度。这里曾发现过三个有字的骨头，两件各一个字，一件十个字，似为练习刻字而刻。这使得文明向前又迈进了一大步。

原始文字的起源，是一种模仿的本能，用于形象表达某个具体事物。它虽然简单且有些混沌，但它已经具备了一定的审美情趣。这种简单的文字，可以称之为"史前的书法"。

二、书法的演变

中国书法历史悠久，字体流派较多，书法艺术风采迷人。从文字演变来看，由甲骨文、金文到大篆、小篆、隶书，至东汉、魏、晋的草书、楷书、行书诸体，书法一直散发着独特的艺术魅力。

（一）商至秦末

商至秦末，书法艺术浑然入序，各种书法体相继出现，如甲骨文、金文、石刻文、简帛朱墨手迹等，书法艺术呈现出有序发展的态势。秦代书法，堪称开创书法先河，李斯主持统一全国文字，这在中国文化史上是一伟大功绩。在此期间，诞生了一批删繁就简、方正楷模的代表作，如李斯的《绎山石刻》《泰山石刻》《琅玡石刻》《会稽石刻》等作品(图8-1-1)。

» 图8-1-1 李斯《绎山石刻》

（二）汉代时期

汉代时期，书法艺术渐趋成熟、完善。在这段时期，隶书定型，草书、行书、楷书应运而生，形成了隶书盛行、诸体皆备的辉煌局面。值得一提的是，汉代将秦隶逐步定型为横变形字体，体现了汉隶点画均匀、舒展自由的特点，如《张迁碑》(图8-1-2)、《礼器碑》《西岳华山庙碑》等作品。

» 图8-1-2 《张迁碑》

（三）魏晋南北朝时期

魏晋南北朝时期，书法艺术处于承上启下、完成演变的阶段，其特点是篆书、隶书、楷书、行书、草书诸体完善，书法人才辈出。当时，古人在生活处事上倡导"雅量""品目"，在艺术上也追求中和、居淡之美，因此人们愈发认识到，书写文字，还有一种艺术审美价值。在此背景下，诞生了一批如钟繇、王羲之等书法大家，同时也留下了一大批优秀作品(图8-1-3)。钟致帅在《雪轩书品》中提到："魏碑书法，上可窥汉秦旧范，下能察隋唐习风。"这一时期的书法作品，继承了前代书法的优良传统，创造了无愧于前人的优秀遗迹，也为形成唐代书法百花竞妍、群星争辉的鼎盛局面做了铺垫。

» 图8-1-3 王羲之《兰亭集序》

（四）隋唐两代

隋唐两代，书法艺术的发展进入鼎盛阶段。在这一时期，书法被列为"书学"，在理论与创作方面都达到了新的高度。这同隋唐时期高度繁荣的经济、灿烂辉煌的文化是密不可分的。唐代的书法名家人才辈出，如四大书法家欧阳询、虞世南、褚遂良、薛稷；被称为"颜肥柳瘦"的颜真卿(图8-1-4所示为颜真卿《多宝塔感应碑》)、柳公权以草书为名的张旭和怀素等。这些书法大家，将新的书法表现形式推向了极致。

» 图8-1-4 颜真卿《多宝塔感应碑》

（五）宋代时期

宋代时期，书法艺术不甚景气。一方面，宋代盛行帖学，流行辗转翻刻前代的书法作品，因此常因翻刻走样而难得真谛，限制了宋代书法的创新与发展；另一方面，宋人常以帝王好恶和权臣书体为主，难有独创的个性化书体。但值得一

» 图8-1-5 赵佶《秾芳诗帖》(局部)

提的是，这一时期"北宋四大家"可为世人称道，如苏轼、黄庭坚、米芾、蔡襄等书法名家；又如宋徽宗赵佶创造了"瘦金体"(图8-1-5)，以一种尚意抒情的新面目出现在世人面前。

（六）元代时期

元代时期，崇尚复古，越过两宋而直接传承晋唐的书法文化。这一时期，书坛的核心人物是赵孟頫，他所创立的楷书"赵体"与唐楷之欧体、颜体、柳体并称"四体"，成为后代临摹的主要书体。赵孟頫的代表作有《仇锷墓碑铭》《兰亭十三跋》(图8-1-6)、《度人经》《洛神赋》等，其书风遒媚、秀逸，结体严整、笔法圆熟，对后代书法艺术影响深远。

» 图8-1-6 赵孟頫《兰亭十三跋》

（七）明代时期

明代时期的书法，从总体上看，有江河日下的趋势。在诗文上，通常追求"雍容典雅"，多为粉饰太平、歌功颂德的贫乏之作，脱离社会生活，

缺乏实际内容，也缺少创新力与生命力。在此背景下，明代流行"台阁体"，字体呆板整齐，缺少神气。其间，影响较大的书法家有祝枝山、文徵明、董其昌等人；较有创新力的书法家有张瑞图(图8-1-7为张瑞图的《送康侯杨外孙北上七篇》)、徐渭等人。而董其昌、米万钟、邢侗、张瑞图则被称为"晚明四大家"。

» 图8-1-7　张瑞图《送康侯杨外孙北上七篇》

（八）清代时期

清代时期，文人力图摆脱帖学的影响，极力倡导"碑学"，形成了雄浑、渊懿的书风。碑学书法家以借古开今的精神和表现个性的书法创作，使书坛显得十分活跃，书法流派纷呈，呈现出一派兴盛的局面。清代书法家较多，成就较为突出的有金农、邓石如、包世臣、康有为、郑板桥(图8-1-8所示为郑板桥的《行书自作唐多令词扇》)等人，呈现出尽性尽理、璀璨夺目的书法境地。

» 图8-1-8　郑板桥《行书自作唐多令词扇》

（九）近现代时期

随着时代的变迁，书坛的发展逐渐走向多元化，书法艺术也升华到观念变革的较高层次，呈现出内在精神的现代化。近现代时期的书法艺术色彩斑斓，书法不再是文人雅士、达官贵人的专利，而是真正深入到社会的各个阶层，书坛氛围异常活跃。在此期间，各种书法流派的风格都得到了发扬和推动，如王铎书风的蔓延、毛泽东书风的豪迈挥洒(图8-1-9)，同时也相继出现了众多老、中、青书法家。著名书法家有欧阳中石、刘炳森、沈鹏、孙伯翔、张景岳、王澄、张海、聂成文等，其人数规模达到前所未有的盛况，书法艺术得到了空前的繁荣发展。

» 图8-1-9 毛泽东书法

三、书法艺术之美

书法一词，除了指书写法则和方法技巧外，还指以汉字为载体表达思想感情、昭示道德与精神、进行人格关照的一种中国文化样式，这一书法结果呈现了书法艺术之美。刘熙载在《艺概·书概》中提到："高韵深情，坚质浩气，缺一不可以为书。"由此可见，高雅的韵味，深厚的情感，坚定的品质，浩大的气势，缺少其中一种都难以创作出深入人心的书法作品。简言之，书法之美，蕴自然之灵，凝艺术之智，养浩然之气，积渊博之才。

（一）线条形态美

汉字是世界上最具造型感的文字，而软笔书写，又使汉字呈现出变幻无穷的线条之美。汉字的基本形态是方形结构，而通过点画伸缩、轴线扭动、避让有度等用笔方式，可以形成不同的线条形态，从而组合成刚柔并济的书法作品。

书法线条形态上的美感，主要体现在"圆、实、劲、涩"四个方面：所谓"圆"，即圆笔中锋，横竖笔画均体现了圆润立体感，中锋即笔尖主锋行走中路，具有充实感和厚度感；所谓"实"，即点画不轻浮，落笔稳实，沉着有力，力透纸背，令观者感受到一种深深的凝重感；所谓"劲"，即在点画中藏骨抱筋，刚健劲道，既有韧性感又有力度感；所谓"涩"，即点画不浮滑，在运笔过程中，使线条产生冲开纸面阻力挣扎运行的艺术效果，令观者有种雄强感和支配感。在形态美感上，线条既可以遒劲，也可如丝带飘舞，可以缕缕牵丝，还可以笔断意联，不同的线条组合既可以表现出婀娜多姿的状态，也可以表现雄浑的刚劲之态。

（二）章法布局美

书法之美，美在章法，即篇章布局之法，是对整幅作品进行全盘安排的规范要求。一幅精美的书法艺术品，无论长短大小，字数多少，都应是一个和谐、完美的整体，既要考虑字与字、行与行以及通篇的相互关系，又要考虑到幅式、题款、用印等因素的相互配合。换言之，除了具备运笔流畅、点画优美、结体舒展的运笔条件外，还须讲究格式得体、布局合宜、题款雅致、用印端庄，熔诗书印于一炉。因此，无论是字体之间，行列之间，还是落款用印，结篇布白，都要进行总体设置、合理布局。使观者一眼望去，就感到黑白分明，疏密相间，格调一致，气势贯通，令人有种统一感和整体感，从而达到总体审美的要求。

（三）道德精神美

古人云："士之致远，先器识而后文艺。"强调了人们应先培养自己的胸怀、器识，树立自己对社会、对人生的正确价值观，然后才能进行文学艺术的创作。黄庭坚也曾说："学书须要胸中有道义，又广之以圣哲之学，书乃可贵"。从古至今，中国人注重人格性情的培养，强调养浩然之气、重人伦道德，这种道德精神也很好地体现在书法艺术上。书法是一种高尚的精神活动，书法家在创作时必须屏气凝神，排除一切尘杂之念，真正进入思想纯净、精神集中的最佳状态，才能创作出至真至雅的艺术佳品。

一方面，书法体现了人们正确处理各种关系的道德精神美。书法讲究整体与结构的协调，运笔时必须妥善处理字与字、字与行、字与篇之间的关系，强调字里行间的相互配合。不论习字、临帖，还是书法创作，都必须遵守规矩的约束和限制，恪守一定的规范。这种遵守规范和准则的精神渗透到生活中的方方面面，如父慈子孝、兄友弟敬、仁义礼智、忠孝节义等精神，可见人们应当自觉遵守规矩、规则和法度。

另一方面，汉字的书写规律和结构也体现了道德思想美。书写汉字的过程是艺术实践的过程，也是将人的审美意识对象融化到汉字之中、使其整体结构不断完善的过程。从汉字的运笔方式来看：用笔自然，不矫揉造作，表现的是真诚的美；笔画有度，不喧哗张扬，表现的是自律的美；结字端正，不漂浮不定，表现的是正直的美；各安其位，不争先恐后，表现的是谦让的美。从汉字的书写规律来看：横平竖直、点画呼应、上下包容、左右礼让等书写原则，既形成了中正平和之体，又提醒人们应有端庄大方、不偏不倚、不卑不亢、亭亭玉立的精神状态。

（四）风格性情美

人们常说：字如其人。书法艺术极具创造性和个性化，加之书法家的知识阅历、性格情趣、表现能力都不相同，呈现出来的书法作品往往千姿百态、形色各异，体现了文人的风格性情美。草书圣手怀素气概轩昂、性情通疏，其书飘逸飞动，跌宕多姿，时人称誉为"醉仙书"；楷书名家颜真卿刚正不阿、宁死不屈，其书雄肆笃实、宏伟端庄，体现了一身浩然正气；一代伟人毛泽东胸怀大志、心系家国，其书法作品刚劲有力、势如破竹，观者既能感受到大气磅礴、豪放酣畅的书法艺术之美，又能感受到他指点江山、激扬文字、睥睨天地、独领风骚的伟人风范。

简单来说，书法能够呈现作者的风格性情美。性格豪放之人的作品往往大气磅礴，散发着无穷魅力；性格内敛之人的作品往往略微拘束，缺乏刚毅和活力。再者，常言道：宁静致远，静能生智。好的书法作品往往需要经年累月的积累与沉淀，体现了书法家坚守修炼的付出精神和执着性情，这也正是书法所追求的精神和品质。

书法家沈尹默曾说："书法无色而有图画的灿烂，无声而有音乐的旋律，引人欣赏，心旷神怡。"掀开书法的历史画卷，美感随之扑面而来，如唐朝尚法之美，宋朝尚意之美，元明尚态之美，或墨香起舞，或线条飞动，无不沁人心脾。对于当代大学生而言，在竞争激烈、节奏加快的社会中，耐心专注地认识书法、持之以恒地练习书法，能够达到磨炼意志、规范行为、培养人格的目的。

第二节　绘画之美

【学习目标】

1. 了解绘画艺术的特点及分类。
2. 能够掌握基本的绘画审美技巧。

中国古代哲学推崇"天人合一"的理念，提倡把人作为宇宙自然的一部分，追求主观与客观、理智与情感、个体与自然的和谐统一，最终达到人与道合且"天地与我并生，万物与我合一"的境界。这种哲学思想深深地影响着中国人的审美，特别是在各类艺术作品中发挥得淋漓尽致，体现了中国人的美好性情。从审美的角度看，这一思想集中体现在以人的情感去洞察世间万物，使一草一木、一山一石皆有天然生命之情调。因此，中国绘画着重于传达生活的情与思、意与境的和谐美。

一、中国画的一般特点

中国画的流派众多、不胜枚举，细分起来是一个庞大的艺术体系，但都是在一个平面上进行景或物的展示，以线条和色彩的交织进行具体的描述，以此方法传达作者的思想情感和艺术境界。概括起来，中国绘画艺术具有以下几个特点。

（一）静中有动，动静结合

中国绘画作品充满了动态与静态的结合，以独特的韵律和节奏构成了视觉上的美感，达到了以静衬动、动静结合的效果。在动静美感中，花鸟画展示了风中摇曳的垂柳，人物画刻画了古人静坐的禅思，山水画涌动着飞流直下的瀑布，加之云朵飘动、骏马奔腾、小桥流水等画面均传达出了灵动飘逸之感，使人产生强烈的情感共鸣。

"静中有动，动中藏神"是中国画的真实写照，能在有限的空间里表达出丰富的动感和立体感，使作品的表现张力更为突出。以清代画家朱耷的《双鹰图》(图8-2-1)为例，构图起承转合、疏密有度，用笔苍劲秀丽、力透纸背，高处石上一鹰双翅高耸并与低处一鹰对视，低处一鹰立于枯枝严阵以待，画面中山石枯木与两鹰一高一矮、一攻一守、一巧一拙形成了鲜明对比，将两鹰扑斗前的瞬间定格在画面中，画面静止却能使观者感受到即将发生的激烈扑斗，动感十足。

» 图8-2-1 朱耷《双鹰图》

(二)透视原理，虚实相生

唐代王维在《山水论》中提到："远人无目，远树无枝。远山无石，隐隐如眉；远水无波，高与云奇。"讲述了透视的意义。在绘画中，依照空间透视的原理，能够表达出物体的远近、层次、遮挡、穿插、交错等关系，使之在平面中展示出多变的空间感。

清代笪重光在《画筌》中提到："山实，虚之以烟霭；山虚，实之以亭台"，强调了虚实结合的美感。中国画讲究虚实相生的哲学思想，追求意境空灵、回味无穷的画面感，能够极大地触发人的审美想象力。所谓"实"，一般指的是画面上的实物、实景等肉眼可见的具象事物，轮廓清晰，色彩浓重；所谓"虚"，一般指的是笔画稀疏部分或画面留白区域，常常给人以想象的空间，留下视觉上的充实体验和知觉上的无穷意境。

北宋王希孟的《千里江山图》(图8-2-2)用笔细致入微、画面匠心独运，前有烟波荡漾的江河，后有层层起伏的群山，共同交织出一幅唯美的江南风景图。画面前景中小村依山而居，两翼山脉向左右延展，而画面后景则以寥寥几笔带过，表现出远景烟波浩渺、层峦起伏的意境。这种前后景的对比和远近的空间距离，正是利用了透视的原理，表达了群山的层次穿插和画面的虚实相生。

» 图8-2-2 王希孟《千里江山图》(局部)

(三)发挥想象，意境无穷

正所谓：只画鱼儿不画水，此中亦自有波涛。中国画有着独特的精妙构图、运笔方法以及着墨浓厚等绘画技巧，其灵感既源自社会现实，又运用了强大的想象力使观者产生情感共鸣。以中国画的虚实为例，所示空白之处并非空中无物，而是依靠笔墨线条上的联想，可为云或雾，可为天或地，让人能够置身其中想象出一幅浪漫的画卷。

北宋岩叟的《梅花诗意图》(图8-2-3)运笔劲道有力，构图疏密有致，细小的枝条穿插着古色古香的韵味，在古朴之中透露出一股清雅气息。岩叟笔下的梅花姿态万千，或正、或侧、或盛开而仰、或半开而俯，每一处都经过匠心独运的设计，向观者诠释了梅花清高而淡泊的高尚品格。

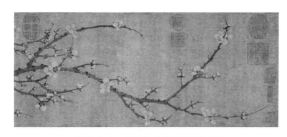

》 图8-2-3 岩叟《梅花诗意图》

（四）艺术加工，重构现实

中国人关注现实生活、社会层面和自然环境，在画作上表现为追求客观世界的现实本质，传达了艺术家着眼现实、感悟生活、追求美好的真实情感。中国画中充满了现实生活题材的艺术作品，是艺术家根据现实生活和美好观念进行创作的思想源泉，体现了艺术源自现实的创作精神。

举世闻名的风俗画《清明上河图》(图8-24)，描绘了北宋汴河两岸的生活风貌，如集市上来往的船只、道路上忙碌的商贩、摊位上悠闲的市民等，无不呈现了历史上真实的生活场景。从这幅五米多长的惊世画卷中，绘制了大量且真实的牲畜、船只、房屋、城楼等，高度还原了当时北宋的生活风貌、城市繁荣、建筑特色，将热闹的市民场景刻画得淋漓尽致。

》 图8-2-4 张择端《清明上河图》

二、中国画的一般分类

中国画作为世界上独树一帜的绘画流派，具有优良的艺术品位和厚重的历史底蕴，从山东、内蒙古、新疆等地的原始岩画和甘肃大地湾的原始社会居址地的画作来看，中国绘画艺术已有不下五千年的历史。中国绘画一般指国画，该词源于汉代，主要是将画作绘制在绢、宣纸或帛上并加以装裱的卷轴画，工具材料主要有毛笔、墨、天然矿物质颜料、宣纸、绢等，表现手法有工笔、写意、设色、水墨等。具体来看，中国画的题材可分为山水画、人物画和花鸟画。

（一）山水画

中国山水画在魏晋南北朝逐渐发展，于隋唐时期渐成体系，是以山川自然景观为主要描绘对象的绘画艺术。山水画以水墨、泼墨、设色、青山绿水、金山碧水、没骨山水等内容为表现形式，讲究以虚带实、情境写意、注重细节，通过描绘山水独立的美，来延伸人类清新脱俗的精神境界。

» 图8-2-5 范宽
《溪山行旅图》

北宋范宽的绢本墨笔画《溪山行旅图》(图8-2-5)是山水画的代表作，此画主体部分为一座高大巍峨的大山，给人一种气势恢宏的壮丽气魄。在画卷中，山顶丛林茂盛，飞瀑奔流而下，山脚处巨石纵横、树木挺直。画面的前景是一湾静静流淌的涓涓溪水，山路上是一只满载货物的商旅队伍，一动一静为幽静的山林增添了无限生机和审美意趣。

（二）人物画

中国人物画历史悠久，力求将人物特征刻画得逼真传神，使其气韵生动、形神兼备。东晋顾恺之是人物画的代表人物之一，曾经明确提出了"以形写神"的主张，有"才绝、画绝、痴绝"之称。顾恺之的《洛神赋图》(图8-2-6)是对人物群像有良好表达的画作，画中女子迈着凌波微步、低首徘徊、欲行又止、若有所思，描绘出了"翩若惊鸿，婉若游龙"的画面。画面的另一边，身着宽大袍袖的曹植在侍卫的簇拥下，向远处的烟波望去，正好看见女子的裙子随风飘动。此时此刻，画面中的山河树木不再是静止枯燥的背景，而是活灵活现的自然景观，起到了渲染情绪的作用，巧妙地将人物融合在风景中。

» 图8-2-6 顾恺之《洛神赋图》(局部)

宋代画家李唐创作的《采薇图》(图8-2-7)也是人物画的传世代表作，讲述了商末伯夷、叔齐两人不食周粟，采薇于首阳山，最后双双饿死的故事。在画卷中，两人坐于山腰古树之下谈论天下大事，一人抱膝正坐于树底目视对方，眼神露出一种忧国忧民的哀伤之情，另一人以手按地似乎正在诉说天下局势。两人此刻依靠采掘野菜为食，心中却不忘对前朝的怀念，其"饿死事小，失节事大"的精神为世人所推崇。画家以此为题讽刺了当时苟且偷生、缺少气节的当朝臣子，既宣扬了二人的崇高道德，又对现实进行了辛辣的批判。

» 图8-2-7　李唐《采薇图》

（三）花鸟画

花鸟画是中国传统绘画中重要的流派之一，以花、鸟、虫等作为描绘对象，画法中有工笔、写意、兼工带写三种，讲究应物象形、营造意境、笔墨写意的风格，也表达了中国人对自然景物寄予的美好寓意。

北宋画家崔白的《寒雀图》(图8-2-8)是花鸟画的代表作之一，画面背景空旷辽阔，一棵老树的树枝向左右无尽延伸，粗细交替，弯曲伸展，一群麻雀在树上安栖入寐，俨然一副岁月静好的样子。在构图上，左侧三只麻雀早已安然入眠，右侧两只麻雀悄然飞来，一只展翅、一只落枝，前后呼应、左右协调。从中间看，四只麻雀成为画面的中心，或正或侧或飞或停，动静结合、形态各异、浑然一体，将麻雀的灵动描绘得惟妙惟肖、细致入微。

» 图8-2-8　崔白《寒雀图》

三、中国画的审美技巧

（一）从整体出发，把握视觉形象

绘画作品是视觉表达艺术。欣赏画作一般从最初印象出发，整体地把握画作的形象、构图、主题、中心主体等要素，从而产生丰富的联想和思考。因此，欣赏画作时应"先观大概，细赏整体"，通过了解画面的整体布局后再细细品味其意境，从整体上把握画作的画面感。

清代郑板桥的《竹石图》(图8-2-9)描绘了水墨意境，画面整体简约明快，寥寥四株竹子粗细有别、长短不一，竹叶在浓墨和淡墨的交替下错落有致，石头棱角分明且屹立于竹后，将前方的竹子映衬得挺直傲立，显示出了一种倔强不驯的精神。画中题诗："乌纱掷去不为官，华发萧萧两袖寒。写取一枝清瘦竹，秋风江上作渔竿。"从诗句中，观者可以了解创作者的背景故事，郑板桥经历了官场的种种黑暗，放弃对现实社会的幻想，最终辞官归隐、卖画为生。从这幅作品中，我们先被画家笔下的竹石质感和体势所吸引，进而感受到物象的坚忍不拔和豪气凌云的精神，最终领悟画家坚贞不屈的文人风骨，这正是整体欣赏艺术的魅力。

» 图8-2-9　郑板桥《竹石图》

(二)从情感出发，把握思想感情

中国画是画家对自然环境、社会物象、文化意象的真实感受，通过挥毫笔墨来表达内心世界的艺术形式，往往承载了画家的文化素养、审美视野、哲学思想和精神境界，值得观者细细领悟其传达的思想感情。

在中国文化中，"四君子"代表梅花、兰花、竹子、菊花，其品质分别为傲、幽、坚、淡，常被画家用来表达独特的内心世界和思想感情。当人们欣赏绘画作品的物象时，可以从外在形象和象征意义入手分析，如梅花常被比喻为不畏严寒、百折不挠、一身孤傲的高洁之士；兰花常被比喻为拥有素洁坚贞、香雅怡情的高尚品格之士；竹常被比喻一身气节、清雅淡

» 图8-2-10　弘仁《梅花》

泊的潇洒人士；菊花常被比喻凌霜飘逸、高风亮节的君子风度……这些有代表性的植物均被文人雅士们赋予了丰富的文化意象，值得人们探究其传达的内涵与品质。

清代弘仁自号"梅花古衲"，其代表作《梅花》(图8-2-10)简约大方，整个画面仅有一根老枝，零星点缀了几朵梅花，却展现了惊人的表现力。从整体上看，画面洗练简逸，笔墨苍劲整洁，梅花几朵，老枝虬曲，将梅花傲立于霜雪之中的不屈气质表现得淋漓尽致，寄寓了画家高标独立、眷怀故国、沉静坚韧的思想感情。

(三)从技法出发，了解表现手法

当绘画作品展示在世人眼前时，必经过先整体后局部、先宏观后细节的过程，在展开思想解读之后，即可进入具体的细节欣赏环节。一是从画面的整体布局出发，即将绘画内容和主题思想合理地联系起来，构成协调、完整的画面，如主体内容是否突出，主次关系是否和谐，虚实处理是否恰当等。二是从画面的技巧手法出发，为增强画面的视觉效果，不同题材往往采用不同的绘画技巧，如山水画常用点染或面皴的用

笔技巧来增强画面的层次感，人物画常用笔尖勾画来增强线条的流动性等。三是从画面的色彩语言出发，色彩能够影响人的情绪表达和性格特征，进而感受到创作者所传达的真实情感，如人们在感受红、橙、黄等暖色系时，会联想到太阳、火热、温暖等词语，甚至给人一种冲动的情绪；在感受到绿、紫等蓝色系时，则会联想到天空、海洋、夜晚等物象，会产生寒冷、理智、平静等感觉。

唐代张萱的《捣练图》(图8-2-11)正是一幅工笔重设色画，描绘了唐代妇女在捣练、络线、熨平、缝制等劳动时的情景，对生活场景刻画得细致生动。此画设色丰富且华丽，画中人物衣饰色彩柔和，艳而不俗，橙黄、草绿、朱红、绯红各有惊艳之处，衣裙上也勾勒着精致的细小花纹，色彩线条交相辉映。画家通过色彩的语言表达，彰显了大唐女性的华贵之美，也体现了画家观察入微、认真生活的审美意趣。

» 图8-2-11　张萱《捣练图》(局部)

中国画在历史长河中光辉灿烂的艺术成就，造就了古人独特的思想观念和审美方式，是中华民族精神的集中体现。绘画作品不仅具有"千载寂寥，披图可鉴"的认识作用，又有"恶以诫世，善以示后"的教育作用，人们能够借景抒情，托物言志，表达自身的思想感情和精神世界。通过欣赏中国画的艺术特征，我们能够进一步提升个人的审美能力和艺术修养，从而培育更加完善的审美观、价值观和人生观。

第三节　雕塑之美

【学习目标】

1. 了解中国雕塑的特点、分类及鉴赏技巧。
2. 能够掌握经典雕塑作品的内涵和特征。

梁思成先生曾说过："艺术之始，雕塑为先。"纵观中国雕塑史，从先秦到清末，再到近现代，雕塑文化是中国民族文化的重要组成部分，贯穿了几千年的华夏文明。雕塑是一种立体的视觉艺术和造型艺术，通过运用了不同的物质材料如石、金属、木、陶瓷等，加以雕、刻、塑等创作方式，借以表达创作者的思想感情、审美理想和精神寄托。中国雕塑的最高美学特征是要求能够传达出事物的"神"，刻画出事物的神态美，凸显轮廓的形体美，达到形神兼备的艺术效果，并展现出创作者的内心世界。

一、雕塑的一般特点

（一）意象特征的神韵感

中国雕塑作品注重意象传神、神韵灵动，追求精神层面的灵与肉的"统一"。中国雕塑作品饱含文化上的精神内涵和造型上的审美理解，并不刻意追求严格的比例和外形的精准，而是注重情感体验和审美感受，强调灵性、情感的审美意趣。

» 图8-3-1 隋代菩萨雕像

许多雕塑作品常常被用以表达个人信仰和精神崇拜，并通过传神的刻画来表达创作者的思想感情，如隋代的菩萨雕像(图8-3-1)，作品中的菩萨头戴宝冠，面相慈悲，表情端庄，服饰上的图案尽显出富丽华贵之美。通过雕塑传达的神韵感，我们能够感受到菩萨恬静安详、慈悲渡人的神韵姿态，向我们传达了跨越千年的时空对话。

（二）艺术表现的形象性

中国雕塑作品具有别具一格的艺术形象，并非单纯追求客观对象的复制和再现，而是雕塑家经过发挥想象、加工美化的主观作品，是一种艺术再创作的手法。不论是客观创作还是主观描绘，中国雕塑的表现手法都不拘泥于事物的本来面目，创作者在不完全脱离现实的基础上适当地进行夸张变形、局部调整，这都是一种合情合理的艺术结合，极具艺术形象性。

» 图8-3-2 东汉雕塑说书俑

以东汉雕塑说书俑(图8-3-2)为例，雕塑中的人物坐于圆垫上，头上戴着巾作为点缀，面部神情幽默，额头数道皱纹，张口露齿面带笑容，形象夸张却又不失神韵。他有着短小的双手和胖硕身形，右手持鼓槌、左手持锣，右腿赤脚上翘，左腿安定稳当，似乎想大声地诉说什么，生动形象地刻画了一个淳朴的民间艺人。在这一作品中，说书俑的比例夸张，动作幅度大开大合，说唱间眉飞色舞、手舞足蹈，但又不失人物灵活的神态和动作的传神，是以形塑神、形象再现的璀璨巨作。

（三）内在精神的思想性

中国人的哲学精神和思想文化在雕塑作品中有不同程度的体现，通过作品的外在气质、神情神态、动作造型、色彩灵动来体现创作者的思想感情。受哲学思想的影响，中国雕塑具备庄严肃穆的儒家风格、雄浑古朴的道家风格；受君主意志的影响，佛教造像和陵墓雕刻大多都寓有帝王的精神气度，无不散发出精神境界的思想魅力。雕塑艺术往往借用了现实立体的形象来传情达意，如从龙的雕塑感受到帝王的权威、从成对石狮看见了守卫镇宅的功用、从白衣大袍和慈眉善目的女性人物形象联想到宗教信仰等。

在瓷坛上独树一帜的德化窑白釉观音坐像(图8-3-3)，人物面形饱满、神情丰润慈祥、发髻高束、头戴风帽、身披长巾，双手隐于衣下，一足半露一足盘坐，观音菩萨低首垂目好似在俯瞰尘世众生。坐像中的观世音神情自若，气质飘然于海上，传递了"通静慈祥、神态端庄"的超凡脱俗之感，令人感受到艺术作品的圣洁之美。

（四）雕塑主体的实用性

在创作题材上，历代工匠们发挥了独特的艺术才能，将丰富的题材内容雕刻在青铜器、陶瓷、玉器、漆器等工艺品上，使之既有厚重的审美价值，又有极高的实用功能。从出土和传世的器物作品来看，大多是以装饰功能为主的实用性器物，如礼器、祭器、食器等，甚至还有精雕细刻的葬用品。

» 图8-3-3　明德化窑白釉观音坐像

在中国历史上，丧葬制度经历了从"人殉"到"俑殉"的过程，秦兵马俑(图8-3-4)正是以俑代人殉葬的典型，也是以俑代人殉葬的顶峰，表现了古代工艺作品的实用性。举世闻名、光彩照人的秦始皇陵兵马俑，以高质量的精致个体和大规模的数量群体给人以震撼的视觉冲击，既继承了战国时期的陶塑传统技艺，又为唐代塑造艺术的繁荣奠定了基础，起着承上启下的作用，被誉为"世界第八大奇迹"。

» 图8-3-4　秦始皇陵兵马俑

二、雕塑的一般分类

（一）按制作材料划分

雕塑通常以各种可塑、可雕或可刻的材料制作而成，从制作材料上看，中国雕塑大致可分为木雕、石雕、泥塑、陶塑等。著名的木雕如清代麒麟仙鹤纹撑拱(图8-3-5)，石雕如唐代奉先寺卢舍那大佛，泥塑如陕西凤翔彩绘泥塑、陶塑如唐代三彩釉陶器等，均形色各异、千姿百态。

» 图8-3-5　清代麒麟仙鹤
纹撑拱

（二）按基本样式划分

从基本样式来看，中国雕塑大致可分为圆雕、浮雕、透雕三种，既能让人感受到雕塑的立体形态，也可以兼备视觉上的平面形态，让人全方面、立体化观赏雕塑美。

圆雕，又称为立体雕，是可以全方位、多角度来欣赏的雕塑作品，不需要依靠其他背景衬托而独立存在，观者可以从不同视角、不同角度进行欣赏。圆雕一般强调雕塑作品的圆满感和整体性，使圆雕的整体内容饱满，设计题材丰富，表现手法独特。

浮雕是半立体的雕刻作品，也是雕刻和绘画的艺术结合，通常在一块平板上将主题形象雕刻出来，在美化环境上具有重要地位。浮雕能够很好地发挥绘画背景、整体构图和空间结构的优势，在表达事件和人物的描述上能进行视角和空间的切换，从而处理好复杂的穿插和重叠形式，引起视觉上的美感。

透雕结合了圆雕和浮雕的长处，在浮雕的基础上，将背景主体进行局部或者全部镂空，使各种元素的交织更加疏朗、剔透，更能突出表达的主题。

（三）按功能用途划分

按照放置环境和社会功能的角度来分，中国雕塑可分为宗教雕塑、明器雕塑、陵墓雕塑、城市雕塑、纪念雕塑等，著名的宗教雕塑如敦煌莫高窟，明器雕塑如秦代兵马俑，陵墓雕塑如唐昭陵六骏石刻(图8-3-6)，城市雕塑如人民英雄纪念碑，纪念雕塑如孔子圣人雕像等。

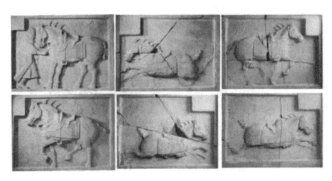

» 图8-3-6　唐昭陵六骏石刻

三、雕塑的鉴赏技巧

欣赏一件雕塑作品时，除了要对艺术风格和创作背景等要素有基本的了解以外，还要把握作品的象征寓意，因此需兼顾作品的艺术效果、雕塑工艺、创作手法和思想感情。

（一）了解造型风格

在对雕塑的外观造型进行赏析时，一是要通过雕塑的作品名称和时代背景了解作者的创作意图，再观察作品的整体轮廓、主体塑造、陪衬形式和背景装饰等，从而来体会雕塑本身的视觉美感；二是细看作品中的形象姿态和表现特点，即便是同一个题材，由于表现手法不同，最终呈现出来的审美形象也会完全不一样；三是从不同的距离和角度进行观察，从远处看作品的整体轮廓，从近处看作品的主体形象，以主体为中心向整个画面展开，结合题材的主题内容对雕塑表达的思想感情进行赏析。

以"龙"的形象为例，红山文化玉龙(图8-3-7)和明代白玉蟠龙环佩(图8-3-8)描绘了同样的题材，却有着迥然不同的艺术形象。红山文化玉龙使用了新石器时代的岫玉，外形呈弯曲形，鼻端前凸，圆洞鼻孔对称，脖颈上的长鬣飘逸上翘，尾部尖收向内上卷，边缘呈刃状，全身平素，无角、无鳞、无爪，具有浓厚的幻想色彩。白玉蟠龙环佩的玉质洁白温润，外形以蟠龙缠绕为环状，龙头上有双角，脖颈上有长鬣向后两侧蔓延，龙身扭曲盘卷，五爪屈伸，龙身四周环绕着卷草云纹，中间镂雕留有空洞，留有匠心独运之美。从外形整体来看，一个是呈椭圆，简约大气，另一个是镂空正圆，精致匠心；从细节刻画来看，红山文化玉龙概括性强而不失神韵，明代白玉蟠龙环佩精密细致且匠心独运，两件作品题材相同，却保有不同的风格，尽显艺术魅力。

» 图8-3-7　红山文化玉龙

» 图8-3-8　白玉蟠龙环佩

（二）欣赏艺术特色

艺术作品的特色围绕着创作者的表达思想所展开，由于呈现主题的现实需要，创作者会对雕塑主体进行适当的夸张和变形，既能增强视觉美感，又能把握主题思想。了解艺术作品的特色，聚焦雕塑表现手法的着力之处，能够掌握作品的核心美感。

南北朝时期的陶彩绘马(图8-3-9)，与现实中的马匹大有不同，它四足短矮而直立，颈部戴着笼套缰绳，胸口套有花纹装饰物，马鞍和障泥的造型还增添了几分沉重感。南北朝时期社会动荡，战争频繁，马匹的需求量变大，人们对马的重视程度增高，创作者在律动感和厚重感上进行了加强，最后形成了马匹雕塑的独特艺术风格。

» 图8-3-9　陶彩绘马

(三) 把握思想内涵

雕塑凝结了事物形象的文化价值和精神内涵，是一种由内到外的情感传递，能够潜移默化地表达创作者的思想感情。对雕塑作品进行赏析时，必须准确领会创作者想表达的情感，了解特定文化背景下的象征意义，感受作品的磅礴气势和鼓舞人心的力量。一是了解作品的文化意象，如龙代表着华丽尊贵的权势，牛代表着吃苦耐劳的品质；二是把握作品的细节特点，感受细节刻画出来的思想精神。

中国人历来对马的雕塑都加以丰富的创作，但很少有马踏飞燕(图8-3-10)这样的绝世珍品，此马造型大胆夸张，造型矫健俊美，表现了三足腾空、飞驰向前的不羁形象。创作者将马的躯干处理得壮实健美，四肢塑造得格外修长，突出了天马凌空、骏马飞腾的潇洒状态。通常情况下，马匹代表着国力的强盛、武德的充沛，马踏飞燕采用

» 图8-3-10　马踏飞燕

了大胆的浪漫表现手法，将天马的骁勇矫健表达得淋漓尽致，体现了汉代人民激昂向上、豪迈进取的拼搏精神。

中国雕塑是中国文化的特定标志和精神象征，诉说着民族发展的历史，凝聚着中华人民的精神，代表着特定历史时期的精神面貌；并且由于雕塑的材料特征，雕塑才得以长久保存、永远流传。因此，出彩的雕塑作品必定经受得住历史的洗礼、时间的考验，使其能在中国的历史长河中熠熠生辉，值得我们执着追求、细细欣赏。

第四节　建筑之美

【学习目标】

1. 了解中国建筑的基本特点及经典作品。

2. 能够基本掌握建筑美的鉴赏技巧。

中国建筑与欧洲建筑、伊斯兰建筑共同构成世界三大建筑体系，以其悠久的历史传统、深厚的文化积淀和独特的审美情趣，自豪地屹立于世界文化之林。在漫长的朝代更迭和发展进程中，中国建筑始终保持着自己独特的审美特色和艺术个性，尤其是精妙的木质结构和一砖一瓦之间的绝佳组合，无不体现出了中国建筑设计师的智慧。建筑之美，即生活之美。建筑的纯粹美好投射了真实的生活，人们能从建筑中感受到真实且平静的美好生活状态。学会看待建筑之美，才能更好地从"生存"走向"生活"。

一、传统建筑的特征

建筑是建筑物和构建物的统称，是人类因地制宜使用不同材料进行修筑的居住和活动场所，也是根据建筑空间的审美需求和实用特性，通过建筑表现语言如空间组合、色彩、采光、布局、材质、装饰等构筑出建筑实体的艺术。中国传统建筑艺术历史悠久，不同地域的建筑风格形式各异，极具民族色彩和地方色彩，是中国文化最直观的物质载体和表现形式。中国传统建筑的风格、形式、构图等构成元素均从人们的审美意趣出发，与中华民族的历史背景、地理位置、宗教信仰密不可分，将建筑的本体机构、礼仪规范和形象特征融为一体，表现出了鲜明的东方文化精神。一般而言，中国传统建筑的特征主要分为以下几点：

一是中国传统建筑普遍使用的都是木制架构，以此形成了中国建筑的独特风格。木制架构因为地区和种类的不同也分为好几种，如以梁柱为主体的斗拱结构。

二是在整体的建筑布局上追求平稳、对称的设计，讲究章法秩序均要合乎礼度。外在设计讲究格局宏大，强调凸显气势恢弘，主体建筑旁常常修建次要建筑来进行烘托，并根据地理条件来形成错落有致、变化丰富的局势，使中国建筑拥有一种诗情画意、曲折多变的美。

三是建筑内多以"间"为单位构成单体建筑，逐渐形成庭院到组群建筑的设计，大到宫殿、小到宅院均采用这种设计布局，体现了古代封闭性的思维模式和小农经济意识。

四是在建筑的艺术造型上，大多都是采用精致而具有装饰性的庞大屋顶，特别是宫殿、寺庙等大型建筑还会提升地基和台阶，给人以高大、雄伟、稳固的视觉感受。

子曰："中庸之为德也，其至矣乎！民鲜久矣。"在人文思想的浸润下，中庸观念深入人心，在建筑上也往往要求达到"中庸"居正的境界。北京故宫(图8-4-1)是皇家宫殿的代表建筑之一，沿着一条南北向中轴线排列在北京城上，三大殿、御花园、后三宫都位于这条中轴线上，南北取直，左右对称，很好地体现了中庸思想。北京故宫顺着中轴线向左右两边蔓延，这条"中庸之道"贯穿了整个宫殿，体现出传统的中正、仁德思想。正是在人文思想的影响下，中国传统建筑拥有了别具一格的特色，成为世界文化中一颗闪亮夺目的璀璨明珠。

» 图8-4-1 北京故宫

二、传统建筑之美

(一) 建筑的意境美

中国传统建筑讲究传达意境美,如水墨风情、黑白映画、青砖青瓦、亭山有意等词语均透露出中国建筑不矫揉造作的特色,虽淡泊素雅却包罗万象。中国意境的发展经历了漫长的过程,可以一直追溯到庄子的道法自然学说,在魏晋时期已有基本的雏形,唐朝"境"的概念提出之时,标志着"意境"这一概念的诞生。从宋朝到明清,中国人对意境的追求已经走向成熟,从此在中国的诗、词、赋、书、画等概念中处处都能看到意境的身影。纵观中国艺术的发展历史,可以说"意境"已经渗透到所有的艺术领域,成为衡量艺术作品的最高标准。

在传统建筑上,意境美反映了设计师的思想感情和审美意趣,不仅仅是建筑本身的视觉存在,更是伴随建筑的意境带来了思想情感变化及更深层次的文化内涵。徽派建筑(图8-4-2)是中国传统建筑最重要的流派之一,它吸纳了徽州山川风景的灵气,以"白墙青瓦马头墙,绿水青山蔚蓝天"的意境美著称,整个建筑自然大气、不拘一格、融入自然。徽派建筑在选址时讲究依山造屋、傍水结村,力求人工建筑和自然景观能够融为一体,从而达到天人合一、移步换景的境界。

» 图8-4-2 徽派建筑

(二) 建筑的空间美

中国传统建筑文化中的空间美,可以追溯到老子《道德经》中的名言:"凿户牖以为室，当其无，有室之用。故有之以为利，无之以为用。"在老子的哲学当中，"有"和"无"是两个互相对立又互相依存的概念。从建筑的角度来说，人们使用的不是建筑的墙体、梁柱等"有"的物体，而是居住在由它们所搭构成的空间"无"中生活，而这种空间概念的美正是老子的"有无相生"概念的最好诠释。同时，建筑点缀了周围已有的环境，而周围的环境又补充了四周的建筑，两者相互作用、交相辉映，灵动地表达了建筑艺术整体的空间美特征，正如牌坊(图8-4-3)传达的美感一样。

» 图8-4-3　牌坊

（三）建筑的造型美

造型美主要体现在建筑的轮廓和装饰上，中国传统建筑是由屋顶、屋身和台基三个部分组成的，其中造型最多变、内含最丰富、外形最美观的就是屋顶。屋顶的造型丰富，大致可分为庑殿顶、歇山顶、悬山顶、攒尖顶等基本形式，又有扇面顶、万字顶、盔顶、十字顶、平顶、单坡顶、灰背顶等特殊形式，这些造型互相组合、穿插，又会组成新的形式，让人赞叹连连。

中国传统建筑屋檐上还有许多独具匠心的精美雕饰，图中的雕饰被称为"五脊六兽"(图8-4-4)，排在第一位的是骑凤仙人，安置在飞檐的最前端，就是寄托着天不绝人、遇难成祥的寓意，后面依次排开的是龙、凤、狮子、天马、海马、狻猊、押鱼、獬豸、斗牛、行什。雕饰中的神兽各有吉祥的寓意，如龙象征着至高无上的王权，凤则是吉祥和谐的象征，预示着风调雨顺，国泰民安；狮子是百兽之王的护法；獬豸是善于辨别忠奸的神羊，既能用于镇宅，又能用于装饰。从整体上看，它们观感各异、造型多变、形态万千。

» 图8-4-4　五脊六兽

（四）建筑的结构美

斗拱(图8-4-5)是中国木制建筑上力学与美学完美结合的产物，通常在立柱和横梁交接处，是用于屋檐梁柱之上的承载结构。斗拱是

» 图8-4-5　斗拱

中国传统建筑中结构最复杂、造型最为独特的构件,可以说对斗拱应用到何种程度往往能代表建筑的技术水平,其中应用到的榫卯结构更是木制架构的核心部分。斗拱上承屋顶,下接立柱,将屋檐的重量均匀地分散并托住,起到了稳定的作用。由于木头具有一定的弹性,因此在面对外力冲击时,斗与拱之间巧妙的榫卯结构,能将外来力量层层传递和消解。从外形来看,层层架构使斗拱不断地向外延展,既保护了建筑主体,又让建筑看起来气势恢宏,无论是从美学的角度还是从结构科学的角度来看,斗拱都是中国传统建筑中的灵魂,也是工匠们智慧的结晶。

(五)建筑的民族美

中国少数民族众多,所以有着迥然不同的建筑风格。少数民族的房屋特点鲜明、姿态万千、设计独特,有的威武庞大,有的精美小巧。土家族的吊脚楼(图8-4-6)是一种典型的干栏式建筑,由于地处山区较为潮湿且多虫类,因此发展出了吊脚楼这一特色建筑。南方竹子资源充沛,吊脚楼多由竹子和木头材料进行组合,上层可用来住人,下层可用来存储物料和养殖牲畜。土家族拥有精致的雕刻手艺,吊脚楼的结构处均有精美的雕刻纹样,起到了画龙点睛的作用。

» 图8-4-6 土家族吊脚楼

再看其他民族的建筑,蒙古族则是以蒙古包作为居住场所,蒙古包是草原上一种呈圆形尖顶的住房,由木栅、撑杆、包门、顶圈、衬毡等部件构成。蒙古包拆装容易,搭建方便,非常适合经常转场放牧的牧民居住和使用。分布在贵州各自治州和地区的侗族,他们最具有民族特色的建筑是鼓楼。鼓楼是一种木结构的重檐建筑,底部一般以方形的形式存在,少数是六面形,鼓楼中间设有火塘。鼓楼的楼内不分层,外轮廓的重檐均以单数出现,从三层到十五层不等,层楼上还绘制有侗族风情的彩绘,让人叹为观止。

三、经典建筑赏析

(一)传统建筑赏析

1.古代城池

中国传统城市被称为"城池","城池"二字非常能体现中国古代对城市建筑的建设思想，"城"指保护城市的城墙，"池"表示绕城的护城河。在具体的内部设计上，城池也称之为城郭，形成"内之为城，外之为郭"的格局。城内戒备森严，"城"供统治者居住，"郭"则附于城的一边或四周围城，供普通老百姓居住。古代城池素有"金城汤池"之称，为的是在功能上达到"固若金汤"的效果，古人往往将城墙建造得高而厚，将护城河挖得深而宽，并在城墙上建造城楼和墩台，使其有利于杀敌和防守，这些设计使古代城池拥有极强的封闭性和防御性。

著名的平遥古城坐落在晋中盆地的南部边缘，西通秦陇，北达燕京，在古代占据了重要的地理位置，拥有2800多年的悠久历史，也是目前保留得最完好的古城。平遥古城始建于西周时期，历朝历代均有修补，明朝洪武年为抵御外族侵扰，开展了重筑、扩建的行动并进行包砖，清朝也进行了十几次的修缮。如果从高空俯视古城，会发现这座城池的外形像是一只向南爬行的乌龟，城里大街小巷互相交织，区域划分明确，好似龟背上的花纹。平遥古城南北两面的城墙上都修建了一座城门，在东西两面也各建造了两个城门，从整体看，神似乌龟的四足和头尾，也符合"龟前戏水，山水朝阳，城之攸建，以此为用"的古代风水理念。

2. 园林艺术

中国古典园林是传统文化中的一朵奇葩，体现出了东方的艺术追求和对自然的感情，鲜明地折射出了中国人的审美观，抒发了中华民族对美好生活的热爱与追求。园林建筑的每一处细节都蕴藏着中华民族丰富的精神内涵。"智者乐水，仁者乐山"这一思想便将山水比作智慧和仁义，可见古人常在山水动静之中体悟人生哲理，抒发出独特的情怀。再看老庄的哲学思想，更是将自然之美上升到"道"的高度，推崇顺应自然之美的"忘我"、与自然融合的"天人合一"的思想。中国先哲对自然、山水、哲学的高度思考，培育了中国人独特的审美意趣，深深地影响着园林建筑的艺术风格。

园林以人工建筑来搭建自然山水，理想化地呈现自然山水景观，营造出景色雅致、曲径通幽的环境意象。中国园林运用山石、亭台、草木等自然要素构造了一派自然和谐的景象，形成了富有诗情画意的园林审美建筑。明代造园家计成曾在《园治》中提到了"虽由人作，宛自天开"的造园艺术效果，认为造园的目标应是将幽、雅、闲的意境营造出一种天然之趣。因此，中国园林均以山水为主题，山是骨骼，水是血脉，两者巧妙地搭配，互为补充，水绕山流，山靠水活。在不同的布局当中，有的以水为主题，有的以山为核心，有的山水同重，都表现出不同的艺术特色。苏州园林有"园林之城"的美誉，运用独有的造园手法，在有限的空间内对山石树木，亭台楼榭进行巧妙搭配，再用书画、雕刻、各式摆件来丰富文化意识和审美情趣，给人营造出一片世外桃源的景象。

3. 宗教建筑

宗教建筑建立在人们的精神信仰之上，既要满足实际的使用功能，又要满足精神上的瞻仰需求。其做工之精美，规模之庞大，种类之广泛，让人叹为观止。在传统的社会生活中，宗教是各阶层重要的精神信仰，无论是帝王将相还是士农工商，都会花费巨资建造宗教建筑。在目前现存的宗教建筑中，以佛寺建筑和道教建筑最为突出，但以留存的佛寺最多。寺庙最初并非佛教寺庙的专指，汉代以后才成为佛教建筑的统称，如白马寺、大昭寺等。早期的佛教建筑往往在山崖上开凿山洞以石窟建造住所和佛塔，到唐代时寺庙的布局与传统宫殿没有明显区别，到宋元以后完全成为中国式宫殿建筑。佛寺多建于山林之中，常依山形而建，建筑高低错落、层层叠加，这种人文景观和自然环境的融合，给人一种丰富多变的美感。

道观是供道士居住和修炼的地方，道家讲究清净无为、道法自然的哲学思想，所以道观建筑的修建都是按照这样的核心来建造。道观的普遍布局是传统的院落式，建筑以高耸楼阁为主体，位置多在山奇水秀的山顶，高代表着与世隔绝，也有与天地沟通的向往，具有探索的意味。建筑装饰图案特点突出了道教修炼长生、羽化登仙的思想，题材十分广泛，如日月星辰、龟鹤龙凤等，再搭配上各类花草纹为点缀，寓意着吉祥如意、福寿安康。

武当山展旗峰下的紫霄宫(图8-4-7)选址就极为用心，右为雷神洞，左为蓬莱峰。背靠展旗峰，前为照壁、三公、五老、蜡烛峰，与周围山峦天然形成二龙戏珠之局，被明永乐皇帝封为"紫霄福地"。整个建筑群呈对称布局、依山而建，从中轴线上下分为五级，自上而下依次为龙虎殿、碑亭、十方堂、紫霄大殿、圣文母殿，同时利用山体的地势，在高处兴建楼阁，雄壮的主殿楼阁与周围搭配的侧殿之间形成强烈的对比关系。这种宏伟匠心的建筑设计，统领了整个建筑群的布局，组成了主次分明、紫气冲霄的紫霄金殿。

» 图8-4-7 紫霄宫

（二）现代建筑赏析

伴随着人类文明的进步，中国现代建筑的发展日新月异，反映了建筑的科学技术、空间特点和景观面貌，彰显了城市的风采和神态，体现了中国人的文明程度和精神状态，同时也显示了泱泱大国的综合实力。本章节选取了中国现代建筑的经典案例，呈现出中国现代建筑的设计理念、科学技术进步和城市发展速度，带领读者感受现代社会的建筑内含和精神底蕴。

1. 北京大兴国际机场

中国素有"基建狂魔"之称，创下了许多世界建筑之最。其中，北京大兴国际机场(图8-4-8)的建筑艺术最具代表性，成就了世界级航空枢纽、国家发展新动力源。大兴机场作为中国现代的标志性建筑，从天空俯瞰，整个机场宛如一只橙红色的巨型凤凰正欲展翅高飞。航站楼屋面由不规则自由曲面的空间结构组成，配合着中央天窗的投射，使航站楼沐浴在璀璨的阳光下，尽显楼内建筑温柔而华美的线条。在交通功能上，"五纵两横"外围综合交通体系一次性建成，并紧紧围绕大兴机场，集高铁、城际、地铁、高速等多种运输方式于一体，交通枢纽的集成度、便捷性、先进性均居世界一流。大兴机场是设计师、工程师、广大工作者跨地区、跨部门、跨领域通力协作的产物，真正展现了中国速度，诠释了中国精神，更彰显了中国优势。

» 图8-4-8 大兴机场

2. 鸟巢体育场

作为北京奥运辉煌的精神殿堂，北京鸟巢体育场(图8-4-9)有着不可磨灭的功绩，其绿色环保、科学技术、人文关怀等三大设计理念共同成就了具有开创性意义的时代建筑。鸟巢体育场的结构奇特新颖，外观如同孕育生命的巢，更像一个摇篮，寄托了人类对未来的希望，其巧妙的设计思想和实施难度博得了世界的瞩目。如今，鸟巢不仅是承办国际顶级赛事、大型文艺演出的著名场馆，也是集商业、会展、交流、旅游、观光于一体的新型现代建筑，成为了展示中国高新技术成果和建筑创新实力的一个代表性窗口。

» 图8-4-9 鸟巢体育场

3. 台北101大厦

摩天楼象征着人类建筑技术的突破，也同时带给人们一种迈向云霄、靠近天际、探索未知领域的快感，是建筑史上的设计奇迹。台北101大厦(图8-4-10)位于中国台北市信义区，坐落在台北信义区的金融贸易中心，是中国台湾标志性建筑之一，

2010年之前为世界第一高楼。台北101大厦，楼高508米，地上101层，地下5层，曾被誉为全球最高绿建筑及环地震带最高建筑物，宛如一座"顶天立地"的城市地标。

》图8-4-10 台北101大厦

当今时代，科学技术发展日新月异，新材料、新技术、新工艺得到广泛应用，不断改变人们的生产生活观念和方式，既为时代发展提供了新视野，也为建筑设计提供了新契机。标志性的建筑设计，是一个城市的名片，也代表着一个国家的整体实力和审美情趣。建筑设计的审美思想要求我们要以更宽广的视野看待时代发展，不仅要尊重建筑历史与城市记忆，保护历史文化遗产、地域特色，还要感受建筑带来的人文情感，文化特色，从而真正增强一个民族的自信心，推动时代发展的洪流。

第五节 音乐之美

【学习目标】

1. 了解音乐艺术的基本特点。
2. 认识中国音乐的发展历程。
3. 掌握音乐的基本审美技巧。

音乐是一种用来表达人们内心情感与现实生活的艺术形式和文化活动，也是人们普遍喜爱的、受众面极广的一门艺术。著名音乐家贝多芬说过："音乐是比一切智慧、一切哲学更高的启示，领悟音乐的人，能从一切世俗烦恼中超脱出来。"当音乐旋律响起的时候，人们往往会不自觉地进入音乐的氛围中，顷刻忘却烦恼，净化心灵。可以说，音乐是最能即时打动人、激发人情感的一种艺术形式。每一种艺术形式都有自己表情达意、塑造意象的方式，所以我们通常以表现手段的不同来区分艺术的不同种类。比如，舞蹈是通过舞者的面部神情、肢体语言来展现动作，绘画是通过画笔描绘线条、搭配色彩来形成画面，文学是通过文字语言、篇幅结构来传情达意，而音乐则是通过音波、乐器、曲调等来表达情感和思想，表现出音乐创作者的用心，并传递音乐艺术之美。

一、音乐的基本特点

（一）听觉艺术

音乐是诉诸于人们听觉的一门艺术。作曲家达尔克罗兹曾指出："一切音乐教育都应该建立在听觉的基础上，而不是建立在模仿和数学运算的训练上。"实际上，创作者以听觉为第一媒介，能够用整个身心去感受、体验、认识和创作，将形象思维凝聚为听觉意象，并通过音符生动形象地展现出来。

在自然界中，存在各种各样的声音，如百鸟和鸣、山泉叮咚、蛙声鱼跃……这些自然而然发生的原生态声音为自然界增添了诗情画意，也激发了人们的音乐创作灵感。音乐作为一种有组织、有规律、和谐的音律，能通过旋律、节奏、和声、音色等基本表现要素来抒发情感。因此，音乐的声音是经过长期实践、反复选择且有效控制的产物，也是人们有意识留存下来的听觉艺术。

（二）情感艺术

音乐在传达情感上不同于其他艺术形式，是因为它运用的审美形式是无形的，即声音。因此，音乐的创作、表演和欣赏都必须以人们的内心情感和思维活动为基础。不同的音乐给人感受是完全不同的，或庄严肃穆，或慷慨激昂，或兴奋热烈，或悲痛激愤，或缠绵细腻……总之，音乐以一种看不见的方式，直接、真实、深刻地表达人的情感。

音乐可以直接地反映人们内心情感的起伏和更为复杂的情绪，并不受国家、地域、种族的限制，不同民族、不同阶层的人都可以直接感受音乐的真挚情感。另外，人们在欣赏音乐时，往往通过耳朵接收刺激，即利用听觉感受音乐。但由于通感的作用，音乐也可以引起视觉意象。在视觉意象的传达下，人们能产生更丰富、生动的联想，进而引起更强烈的感情反应。

（三）时间艺术

音乐是在时间中有节奏地进行的。与其不同的是，雕塑、绘画等艺术形式往往存在于某个空间里，使人一目了然。当我们在欣赏美术作品时，在视觉上，首先可以直观地看到美术作品的整体构造，进而慢慢品味画作的细节。而在欣赏音乐作品时，我们往往要与时间作伴。我们欣赏音乐时，直到聆听完整个作品，才会给我们留下整体的印象。如果只听音乐作品中的个别片断，通常难以获得完整的音乐意象。通俗来讲，欣赏一首歌曲时，要从头到尾聆听完毕后，才能感受到音乐的深意与情感，形成一个客观、整体的认识。因此，音乐随着时间延续，在运动中呈现、发展、直至结束，这正是一种时间艺术。

二、音乐的起源与发展

（一）上古时期的音乐

音乐同其他艺术一样，产生于原始人类的生产劳动，起源于人们对自然和动物声音的模仿。当早期人类开始制造原始工具、集体进行劳动的时候，原始音乐便在他们的劳动实践中萌生了幼芽。古籍中记载了上古时期祭祀、宗庙仪式大典上"撞钟吹笙、击鸣鼓乐、琴瑟和鸣"的壮观场面，也体现了中国音乐的发展历史之悠久。

从上古时期到春秋战国时期，音乐与歌唱、舞蹈都有着密不可分的关系，同时也催生了不少古代乐器。据考古学家发现，骨笛是我国发现的最早乐器，距今已逾八千多年历史；陶埙是中国最古老、最特有的闭口吹奏乐器，在周代奴隶制社会中流行，秦汉以后用于历代宫廷雅乐。

（二）夏商周至春秋时期的音乐

夏商两代是奴隶制社会时期。从古籍文献记载来看，此时乐舞渐渐脱离了为氏族共有的特点，它们更多地服务于奴隶主。从内容上看，音乐也逐渐从原始的图腾崇拜转为对人们征服自然的颂歌，如大禹治水等故事，催生了歌颂夏禹的乐舞《大夏》。商代巫风盛行，于是出现了专司祭祀的巫师。此外，编钟、编铙等各类打击乐器盛行。

周代在礼乐制度上建立了我国第一个宫廷雅乐体系，讲究典雅庄严，节拍以慢调、齐奏为主，多呈现出一种肃穆、和谐的气氛。在乐器上，《诗经》内容中的《风》《雅》《颂》也描绘了不少乐器的使用。由此可见，自西周以来，乐器使用频繁。此外，笙、竽、琴、瑟等乐器的出现，对音乐艺术表现力的提高起了一定的积极作用。在音律上，也有不少历史文献记载和证实，春秋时期已经存在七声音阶(七律)和十二律的实际应用。

（三）秦汉至魏晋南北朝时期的音乐

秦汉时期，开始出现乐府，主要负责收集、整理民间音乐，并出现了大量职业化乐工，以供朝贺、礼祭、宴会盛典等场合进行演奏。相和歌也成为了汉代的主要歌曲形式，这一形式从最初的"一人唱"发展到"三人和"的"相和大曲"形式，如汉代官方诗歌集成《汉乐府》。西北边疆则兴起了以吹管乐器和打击乐器构成的鼓吹乐，如横吹、骑吹、黄门鼓等，主要用于军乐礼仪、宫廷宴饮及民间娱乐。

随着古代丝绸之路的畅通，西域歌曲逐渐传入中原地区，各区域音乐得到了广泛交流。这个时期，琴的艺术发展进入了高潮期，出现了一大批文人艺术家，如嵇康、阮籍等，创作了一系列经典作品，如著名十大古琴曲之一的《广陵散》。它是我国现存古琴曲中唯一具有戈矛杀伐、战斗气氛的乐曲，直接表达了反抗意志与战斗精神，具有极高的思想性及艺术性。

（四）隋唐时期的音乐

隋唐时期，经济繁荣，国力强盛，各族人民共同创造了光辉灿烂的音乐文化，繁盛的燕乐便是这一时期的主要标志。燕乐，即宫廷宴饮之乐，分为坐部伎和立部伎演奏。唐玄宗李隆基所作《霓裳羽衣曲》便是燕乐中的乐舞，其艺术表现力彰显了唐代宫廷音乐的极高造诣，被世人连连称颂。

总体而言，隋唐时期整体强大且繁荣，对外显得格外自信，对异质文化也表现出了强大的兼容能力，一切有用的外来文化都被吸收和消化，这在音乐和舞蹈方面表现得尤为突出。与此同时，大都市(如长安)的迅速兴起，市民阶层也迅速形成，极大地增加了市民对物质和文化的需求。因此，在这一时期，尤其是盛唐时期，对外文化交流频繁，艺术文化也尤为活跃，音乐文化成就极高。

（五）宋元时期的音乐

宋元时期，城市的商品经济进一步发展，市民阶层也进一步壮大，与之相适应的音乐艺术也随之产生。音乐逐渐从唐朝的宫廷音乐过渡到以市民阶层为主的音乐，如出现了勾栏、瓦子等可供演出、娱乐的集中场所，进一步带动了民间音乐的迅猛发展。在音乐形式上，有小唱、唱赚、诸宫调等艺术歌曲，有货郎、鼓子词等说唱音乐，有戏曲、杂剧的表演，也有舞剑、舞旋等歌舞。宋代的词牌曲调音乐也得到了空前发展，如歌头、令、引、近、慢等词牌形式。

元代时期，戏曲艺术趋于成熟，以元杂剧为代表，出现了最早的总结戏曲演唱理论的专著，即南芝庵的《唱论》；而周德清的《中原音韵》则是北曲最早的韵书。

（六）明清时期的音乐

明清时期，音乐文化具有世俗化、平民化的特点，如民间小曲广为流传，甚至达到了男女老幼皆朗朗上口的程度。这一时期，说唱音乐异彩纷呈，如南方的弹词、北方的鼓词，以及牌子曲、琴书、道情类的说唱曲种。其中，南方秀丽的弹词以苏州弹词的影响最大。

尤其是在清代，苏州出现了以陈遇乾为代表的苍凉雄劲的陈调；以马如飞为代表的爽直醋畅的马调；以俞秀山为代表的秀丽柔婉的俞调。后续又繁衍出许多新的流派，民族歌舞音乐得到了迅速发展，如汉族的秧歌、维吾尔族的木卡姆、藏族的囊玛、彝族的阿细跳月、朝鲜族的长鼓舞等优秀力作。

（七）近现代时期的音乐

19世纪末，西洋音乐传入中国，民间开始逐渐吸收西方音乐元素，形成了中西结合的音乐曲风。20世纪初，海外留学的音乐家归国传授西方乐理知识。以20世纪30年代的上海为例，当时歌舞厅流行演奏中西结合的新音乐曲风，受到了人们的推崇。此外，由于特定的历史时代，在20世纪上半叶，国内音乐家们开始创作表现时代背景、唤起民族共鸣的红色革命歌曲，如聂耳的《义勇军进行曲》、冼星海的《黄河大合唱》等。20世纪60年代，客观地来讲，国内缺少音乐创作的包容环境，音乐缺乏丰富的艺术形式，基本处于停滞不前的状态。从20世纪80年代起，中国音乐在表演创作、教育传播等领域都呈现出繁荣、多元的发展态势，在借鉴其他各种音乐风格、创作理念和表达技巧上，形成了中国多元音乐文化的现状。

如今，中国音乐的传播也从音像媒体时代进入了以网络为主导、以信息技术为支撑的时代。中国本土音乐逐渐走向了世界，开始出现"全球华语流行音乐"的总体称谓，许多民谣歌曲也受到了世界人民的关注与传唱。

三、音乐的鉴赏技巧

音乐欣赏的本意是对音乐作品的鉴别和欣赏，它既是一种审美活动，也是一种认知活动。音乐欣赏大致可分为三个层次：感官欣赏、情感欣赏、理智欣赏。它可以培养人的生活情趣、改善人的心情境遇、激发人的精神意志。因此想要从音乐欣赏中获得充分的审美体验，应当把握以下三点技巧：

（一）聆听音乐效果（感官欣赏）

作为一门听觉艺术，音乐的美首先为人的听觉所感知，音乐欣赏也要靠听觉来完成。人们通过聆听，能对音乐的旋律、节奏、音色、和声、器乐等进行全面感知，感受声音的变化，从而把握音乐作品的内涵。因此，聆听既是感知和感受音乐的必要基础，还是音乐审美的主要手段。

简单来说，音乐欣赏的基本过程是：音乐入耳，使欣赏者产生情绪的感染，触发想象与联想，再结合自己的生活经验，理解和感受音乐所表达的思想内容，从中受到情感的熏陶和精神的鼓舞。在这一过程中，听觉占据绝对主导的地位。因此，想要打动欣赏者的心灵，就必须先抓住欣赏者的耳朵。比如，肖邦的钢琴曲、贝多芬的交响曲等众多流芳于世的经典音乐历久弥新，更显珍贵。

（二）体会音乐情感（情感欣赏）

音乐欣赏的过程，其实是情感体验的过程，它既是欣赏者对音乐内涵进行体验的过程，同时也是欣赏者自我情感和音乐传达的情感进行交融和碰撞的过程，在情感联系中产生同频共鸣的结果。比如，《琵琶行》一曲描写了唐代诗人白居易被贬下任江州司马时的故事。白居易行至途中听到一位长安乐伎弹奏琵琶行曲调，联想到自己被贬的悲凉心境，发出了"同是天涯沦落人"的感慨，与演奏者弹唱的曲调产生了强烈的情感共鸣。又如，著名乐曲《嘎达梅林》，开头是一段宁静的引子，接着双簧管吹奏了悠扬优美的主曲旋律，让欣赏者仿若踏进了辽阔壮美的科尔沁草原风景。与此同时，长号和大号奏出了一段凄婉的副音乐，和主曲旋律形成强烈的对比，多种旋律共同交织在一起，表达了丰富的情感内涵，更让欣赏者沉醉其中、思绪万千。

（三）理解音乐内涵（理智欣赏）

欣赏者能够通过聆听音乐作品，了解创作者的生平背景、创作意图，从而分析其作品的风格及所要传达出来的文化内涵、艺术价值和审美价值。同时，欣赏者通过赏析、评价音乐，还能提升自身的音乐品位和修养，进而完善自己的道德人格。比如，在聆听现代歌手刘和刚演唱的《父亲》这首歌曲时，不同的欣赏者脑海中浮现的生活情景是各不相同的，但人们从歌曲中获得的情感体验是大致相同的。这正是因为演唱者从亲情的角度传递了关爱之情，更流露了无比真挚的亲情和深厚浓郁的爱意。

当然，并不是每个欣赏者对每首音乐作品都能达到第三层次——理智欣赏，也不是所有欣赏者都会对音乐作品产生多重层次的感受与感悟。因此，我们在欣赏音乐时，只要是对某一音乐产生兴趣，并认为对自我身心有益的，就可以多做尝试，这既是学习的过程，也是对自己审美层次和精神境界的提升过程。

余华在《音乐影响了我的写作》中说到："音乐的历史深不可测，如同无边无际的深渊，只有去聆听，才能知道它的丰厚，才会意识到它的边界是不存在的。在那些已经家喻户晓的作者和作品的后面，存在着星空一样浩瀚的旋律和节奏，等待着我们去和它们相遇，让我们意识到在那些最响亮的名字的后面，还有一些害羞的和伤感的名字，这些名字所代表的音乐同样经久不衰。"可见，音乐有着极高的艺术审美价值，是每个人产生情感共鸣必不可少的真挚艺术，值得我们细细聆听、用心体会。

第六节 舞蹈之美

【学习目标】

> 1. 了解中国舞蹈的一般分类及代表作品。
> 2. 掌握中国舞蹈的基本审美技巧。

哲学家赫夫洛克·埃里斯说过："如果我们漠视舞蹈艺术，我们不仅对肉体生命的最高表现未能理解，而且对精神生命的最高象征也一样无知。"在哲学家、美学家、舞蹈家的眼中，舞蹈艺术已经升华为一种生活，甚至是象征着生命的艺术。在远古的中国社会生活中，几乎没有比舞蹈更重要的事情了，如婚丧嫁娶、播种丰收、驱病除邪等，一切都离不开舞蹈艺术，舞蹈已成为远古先民质朴的生活方式和感知世界的手段。可见，舞蹈是精神文化范畴中的重要艺术门类，能陶冶人们的心灵、赋予人们旷达的人生态度，起到鼓舞人、团结人、教育人、服务于人的良好作用。

一、中国舞的经典舞种

舞蹈是人类最古老的艺术形式之一，可以说，中国有多少年的文明，就有多少年的舞蹈史。从最初的上古时代开始，中国传统舞蹈经过了多个阶段的发展和演变，逐渐形成了独具中国独特形态和神韵的东方舞蹈艺术。中国舞种类比较多，主要包括有民族舞、民间舞、古典舞、汉唐舞、古典芭蕾舞等，本节选取了古典舞、民族舞和当代舞等三大经典舞种进行展示，借以呈现中国舞的律动美感和审美价值。

（一）古典舞

古典舞，是中国舞的主要分支，融合了中国传统武术、杂技、戏曲中的动作和造型，具有东方式刚柔并济的美感。古典舞强调"形神兼备，身心互融，内外统一"的神韵，而"神韵"成为了中国古典舞的灵魂，"以神领形，以形传神"的意念情感造化了神韵的真正内涵。在配曲上，中国古典舞的乐曲大多由民族乐器演奏，如古筝、二胡、琵琶等；在服饰上，古典舞的服装往往古色古香、极具韵味，如汉唐舞大多采用传统的汉服。

就古典舞的特点而言，主要体现在以下四点：一是中国古典舞基训中的旋转技巧，以拧倾形态的舞姿结构为主要特色，靠全身的协调进行旋转；二是以腰为轴，进行古典舞基训中转，如大掖步转、扫堂探海转等；三是具有较强的民族舞姿转，有一部分民族舞姿转是其风格的延续和夸张；四是民族舞姿转的流动性与复合性比较强，空间变化幅度大。

以古典舞代表作《扇舞丹青》为例，作为一段身韵表演，其很好地呈现了"似扇非扇""似剑非剑"的意境，表现了"画中有舞""舞中有画"的画面感染力。这一舞蹈作品具有如下特点：一是具备中华艺术的神韵之美，《扇舞丹青》中，表演者借用一把延长手臂表现力的折扇，以描画丹青般的一招一式动态地展现了"纸上的舞蹈"，很好地将古典舞与书法文化、扇文化融为一体，把舞、乐、书、画熔于一炉，在情景交融、人与自然浑然一体中达到言有尽而意无穷的艺术境界；二是极富舞蹈本体特征，《扇舞丹青》并未借助态太多外在手段的帮助，而是极重舞蹈韵律，仅靠舞者的身体和扇子，通过快慢相宜、刚柔相济、错落有致的运动，将扇子与肢体动作的幅度、力度、速度、重力和空间相结合，使得一个看似平常的舞蹈，做到了与书法、绘画的笔韵之美紧密交融。

（二）民族舞

民族舞，也叫民间舞，泛指产生并流传于民间、受民俗文化制约、风格相对稳定、以自娱为主要功能的舞蹈形式。一般而言，民族舞常常是自娱性和表演性的统一，舞者对自身有着较高的要求，注重技艺的不断提升，故而中国的民族舞蹈得到了较高程度的发展。在民族舞蹈家的身上，我们常常能够感受到"情之所至"的精神美感，他们在舞至深处之时常常即兴发挥，加上抖擞的精神使其大放异彩。

从特点上看，民族舞的主要特点在于载歌载舞、形式活泼，即强调舞蹈与歌唱的紧密结合，整体表现力自由、生动、积极、乐观；从题材上看，中国民族舞的主要题材多取自日常生活内容，与民间艺术相结合，为广大人民群众所喜爱；从情节上看，民族舞故事生动、形象鲜明，表现出来的人物性格突出，同时能借以表达内心的情绪；从表现上看，民族舞善用道具与技巧结合，通常能够巧妙地使用，如扇子、手帕、长绸、手鼓、单鼓、花棍、花灯、花伞等道具，极大地增强了舞蹈的艺术表现能力，使得舞蹈动作更加丰富优美、绚丽多姿。

孔雀舞(图8-6-1)，傣族民间舞蹈形式之一，流行于云南省傣族地区。一直以来，傣族人民将孔雀视为吉祥、善良、美丽的象征，并以跳孔雀舞来表达美好的愿望。因此，孔雀舞是人们最热爱、最熟悉的舞蹈之一。孔雀舞的表演形式较为简单，一般只由一人或二人起舞，用象脚鼓、锌锣等乐器伴奏，动作韵律丰富。表演者通常化装为孔雀，动作多模仿孔雀，形象优美，身形矫健。在傣族部分地区，几乎月月有节日，年年有歌舞。在傣族的经典

» 图8-6-1 孔雀舞

节日中，如泼水节、关门节、开门节等节日，傣族人民都会齐聚一堂，跳起姿态优美的"孔雀舞"，呈现出粮食丰收的喜庆气氛和民族团结的美好景象。

(三) 当代舞

当代舞，主要指广泛吸收而又不拘一格地运用中国传统舞蹈素材和外来艺术素材进行创作和表演的舞蹈。当代舞在作品选择上鲜明地指向了中国人当代生活的情感状态，对中国戏曲舞蹈、芭蕾舞、西方现代舞中的舞蹈元素采取了兼收并蓄的方式，因此极具鲜明的艺术形象和丰富的民族特色。当代舞的特色在于注重对已有形态和元素的重新利用，强调现实的人文关怀，着重表现社会主流意识形态，而非过多沉溺于自我的艺术宣泄。

以经典当代舞《踏着硝烟的男儿女儿》为例，作为以军事为创作题材的作品，它打破了传统的军事行动方法，以双人舞的展现方式在特定军事行动中打开人们的内心世界。该作品根据中越自卫反击战的英雄事迹进行创作，舞者以军礼代之以吻别，使舞蹈形象鲜明，表达了深刻的革命主题。这种以舞蹈的形式表现特定的社会生活内容和塑造具体的人物形象的作品，其内容以现实或历史的、真实或想象的人物和事件作为依据，对反映客观现实生活有重要作用。

二、经典舞蹈作品赏析

(一)《只此青绿》

《只此青绿》(图8-6-2)是一部以《千里江山图》为主题的舞蹈诗剧，该作品牢牢

把握了中华优秀传统文化的精髓，在舞蹈、音乐、绘画、文学和非遗中提炼出符合当代视角的审美精髓，用舞蹈的方式向世人掀开了唯美的历史画卷。这是一部十分值得考究的舞蹈作品，伴随王希孟《千里江山图》的背景，舞者们化身为山石与溪流，将中国独有的青绿色及古人广阔的宇

» 图8-6-2 《只此青绿》

宙观，用舞蹈演绎到了极致。令人惊讶的是，舞者们在艳而不俗的色彩映衬下，以肢体语言再现了山川的意象，她们舞姿的一起一伏，正是对山石层峦叠嶂的想象。开场时，舞者看向远方，双袖下垂，姿态柔美，她像是山的纹理，又像是林泉水流，缓缓而来，流入心底。前方的水波纹，恰到好处，温和应出了一种穿越之美。舞者们的高髻发饰，线条柔和而有弧度，是对《千里江山图》山巅造型的模拟。《只此青绿》以古典文学的叙事方式、传统艺术的当代表达和意念的流动构建起全剧的精神世界，通过人物的虚实交错、情感的古今交融，给悠远绵长的传统文化意象赋予了无限的生命力和想象力。

（二）《唐宫夜宴》

《唐宫夜宴》，原名《唐俑》，是郑州歌舞剧院的著名舞蹈作品(图8-6-3)。该作品的背景故事可追溯到唐代，一群体态丰腴的少女们叽叽喳喳地去上阳宫赴宴参加表演，在途中发生了许多趣事。《唐宫夜宴》由14名女舞蹈演员进行集体表演，她们用婀娜多姿、秀逸韵致的舞姿将大唐的盛世形象完美地呈现在舞台上，让观众在欣赏"鬓云欲度香腮雪，衣香袂影是盛唐"的别样身韵的同时，感受到中华厚重的历史文化底蕴。《唐宫夜宴》并不只是讲夜宴的故事，而是以夜宴的乐师们为主角，展示了唐朝少女们从准备、整理妆容到夜宴演奏的整个过程。《唐宫夜宴》通过结合当代人的视觉审美来讲述唐朝的故事，一群穿着唐朝服饰嬉戏的少女成了观众眼里熟悉的陌生人，她们在一颦一笑中生动地展现了唐朝独有的美学风范，让大唐之美尽收眼底。

» 图8-6-3 《唐宫夜宴》

(三)《普宁英歌舞》

英歌，即普宁英歌舞，是广东省普宁市传统舞蹈，为国家级非物质文化遗产之一。《普宁英歌舞》(图8-6-4)以舞蹈为载体，演绎了梁山泊好汉攻打大名府的故事，渲染了扬正压邪、一往无前的英雄气概和精神风貌。它是普宁民间广为流传的一种民间舞蹈样式，被认为是扬正压邪、吉祥平安的象征，具有广泛的群众基础和社会基础。这是一种壮美阳刚的汉族男性群体舞蹈，表演者勾画了风格独特的脸谱，按梁山泊英雄形象造型进行打扮，着武士服，紧身短打，手执特制双短棒叩击起舞，并配以锣鼓、螺号节奏。简而言之，《普宁英歌舞》以武术与舞蹈为载体形式，歌颂了一往无前、斗志昂扬、团结战斗的英雄气概和精神风貌，被誉为"南国雄风""中华瑰宝"。舞蹈界也流传着"北有安塞腰鼓，南有普宁英歌"的美誉。

》 图8-6-4　普宁英歌舞

【拓展阅读】

安塞腰鼓

安塞腰鼓(图8-6-5)，流传于陕西省延安市安塞区的传统舞蹈，国家级非物质文化遗产之一。

安塞腰鼓历史悠久，但产生形成的具体时代已难考证。以鼓报警，以鼓助威，以鼓告急，以鼓为乐，这些都是安塞腰鼓的功能。安塞腰鼓分文鼓与武鼓两种，文鼓以扭为主，重扭轻打；武鼓以打为主，重打轻扭。安塞腰鼓是黄河文化的

图8-6-5　安塞腰鼓

组成部分，是陕北汉子剽悍、虎劲、牛劲的体现，具有民族风格和地域特色。

2006年5月20日，安塞腰鼓经国务院批准列入第一批国家级非物质文化遗产名录。

三、舞蹈艺术审美技巧

（一）体会舞蹈活力

《毛诗序》有言："情动于中而形于言，言之不足，故嗟叹之，嗟叹之不足，故咏歌之，咏歌之不足，不知手之舞之，足之蹈之也。"这句话表明人们在激动之时，内心的情感用语言乃至唱歌都难以充分表达，往往会情不自禁地通过手舞足蹈来抒发。可见，舞蹈能真正表达人的感情，让人感受到生命的美好和人生的快乐，借以激发人们的生活热情。一方面，人们在快乐、高兴、感慨时常常配以舞蹈进行表达，从而抒发人的美好性情；另一方面，在舞者在跳跃、旋转和屈伸等动作中都能显示出生命的活力，人们能从各种动作的轻盈、欢快和力度中感受到健康向上的生活激情。

（二）欣赏舞蹈造型

舞蹈以人体动作为主要表现手段，每个动作的组成离不开精美的舞蹈造型，如化妆造型、服装造型、动作造型、舞台造型等。简单来说，舞蹈造型不仅能使一个个的舞蹈动作串连成舞蹈语汇，还能使舞蹈作品显得有点有面，给人留下清晰的、独特的印象。对舞蹈造型的欣赏，一方面是对造型静态的画面感和意境感的欣赏；另一方面是对人体美的整体欣赏。舞蹈造型的美能够让人真切地感受到生命之美、青春之美、气氛之美，产生极强的视觉共鸣。

（三）鉴赏动作技巧

舞蹈是一种"无声的艺术"。从某种程度上讲，欣赏舞蹈实际上就是对舞蹈表演者动作上的欣赏。动作是舞蹈的基本表现，它将直接的视觉效果呈现在观众面前。每一部作品的成功与否，真正取决于主体动作的选择以及运动是否恰当、准确和富有美感。在舞蹈表演中，舞者利用自己的身体条件和表演风格，把各具特色的动作表演得娴熟、精彩，并将外表的动作与内在的情感融为一体，做到动中有静，静中有动，舒展流畅，连绵不断。加上优美动听的音乐，能令观众陶醉在美的艺术之中，充分得到美的享受。

（四）感受舞蹈情感

闻一多在《说舞》中提到："舞是生命情调最直接、最实质、最强烈、最尖锐、最单纯而又最充足的表现。"可见，舞蹈总是与人类最热烈的感情联系在一起。舞蹈作为一门表演艺术，肢体动作和舞蹈技巧占据舞蹈表演的基础性位置，而决定舞蹈表演水平的高与低，通常要看舞者情感表达能力的高低。当舞者以心造舞、以舞传情，将情感渗透到舞蹈表演中时，就赋予舞蹈表演更强的感染力，使舞蹈具有生命般的灵性，创造真正的舞蹈艺术。因此，我们在欣赏舞蹈作品时，既要认真观察舞蹈动作的难度和技巧，还要感受舞者的情感表达，产生心灵上的共鸣。

总的来说，舞蹈不是对生活方式的简单复制，也不是对自然生物的刻意模仿，而是舞者发挥艺术想象、借助客观事物、表达真实情意的表演艺术。欣赏舞蹈艺术是一种精神活动，不仅仅是对音乐、动作、服饰等形式的简单感受，更是对舞蹈中蕴含的主题、思想与寓意的真正领悟。只有结合自身的真实情感去欣赏舞蹈，才能真正与舞蹈作品产生深刻共鸣，并实现舞蹈艺术的最大价值。

第七节　戏曲之美

【学习目标】

1. 认识中国戏曲的起源与发展。

2. 了解戏曲艺术的基本特点和审美技巧。

戏曲，是中国传统戏剧，也是一门历史悠久的综合性舞台表演艺术。中国戏曲主要由民间歌舞、说唱和滑稽戏三种不同的艺术形式综合而成，是文学、音乐、舞蹈、美术、武术、杂技等多种艺术的结合体，并且因地域差异而形成了丰富多彩的剧种。我国戏曲艺术异彩纷呈，在表演艺术方面保持着虚拟写意的共性，诠释了中国文化多元一体的结构特征和相融共进的传统民族精神。

一、戏曲的起源与发展

我国戏曲文化源远流长，同古希腊悲喜剧、古印度梵剧合称为"世界三大古老戏剧文化"。戏曲是我国传统戏剧的一个独特称谓，由宋末元初学者刘埙首次提出和使用，他在《词人吴用章传》中提到的"永嘉戏曲"，就是后世所常讲的"南戏""戏文""永嘉杂剧"。从近代国学大师王国维开始，人们才逐渐用"戏曲"一词概括了中国传统戏剧文化。一般认为，中国戏曲起源于古代原始乐舞，经汉、唐到宋、金才形成比较完整的戏曲艺术，经过长期的发展演变，逐步形成了以"京剧、豫剧、越剧、评剧、黄梅戏"五大戏曲剧种为核心的中华戏曲百花苑。

（一）秦汉时期——萌芽时期

戏曲最早可以追溯到上古时代用来娱神的原始歌舞。当时巫术盛行，巫人以舞降神，巫舞逐渐演变为民间歌舞和小调。在古老的少数民族农村村舍中，至今还保持着源远流长的歌舞传统，如"傩戏"；同时，为适应人的精神需求，一些新的歌舞应运而生，如"社火""秧歌"等。又如《诗经》里的"颂"，《楚辞》里的"九歌"，就是祭神时歌舞的唱词。

秦汉时期，出现了"百戏"，即以竞技为主的"角抵"。"戏"指古代的军事行动，百戏一词则包含了杂技和歌舞。与此同时，以问答方式表演的"参军戏"和扮演生活小剧场的歌舞"踏摇娘"等随之产生。上述歌舞形式，都属于萌芽时期的戏曲。

（二）唐宋金时期——形成发展期

唐中期以后，经济高度发展、民族文化交融，使得中国戏曲发展迅猛，更促进了戏曲艺术自立门户、丰富节目种类。唐代文学艺术的高度繁荣，给予戏曲艺术丰富的营养，而诗歌的声律和故事的情节也影响了戏曲的节奏。在戏曲艺术的不断发展下，其管理模式也有了新的变化，如唐代设立的"教坊"。唐玄宗时又在宫廷选择了"梨园"作为教练宫廷歌舞艺人的场所，数百人在此学习歌舞，通晓音律的唐玄宗亲自教正。因此，这些艺人被称为"皇帝梨园弟子"。此后，人们称戏班为"梨园"，称演员为"梨园弟子"，并奉唐玄宗为"戏曲祖师"。教坊梨园的专业性研究以及正规化、有针对性的训练，极大地提高了演员们的艺术水平，加快产生了一批高质量的歌舞戏曲剧目。宋代的"杂剧"、金代的"院本"和讲唱形式的"诸宫调"等，从乐曲、结构到内容，都为元代杂剧打下了良好的基础。

（三）元朝时期——成熟期

元代以元杂剧为主，"杂剧"在原有戏曲的基础上发展，成为了一种新型的戏剧。可以说，元杂剧具备了戏剧的基本特点，也标志着中国戏曲进入繁荣鼎盛时期。元杂剧最初以大都(北京)为中心，后流行于北方。元统一南宋后，元杂剧发展成为全国性的剧种，而后逐渐产生了职业化和商业性的演出团体，催生了反映百姓生活和观点的元杂剧和金院本。

元杂剧的剧本体制，绝大多数是由"四折一楔"构成。所谓四折，是指四个段落情节，如同诗文讲究的起承转合韵律；所谓楔子，篇幅短小，通常放在第一折之前，类似于后来的"序幕"。元杂剧在艺术表达上多以唱曲为主，结合说白进行表演，其中，念白部分受参军戏的影响，极具艺术特色。这一时期涌现了不少优秀作品与名人名家，如关汉卿创作的《窦娥冤》、马致远的《汉宫秋》以及纪君祥《赵氏孤儿大报仇》等作品，而关汉卿本人更是可与同时代的英国戏剧家莎士比亚相媲美。

（四）明清时期——繁荣期

戏曲传承到明代，杂剧逐渐衰退，"传奇"发展成为主要的戏曲形式。传奇，兴盛于明朝与清朝前期，又名"明清传奇"。明代传奇的前身是宋元时代的南戏(南曲戏文)，它是在宋代杂剧的基础上，与南方地区曲调结合而发展起来的一种新兴的戏剧形式。传奇的代表作品主要有高明的《琵琶记》、汤显祖的《牡丹亭》、洪升的《长生殿》、孔尚任的《桃花扇》等，而《琵琶记》更被誉为"南戏中兴之祖"。

明后期开始流行以精彩片段为主的折子戏，如《拜月亭记》中的"踏伞""拜月"以及《玉簪记》中的"琴挑""追舟"等众多的折子戏，已成为观众爱看、耐看的精品佳作。明末清初的作品多是写人民群众心中的英雄，如穆桂英、陶三春等，受到了观众的一致好评。此时京剧的影响力已经遍及全国，将中国的戏曲艺术推到了一个全新的高度。

（五）近现代时期——革新发展期

从五四运动到中华人民共和国成立的这段时期内，一批有造诣的戏曲艺术家开始从事戏曲艺术改良活动，著名的有汪笑侬、潘月樵、夏月珊等人，他们为以后的戏曲改良积累了宝贵的经验。梅兰芳、周信芳、程砚秋等戏曲名家也创作了不少的作品，借戏曲艺术积极宣扬了民主精神。袁雪芬则高举越剧改革之大旗，主演了鲁迅名著《祥林嫂》，在中国戏曲中率先形成了融合编、导、舞、音、美为一体的综合艺术机制。

中华人民共和国成立后，涌现了一批优秀剧目，如京剧《将相和》《白毛女》、评剧《秦香莲》、越剧《梁山伯与祝英台》、沪剧《芦荡火种》、豫剧《朝阳沟》等精品力作。戏曲艺术发展到今天，经过了历史的深厚积淀，不断适应新时代、新观众的需要，保持和发扬了民族传统的艺术特色。

二、戏曲艺术的基本特点

中国戏曲是民间社会的文化活动主体，很好地体现了广泛的审美趣味和欣赏口味，它既是地道的民族艺术，又是民众参与度最高的大众艺术。戏曲能够传达民众的共同理想和美好愿望，如善恶分明、惩恶扬善、褒忠贬奸的故事情节，无不体现了百姓们的爱国情怀、优秀品格、善良人性与传统美德，是中华民族的宝贵精神财富。纵观中国戏曲艺术，其形态与内涵丰富多彩，主要有以下三个方面的基本特点。

（一）中国戏曲具有综合性

中国戏曲具有综合性。一方面，它融汇了绘画、音乐、舞蹈、雕塑、朗诵、剧本等多个艺术门类，其表演手段方面也具有综合性，包含唱、念、做、打四大手段，这也是戏曲演员表演的四种基本功，俗称"四功"。唱，指唱腔技法，讲究"字正腔圆"；念，即念白，指音乐性的念白和朗诵技法，要求严格，强调"千斤话白四两唱"；做，指做功，是舞蹈化的形体动作、身段和表情技法；打，指表演中的武打动作和翻跌技艺，是在中国传统武术的基础上形成的舞蹈化武术技巧组合。这四种表演技艺或相互衔接，或相互交叉，其构成方式视剧情需要而定，表现出整体和谐之美。

另一方面，戏曲创作需要演员的参与，每位演员都有自己的艺术风格、创作目的、思维方式、志趣性格等，而除了演员的"演"，还有观众的"观"，观众观看表演的直观体验过程，也是完成创作的一个综合过程。观众直面舞台演员所产生的情绪，是对演员表演的直接互动与反馈，在一定程度上影响着演员的创造力。简而言之，中国戏曲是以唱、念、做、打的综合表演为中心的、富有形式美与内含美的戏剧形式。

（二）中国戏曲具有写意性

相比于西方戏剧的写实性，中国戏曲讲究写意性，这也是中国戏曲的重要艺术特征和基本原则。舞台表演在客观生活原型上通过虚拟、夸张和象征等手法将故事情节叙述开来，可以引发观众的无限遐想与深切共鸣。中国戏曲的写意性是追求神似意蕴、以形写神、一脉相承的民族传统美学思想积淀的产物。它凝练了作家和舞台艺术家的创造力、观众的艺术想象力，是一种艺术美的创造。可以说，戏曲的写意性几乎囊括了戏曲艺术的方方面面，也贯穿于中国戏曲发展的整个时期。正是这种独特的写意美学原则，使中国戏曲屹立于民族艺术之林。综合来看，戏曲的写意性主要表现在以下三个方面。

1. 虚拟化的时空环境

正所谓："不像不成戏，真像不算艺，悟得情与理，是戏又是艺"，这句话很好地表达了中国戏曲的时空效果。中国戏曲没有固定的环境或特定的时空，完全通过以虚代实、自由想象的写意留白手法来表现。舞台布置往往是"一桌二椅"，极其简单，朴实无华。演员出场以前，观众丝毫不知剧情。只有当演员出场以后，观众通过唱词或念曲所交代的背景以及各自的想象，方能进入剧中的时空环境。在戏曲中，四个人便可代表千军万马，走个大圆场即跨过了千山万水，宛如"三五步走遍天下，七八人百万雄兵"之感。如单折戏《百花亭》，在杨贵妃卧鱼闻花这一幕中，唱词中交待了时间地点，即在御花园的一个夜晚，而舞台上并未呈现皓月当空、百花争艳的景象，演员却能以"卧鱼"的嗅花动作，表演出花园里花香袭人、演员如痴赏月的惊艳神态。刹那间，观众如临其境、心旷神怡，玉轮东升的迷人景象即刻映入心中。

2. 程式化的表演节奏

在戏曲中，既表现了严格的规范性，又有灵活的自由性。因此，戏曲艺术也被称为"有规则的自由活动"。戏曲艺术，常常用舞蹈表演出生活动作的规范化，如开门推窗、船行马步、穿针引线、上马下楼等动作，都有严格固定的程式及特定表演节奏(图8-7-1)。比如，千军万马的调度，只要走一个圆场就行；绣娘穿针引线，没有针线实物，但必须先穿针而后引线，若是先引后穿，便有失真实。简言之，戏曲在剧本形式、角色行当(生旦净末丑)、音乐唱腔、舞台环境、妆容服饰等各个方面，都有一定的

» 图8-7-1 舞台表演与走位

规范程式。因此，戏曲演员既要遵照某些约定俗成的特定程式，又要创造出具有个性化的规范艺术。观众在欣赏戏曲时，也应对戏曲的固定程式有所了解，方能领会戏曲演员的匠心独运。

3. 夸张化的艺术形象

戏曲的夸张化主要在艺术形象方面，如脸谱(图8-7-2)，表现了一种极度的夸张与

象征寓意，忠厚英勇的人用红脸，稳重正义的人用紫脸，刚直无私的人用黑脸，枭勇凶猛的人用黄脸，骁勇心机的人用蓝脸，顽强急躁的人用绿脸，奸诈多疑的人用白脸，鬼怪乱神用金银脸，滑稽可笑的人用丑角脸等。再看，红脸的关公，白脸的曹操，黑脸的包公等；还有皇帝穿黄莽，武将着白象等形象，早已成为公认不疑、深入人心的象征符号。脸谱形象既讲究夸张又不随意，每个人物均按照既定的谱式进行勾画，如男角的胡须，有髯口(戏曲人物所戴的假须)、三绺髯(人物两腮和唇部长成三绺状的胡须)、满髯(满口胡子)和扎(露嘴的吊口胡子)等装扮。当然，佩戴髯口不光是为了表示年龄，更是为了艺术表演呈现的舞台效果，再如生角演员的"抒髯"和净角演员的"撕髯"，都可表现出人物情绪。我们常在京剧中见到一尺来长的胡子，而在实际生活中少之又少，可见，这是一种既夸张又有意义的装扮方式。

» 图8-7-2　川剧脸谱

（三）中国戏曲具有地域性

中国戏曲是民族传统戏剧和地方戏的总称。地方戏具有地域性，凝结着某一地域的民风习俗，成为某一地域的大众喜闻乐见的演剧形式。俗语讲，一方水土育一方人，即一方人有一方人的特性，同一事物在不同的地区有其独特的外在形态和内在含义。在戏曲中，以四大声腔(梆子腔、高腔、皮黄腔、昆腔)最具代表性，在此基础上也发展产生了千姿百态、风格各异的地方剧种。据不同完全统计，中国的地方戏遍及全国各地，有300多种，可以称得上世界之最。其中，戏曲音乐唱腔在地方戏曲中也是花样百出，不同的地方戏曲呈现出不同的唱腔特点。另外，戏曲乐器涵盖范围较广，包括管弦乐、打击乐等，不同乐器所演奏的音乐均有所不同。如浙江越剧、广东粤剧、河南豫剧、陕西秦腔、山东吕剧、福建闽剧、湖北黄梅戏、湖南花鼓戏、河北评剧、江苏昆剧、四川川剧等。因此，戏曲是动态的、活性的、具有地方特色的民族艺术。

中国戏曲是一种舞台艺术，也是一门大众艺术。在数百年的百转千折中，中国戏曲坚持反映人生百态、言说民众心声，无论是《穆桂英挂帅》《四郎探母》里国与家之间的大义抉择，还是《西厢记》《碧玉簪》中普通人情感的几经曲折，都让人荡气回肠、意犹未尽。俗语云："观剧如读书。"中国戏曲中蕴含了丰富的文化元素，观众通过观看戏曲，不仅能汲取丰富的文化知识，获得艺术的精神熏陶，还可以提升自身的道德修养。戏曲是中国传统文化的重要组成部分，既是一种具有独特审美风貌的艺术形式，又是一种寓教于乐的教化手段，探讨其审美价值和教化功能，对当代戏曲文化的传承和发展具有一定的现实意义。

▶【课后思考】

1. 书法艺术体现了中国人什么样的精神品质？

2. 欣赏绘画作品有哪些审美技巧？请举例说明。

3. 请用自己的话描述如何欣赏一件雕塑作品。

4. 查找相关资料，看看哪些中国现代建筑透露了古代设计思想？

5. 请结合自身的经历，谈谈音乐给你带来的情感体验。

6. 试着了解中国舞蹈的其他舞种，并与同学们交流、分享。

7. 戏曲艺术有哪些美学特点？请以一种曲种为例进行简要阐述。

8. 与同学分享家乡戏曲或者你相对熟知的一种地方戏曲。

第九章
中国文学美

◆◆ 【本章导读】

　　中国文学有着鲜明的思想文化传统和理论批判体系，是中华民族精神意志的良好体现，更是世界文学宝库中珍贵的文化瑰宝，能为人们提供正确的精神指引。创作者从人类命运、社会关系、道德伦理等多方面讲述了国家的兴废存亡、人间的人生百态、个人的悲欢离合等，读者能从历史长河中寻得人类精神之光。基于此，本章从汉语之美和典藏之美两个角度展示了中国文学美，带领大学生脱离低级趣味、启迪人生智慧、净化美好心灵。

第一节 汉语之美

【学习目标】

1. 体会汉语的语音之美、词汇之美、语法之美和文字之美。
2. 了解中国汉语文化的美，理解学习汉语的意义。

　　中国汉语之美，美在音韵，美在风骨，美在和谐，更美在多变的形式上。它们或含苞待放，或含蓄低调，读之朗朗上口，品之意味无穷。品味汉语之美，能真切感受到"红尘"纷纷攘攘难舍离、"江南"烟雨朦胧意境远、"明月"举杯对饮念亲人……无不体现着汉语的文化内涵和审美意蕴，值得我们细细品味、静静观赏。

一、汉语语言要素之美

（一）语音之美

　　汉语语音之美，美在声律的抑扬顿挫与回环复沓，如声调的抑扬转换，韵脚的回环再现，无不展现了汉语语音独特的节奏美和音乐美，给人听觉上的享受。

　　从声调看，汉语有"阴平、阳平、上声、去声"四个音阶，呈现出单字音调高低、升降、曲直、长短的变化。语调上的声调叠加，形成了平仄交错、抑扬顿挫的节奏美，如《诗·周南·关雎》中的"参差荇菜，左右流之"，上下句平仄相对；《诗经·周南·关雎·序》中的"言者无罪，闻者足戒"，两句平仄相同，表现出别具一格的韵律之美。

　　从韵母看，汉语音节中发音响亮的元音居多，且诗词押韵时要求句末汉字的韵母相同或相近，因此朗诵时呈现出轻重搭配、回环往复的旋律美和乐感美。王维的绝句《相思》："红豆生南国，春来发几枝。愿君多采撷，此物最相思。"其中的"枝"和"思"都收音于元音字母"i"，读起来朗朗上口、和谐悦耳。

（二）词汇之美

　　汉语词汇之美，美在丰富的内涵和意蕴之中，如含蓄精炼的内涵，形象生动的意象，无不体现了汉语词汇的丰富之美和意蕴之美。

从词义看，汉语词汇表示具象本义的同时，也产生了许多延伸义，一词多义现象十分普遍。如"包袱"一词，可指用布包起来的包裹，也可指相声、快书等曲艺中的笑料，亦可比喻为某种负担，内涵深刻、含义丰富。

从表达看，汉语中还有许多婉转之词，如"拙作"是形容自己作品的同义谦称，"足下"是称呼别人的敬称，"御净轩"是厕所的别称，"驾鹤西去"是去世的婉称……凡此种种，都表现出了汉语词汇的含蓄美和内在美。

从意象看，词汇可以呈现出特定的景物画面和文化内涵，让人浮想联翩、心驰神往。"折柳"一词，令人联想到亲朋好友分离时柳下惜别的场景；"明月"一词，可以让人想象出月下独酌的情景，体会到浓浓的思乡之愁；"红豆"一词，作为相爱的人寄托思念的信物，象征着爱情与相思。

【拓展阅读】

汉语的"活化石"

成语，作为汉语定型词汇中最具中华特色的结构形式，是中国传统文化中一颗璀璨的明珠，被称为"汉语的活化石"。短短几个字，就蕴藏着一段历史、一个传说或是一种精神，承载着厚重丰富的人文内涵和价值观念。

从典故来源看，"完璧归赵"，出自《史记·廉颇蔺相如列传》，讲述了战国时期赵国蔺相如从秦王手中机智夺回和氏璧的历史典故，现今引申为将原物完好地归还本人的意思；"塞翁失马"出自《淮南子·人间训》，讲述了塞翁失去马匹后发生的一系列故事，说明在一定条件下坏事可以变成好事，表现了祸与福的对立统一关系，让人们学会用发展、联系、辩证的眼光去看待问题。

从历史影响看，在中国文化史上，《周易》被尊为"群经之首""六艺之原"。几千年来，大到治国安邦，小到家务琐事，人们都习惯于到《周易》中去寻找答案。在汉语中，有200余条成语源出《周易》经传。这些成语蕴涵着极其丰富的精神内涵，其中如"自强不息""厚德载物"等，堪称是对中华民族精神某个方面内容的经典概括，对后世影响持久而深刻。在这些《周易》的成语中，我们能感受到"自强不息"的进取精神、"厚德载物"的宽容精神、"同心协力"的团结精神。

（三）语法之美

汉语语法是具有抽象性、规律性、民族性的表现形式，根据有限的语法规则，人们能创造出无数符合语法规律的句子，同时具备明显的民族特色。汉语语法之美，美在没有严格意义的形态变化和词语组合的自由搭配，汉语语法简约而不失严谨。

从自由的词汇看，同一个词语在具体语句中的语法意义和搭配功能大不相同。如"雨"字，本是名词，而在《上邪》中活用作动词，将"夏天下雪"称作"夏雨雪"，巧妙地描述出雨雪下落的动态之美；又如《一剪梅·舟过吴江》中"红了樱桃，绿了芭蕉"一句，将形容词"红""绿"活用作动词，呈现出春光流逝的变化之美；再如李清照《如梦令》中"知否知否，应是绿肥红瘦"中的"红"则是名词，以颜色代花，形象生动，栩栩如生。此外，作为汉语的独有词类，量词是由借用的名词、动词、形容词转化而成，表意准确且细腻，如"一叶扁舟""一钩残月""一弯新月"等固定搭配，增强了汉语语法的灵活美和艺术美。

从变换的句式看，同一个意思，不仅可以用一种句式来表达，也可以选用另一种句式来表达。如语法中的被字句，"我们把书看完了"可以说成"书被我们看完了"；"商店里的东西很多"可以说成"商店里的东西真不少"。在汉语语法中，注重词语的搭配和句式的选用，就能达到表情达意的目的，为语言表达增添美感。

（四）汉字之美

汉字是传承中华文化的具象化载体，具有独特的形态美、意义美和精神美，其形体特征蕴藏了丰富的审美意识、伦理道德和哲学思想。

汉字之美，美在演变。随着时代的发展，汉字经历了甲骨文、金文、大篆、小篆、隶书、楷书、草书和行书等演变阶段，在形态上逐渐由图形变为笔画、由象形变为象征，呈现出多样化的形态之美。如甲骨文的古朴神秘美，钟鼎大小篆的婉转之美，隶体的端庄高雅之美，楷体的方正俊秀之美，行书的灵动飘逸之美，草书的龙飞凤舞之奇美……无不展现了汉字的灵动美。

汉字之美，美在表意。《说文解字》总结出的"六书"结构，将汉字的音、形、义三要素紧密地联系在一起，使汉字成为具有表意功能的符号文字，呈现出汉字的图像美、立体美和意义美。如会意字"明"，由象形字"日"和"月"组成，既蕴藏了太阳的光与热，又融合了月亮的清与凉；"笑"字凸显出咧开的嘴角，"哭"字藏着一滴眼泪；形声字"雪""霜""雷"，形态和意义都与"雨"相关，富有典型性，其神韵斐然、意味无穷。

汉字之美，美在意象。相传仓颉观天地自然而造汉字，取意的背后蕴藏了自然意象，更有连缀成文，汉字成诗的功能，散发着诗意清香、灵性飘逸之感。如"梦"字，可拆开为"林""夕"二字，宛若林间夕照，恰似一抹夕阳投在林梢上的深情一瞥，画面令人如痴如醉、流连忘返。

汉字之美，美在思想。汉字的结构与中国人的写实主义、以人为本和天人合一的精神密不可分，蕴含着上下五千年历史凝结而成的精神美。如象形字"山、水、日、月、人、马、田"等，是人们以观察和感受为基础，将日常接触到的实物转变而成，传达了人类的思想感情。2022年，北京冬奥会的会徽以汉字"冬"为主体，代表着冰雪赛道、运动员的造型和舞动的节日丝带，有机融合了传统中国文化、现代国际风格和冬奥运动特征，彰显了汉字的时代意义和独特魅力。

二、汉语美的鉴赏技巧

（一）把握意象，心会意蕴

鲁迅先生在《汉文学史纲要》中提出了汉字美的欣赏要点："故其所函，遂具三美：意美以感心，一也；音美以感耳，二也；形美以感目，三也。"同样地，品味汉语之美，要学会用心体会意蕴，用耳聆听声韵，用眼观赏形态，切实感受汉语的整齐、抑扬、回环之美。

把握意象，感受意蕴魅力。品味汉语之美，要以意象为立足点，在真实情景中感悟意义。在鉴赏宋代王安石的《梅花》一诗时，首先应重点理解"梅花""墙角""暗香"等意象，如"梅花"在中国文学中常常指代敢为人先、不畏权贵的翩翩君子，"墙角"则类比不为人知、不被赏识、孤芳自赏的环境，"暗香"比喻的是卓绝的才华和品格；而后通过感受整体情景来把握诗人的思想，如在寒冬之时、墙角之下，诗人远远地观赏着几枝独自盛放的白梅，心中知晓那不是白雪，因为沁人心脾的幽香扑面而来……整首诗借用"梅花""墙角""暗香"等意象，表现了作者孤立无援的艰难处境、不被赏识的悲凉心态和坚持自我的强大信念，也暗指像诗人一样处于恶劣环境中却依然坚持操守、主张正义的人。

（二）吟诵经典，耳听声韵

正所谓："问渠哪得清如许，为有源头活水来。"鉴赏汉语之美，要学会聆听中国经典、吟诵传世之作。徐建顺先生曾将"吟诵的目的"解释为："别文体，守规矩，重声韵，达文意。通古人之情，感自我之心。修身养性，以文化人。"钱穆先生又言："通学在前，专精在后，先其大体，缓其小节。"由此，鉴赏汉语之美，需要诵读、品味经典之作，细致地朗诵与聆听，重点把握汉语的声调和韵律。

以王之涣《登鹳雀楼》这首唐诗为例，首先认真朗诵全诗："白日依山尽，黄河入海流。欲穷千里目，更上一层楼。"而后应有意识地感受声调变化：第一句和第二句的平仄相对，第三句和第四句的平仄相对，形成抑扬顿挫、错落有致的节奏美。最后聆听韵律的回环之美：这首五言绝句的双句押韵，"流"和"楼"字都收音于字母"ou"，听起来和谐流畅、回味无穷。

（三）书写笔画，眼观形态

区别于世界上的其他文字，方方正正、横平竖直，是汉字形态的独有特点。具体到每个汉字、一笔一画，其字形、结构、位置都各有不同。体会汉字的形体美和结构美，品味汉字的用笔精神和结构特征，要从汉字的整体和微观之处入手。

从整体看，汉字的外部轮廓酷似规整的几何图形，如像方形的"国""诺"，像长形的"目""育"，像扁形的"血""二"，像三角形的"人""入"，像梯形的"美""显"，像菱形的"令""个"等，呈现出简练、醒目的视觉之美。从组合结构看，有独体字"半"，上下结构"恋"，上中下结构"壹"，左右结构"汉"，左中右结构"鸿"，半包围结构"边"，全包围结构"田"等，呈现出丰富多样的结构美。

从微观看，汉字是由八种基本笔画构成的，由于这些笔画在具体汉字中所处的位置不同，因而大小、长短、角度不同，从而呈现出千姿百态的形体美。正如东晋书法家卫夫人在《笔阵图》里所说："点画如高峰坠石，磕磕然实如崩也；横画如千里阵云，隐隐然其实有形；竖画如万岁枯藤；撇画如陆断犀象；捺画如崩浪雷奔；斜钩如百钧弩发；横折如劲弩筋节；每为一字，各象其形，斯造妙矣，书道毕矣。"汉字在笔画的交相辉映下形成了高低俯仰、相向相背、穿插挪让的卓绝气度，让人感受到金钩银画、千变万化的美感。

汉语之美，美在含蓄，美在灵动，美在精炼。我们应用心感受高雅深厚之思想，用耳聆听回环抑扬之声韵，用口传诵和谐流畅之诗文，用眼观看方正立体之形态，用手书写丰富协调之汉字。对于当代大学生而言，掌握汉语之美是明道之源、修身之本、成事之基。读书学习是提升思想境界的基本路径，应使之成为良好的日常习惯和文明风尚。

第二节 典藏之美

【学习目标】

1. 了解中国典籍藏书的类别、作品及意义。
2. 培养热爱经典作品、保持终身阅读的良好意识。

中国素来流传着"三坟五典，八索九丘"的故事。古时楚灵王称赞左史倚相："是良史也，子善视之，是能读《三坟》《五典》《八索》《九丘》。"由此可见，中国人收藏书籍、热爱阅读的习惯沿袭至今。中国的经典藏书蕴含着丰富的文学之美，所载内容范围广泛、数量众多、包罗丰富，对塑造中国人的品格性情、审美能力、价值标准均有积极的意义，人们可从中学会为人处世的道理，理应保持良好的终身阅读习惯。

一、经书之美

经书，主要是指儒家经典著作"四书五经"，包括《大学》《中庸》《论语》《孟子》"四书"和《诗经》《尚书》《礼记》《周易》《春秋》"五经"，内容博大精深，文化内涵丰富，记载了详细的史实资料和人文思想。四书五经作为重要的古籍载体，在道德准则、人际关系、社会规范等方面有重要的历史影响力，所载内容和哲学思想对为人处世的准则仍有极强的参考价值。

对于"君子"，《大学》认为："君子必慎其独也。"当一个人独处时，对自己也要严格要求，谨慎行事，时常反省。《中庸》则道："君子之道，辟如行远必自迩，辟如登高必自卑。"由此告诉人们，一个人做事时要脚踏实地、循序渐进，同时应志存高远、勇往直前。

对于"交友"，《论语》提倡："益者三友，损者三友。友直、友谅、友多闻，益矣；友便辟、友善柔、友便佞，损矣。"由此可见，"近朱者赤，近墨者黑"，我们要学会与正直诚实、知识广博之人相处，学习别人的长处，避免与自私圆滑、花言巧语之人交往，当引以为鉴。

对于"学习"，《中庸》有言："博学之，审问之，慎思之，明辨之，笃行之。"《孟子》提出："颂其诗,读其书,不知其人,可乎?是以论其世也,是尚友也。"在学习上,当代大学生应广泛涉猎,请教难点,周全思考,清晰判断,加强实践,知行合一。

为了正确理解文学作品的思想内容和人文内涵,我们需要了解作者本人以及其生活的时代背景,做到知人论世、品味真意。与此同时,我们可以将抽象的经书言论联想至具体的生活场景中,创设情景,细心体味,从而领会到文学作品深刻的思想内核和情感态度。

【拓展阅读】

儒家典籍"五经"

儒家经典古籍"五经"由孔子整理修订而成,是使用最久的人文系列教材。作为中国最早的诗歌总集,《诗经》在内容上分为《风》《雅》《颂》三部分,全面反映了周代人民在爱情、婚姻、风俗、战争等方面的社会生活面貌。《书经》,又称《尚书》,是中国最古老的皇室文集,也是研究西周初期历史事迹的重要史料。《礼经》主要记载着先秦时期汉族人在社会、政治、伦理、哲学等方面的礼仪制度。《易经》被誉为诸经之首,是阐述自然变化、蕴藏辩证思想的古老经典。《春秋经》是古代史类文学作品,记事语言简练,蕴涵深刻的政治思想。

现今研习"五经",我们可以从《诗经》中学会温柔宽厚,从《书经》中学会疏通知远,从《礼经》中懂得恭俭庄敬,从《易经》中品味精微的哲学,从《春秋》中研究历史故事。

二、史书之美

《旧唐书·魏徵传》提到:"以史为镜,可以知兴替;以人为镜,可以明得失。"徜徉在历史的长河中,人们能够见证跌宕起伏的命运和起起落落的人生,为历史人物拍案叫绝、为强权夺势怒发冲冠、为国家强盛热泪盈眶、为社会安定心生向往……中国典藏中所载的历史故事和时代变迁,能叫人阅遍百样人生、究其千番学问,总结出深刻的见识和思想,凸显独特的精神力量和人格魅力。

西汉司马迁编撰了中国史上第一部纪传体史书《史记》,以"本纪""世家""列传"三部分为主，记述了重要人物的生平事迹。其中的经典故事包括《廉颇蔺相如列传》《陈涉世家》《项羽本纪》《越王勾践世家》，成为负荆请罪、鸿鹄之志、毛遂自荐、破釜沉舟、卧薪尝胆等众多成语典故的来源。

北宋司马光主编了编年体史书《资治通鉴》，以历代政治大事为主要内容，分析兴衰原因并总结治国经验，具有高度的史学和文学价值，更道出了许多为人处世的道理。在人才培养方面，《资治通鉴》认为："才者，德之资也；德者，才之帅也。"一个人最重要的是思想品质和道德水平，其次才是知识和技能，否则，有才无德之人会对社会产生极大的危害。在个人发展方面，《资治通鉴》提倡："责其所难，则其易者不劳而正；补其所短，则其长者不功而遂。"做事要先攻难点，抓住主要矛盾，简单的问题才能自然解决；做人要审视自我，取长补短，推动自身的进步。

《诗经·小雅·鹤鸣》有言："他山之石，可以攻玉"。由此可见，鉴赏史书之美，我们可以从文学形象、文学语言和表达技巧出发，分析作品中的人物性格和典型意义，理解作品的语法风格和修辞手法，评价作品的思想内容和观点态度，从而做到以史为鉴、为我所用。

三、诗词之美

正所谓："不读诗词，不足以品中国文化精粹；不读诗词，不足以感天地草木之灵；不读诗词，不足以见流彩华章之美。"中国古典诗词是高度凝练的文学艺术形式，一字一句无不令人沉醉在人文意境中。诗词之美：一在音韵，二在用词，三在境界。

在音韵方面，押韵是诗词格律的重要特点，因此每一首诗词都具有别样的节奏美和韵律美，便于记忆和吟诵。如杜牧的《泊秦淮》："烟笼寒水月笼沙，夜泊秦淮近酒家。商女不知亡国恨，隔江犹唱后庭花"，其中的"沙""家""花"都收音于字母"a"。再如王昌龄的《芙蓉楼送辛渐》："寒雨连江夜入吴，平明送客楚山孤。洛阳亲友如相问，一片冰心在玉壶"，其中"吴""孤""壶"都收音于字母"u"，读起来朗朗上口、错落有致。

在用词方面，诗歌中精巧的文字表述，勾勒出诗画合一、情景交融的意象之美。唐代诗人贾岛在作"鸟宿池边树，僧敲月下门"一句时，觉得"推""敲"二字难分伯仲，犹豫不决。在驴背上思考出神之时，贾岛不小心冲撞了韩愈的车骑并意外得到指点。韩愈认为，"敲"字更好，一是读起来更响亮，二是"敲门"比直接"推门"更有礼貌，三是"敲"出来的几分声响，更能对比、衬托出当下的夜深人静。

在境界方面，《人间词话》提出了人生三境界：第一境界是"昨夜西风凋碧树。独上高楼，望尽天涯路"；第二境界是"衣带渐宽终不悔，为伊消得人憔悴"；第三境界是"众里寻他千百度。蓦然回首，那人却在灯火阑珊处。"这些诗句劝导人们，不论遭受多大的困难和折磨，都要勇往直前、保持积极的心态，坚持追求自己的梦想。

　　综上所述，中国诗词韵律优美、用词精巧、意蕴悠长、境界高深。诗词教会我们静观月明星稀的自然画面，聆听雨打芭蕉的美妙声音，看遍满山花海的浪漫美景，教会我们看淡人生苦难，感受内心情感。

　　浏览中国典藏、鉴赏中国文学，能帮助人们理解历代先哲的人生智慧，站在更高的平台去观察世界、开阔眼界。通过诵读经书、史书、诗词等中国经典作品，当代大学生能够培养高雅的品格性情和审美能力，从典藏文学中感受精神世界带来的满足感和幸福感。

▶【课后思考】

　　1. 请举例说说你对汉语之美的理解。

　　2. 请谈谈当代大学生学习汉语的重要性。

　　3. 与同学们分享你最喜欢的典籍藏书，并说明理由。

　　4. 选择一篇文学作品进行阅读，并写出读后感，与同学们交流。

第十章 中国科技美

 【本章导读】

　　放眼古今中外，人类社会的每一次进步都伴随着科学技术的优秀成果，科技既是第一生产力，也是人类文明的重要标志。科技为人类的精神文明建设提供了新的载体，对于丰富精神生活、更新思想观念、提升审美能力具有重要意义，有利于树立正确的世界观、人生观和价值观。本章从工艺之美和科技之美两个方面展示了中国科技美，带领大学生领略科学技术的历史和科学研究者的精神，近距离感受科学研究中的高尚品德、美好情操以及科学家们为真理付出的奉献精神。

第一节 工艺之美

1. 能够掌握各类工艺的一般分类及基本特点。
2. 学会工艺之美的基本审美技巧。

中国传统工艺延续千年，灿烂辉煌，它是古老文明与民族文化的深厚积淀，也是匠人匠心的磨砺与呈现。传统工艺品有着独特的制作工序、创作方法和设计理念，在一代代手艺人的用心继承、刻苦磨炼以及推陈出新之下，在不同时期呈现出具有时代特色的美，体现了人类的创造智慧和审美方式。工艺之美包罗万象、种类众多，本节选取了中国工艺中的部分典型案例，体现出中国工艺精致美观、雅俗共赏的特性，使观赏者对工艺之美产生向往之情。

一、玉器

正所谓："石之美者谓之玉"。玉，是古人对于温润、有光泽的美石的称呼，玉石细腻、质地通透，具有极高的工艺审美价值。我国的历代先民们早在新石器时代就已发现了自然石料的美，并加以创造智慧和精心雕琢，将石料打磨成各式符合人类审美的精美器物。我国玉器历史悠久、灿烂丰富，随着时代发展至今，人们对玉石美又有了新的理解和诠释。

（一）玉石器

自古以来，玉石被认为是山川的精华、上天的礼赠，具有沟通神灵、礼敬自然的妙用，古时主要用作祭祀礼器和贵族配饰。古人敬畏天地万物，生产高度依附于自然，视自然恩赐为重，极为重视礼器的打造，礼器有祭祀天的玉璧、玉琮，而佩戴的饰品也有多种样式，形式各异。

» 图10-1-1　玉璧

玉璧为我国传统的玉礼器之一，造型简练、古朴厚重，具有美好的象征意义。古人向来有"天圆地方"的哲学思想，以玉璧为圆，用其象征上天，为祥瑞之器，透露出别致的设计理念。玉璧(图10-1-1)，石质青黄，略通透，石中带红棕色斑纹，好似天上的云霞。从外形上看，整体圆润匀称，中空孔洞边缘打磨光洁，圆中带方，透出严谨的美感。

玉琮为良渚文化产物，是新石器时代起一直沿用的重要礼器，常以外为方、内通圆的形态出现。玉琮与玉璧相对，它象征的是"天圆地方"，更有着"天地合一"的美好寓意，常被用以祭祀大地之神，被看作是财富的象征。玉琮(图10-1-2)，石质黄中带青，刻有神人兽面纹图像，用浅浮雕和细线刻两种技法雕琢而成，整体线条坚挺利落，富有神秘且庄严的美感。

玉盘是良好品德、高尚情怀的象征，曾多次出现在诗人的千古名句中，往往寄寓了美好的文化意象。曾瑞的《哨遍·古镜》曾说："玉盘本洁蒙尘垢，皓月虽明障雾烟。"张衡在《四愁诗》也曾言："美人赠我金琅玕，何以报之双玉盘。"又如白居易的《琵琶行》："嘈嘈切切错杂弹，大珠小珠落玉盘。"由此可见，玉盘往往被赋予了高洁、美好之意，是人们心中的珍贵玉器。玉盘(图10-1-3)，质地柔滑温润有光泽，盘身极薄可透光，配以对称石纹；把柄圆润厚重，形似弯曲的玉如意。

» 图10-1-2　玉琮

» 图10-1-3　玉盘

（二）古玉饰品

玉饰品是玉石之美的发展史中不可或缺的珍品，从远古时期起，人类就已使用贝壳、兽牙作为首饰，玉石为人类装点自身之美而锦上添花。玉饰品多为手工制作，大多出自精雕细琢的手工匠人，充满了匠心与灵气，历经数载，依旧光滑润泽、历久弥新。它们既是权力、地位和财富的象征，亦是文化、美感、技艺的传承。

玉舞人(图10-1-4)是汉代流行的玉佩饰，该时期设计的玉舞人造型多是一袖扬过头顶、另一长袖垂下的姿态，而图中的玉舞人，左手刻成卷云向上，与下垂的袖子动势呼应流转，显出舞者柔媚游弋之姿。舞人头顶及裙摆处钻有一孔洞，用于穿绳佩戴，常被用作玉饰品。

兽形玉饰(图10-1-5)也是饰品的重要代表，外轮廓偏方无棱，玉质通透温润，状似一豹子蜷缩。玉饰中的肩骨转子以浅浮雕云纹代之，足部与尾部卷曲弧度相近，足与尾的卷曲设计以及云纹的应用为该兽增添了造型的独特美感，更赋予了兽的神话色彩，整体有灵性且生动。

» 图10-1-4　玉舞人

» 图10-1-5　兽形玉饰

二、青铜器

青铜器以制作精美、繁缛富丽著称，代表着中国五千多年的高超技术和青铜文化，在世界器物中享有极高的科技声誉和艺术价值。青铜器在我国的发展历史悠久，初始以小型器物为主，后多为大家熟知的大型青铜器，造型各异、美感独特。不同朝代的青铜器受历史文化与铸造技术的影响，所呈现的美丰富而不同，既令人领略到先民智慧之美，还能深究其实用性的魅力。

（一）青铜器皿

青铜器皿类型丰富多样，由礼器到餐具，由乐器到武器，大到国之重器大型青铜鼎，小到日常梳妆时手持的青铜镜。青铜作为古时广泛应用的材料，其涵盖的制品范围甚是丰富，让人目不暇接。青铜器的材质经久不腐，时至今日，我们仍可以欣赏时代久远之美、感受中国文化之恢弘。

中国国宝级文物五祀卫鼎(图10-1-6)，乃国之重器青铜鼎，造型简约大方，鼎上有简化的夔纹环绕，鼎身线条圆润弯弧，以三足撑起鼎身，有"三足鼎立"之称。鼎上刻有铭文，反映出西周中期部分土地实际已属私有，但土地的转让、交换和买卖，仍需通过王朝重臣得以实现。文物上的文字对于考古功用巨大，大鼎承载着厚重朴实的时代印记，对史学界和法学家都具有极高的科学价值。

》 图10-1-6 五祀卫鼎

鼎并不仅是用于烹饪的炊具，还是先人表明政治地位、用于祭祀的礼器，为中国礼器之首。随着冶炼技术的提升，青铜器的形制也由简约大气逐渐向豪华繁复转变，造型精美独特，形态大气恢弘。春秋时期的代表器具莲鹤方壶(10-1-7)，为盛酒或盛水器具，壶高122厘米、宽54厘米、重64千克，形制巨大，壶盖立一鹤作欲飞之状，盖边围一圈抽象镂空的莲花瓣，壶身有立体蟠龙纹为主体纹饰。壶四壁，两壁有两大龙蜷尾为主扶手，另两壁有两小龙，在腹部四棱上又各饰一带翅龙，该龙双角上各绽四瓣花朵，唯美浪漫。圈足下设两只伏虎，虎有麋鹿角，样貌奇特，美感十足。

》 图10-1-7 莲鹤方壶

除了基本器物以外，青铜器也有著名的乐器制品，青铜乐器也是极为重要的历史遗存。现藏于湖北省美术馆的战国曾侯乙编钟(图10-1-8)，是一套大型礼乐重器，代表着青铜冶炼技术的技艺高峰。曾侯乙编钟作为大型乐器，外观气势十足，造型十分华丽，是中国迄今发现数量最多、保存最好、音律最全的一套编钟。人们根据青铜器敲击声音的高亢或低沉来编排优美的旋律，演奏时由多名乐工分工进行，编钟演奏，低音其声雄浑，厚重饱满，高音清脆悦耳，回音悠远绵长。

» 图10-1-8　曾侯乙编钟

（二）青铜雕塑

在以青铜为主要生产材料的年代，木质的物件往往因为风华腐蚀无法留存长久，许多器物都会使用青铜来制作。在我国出土的青铜制雕塑中，三星堆的青铜立人像(图10-1-9)不可忽略，其含义博大，影响深远。三星堆地处四川，是我国考古学起步时期发现的遗址之一，在三星堆发掘出来的青铜塑像数不胜数，其中有一立人像独领风骚。该青铜立人像，人物部分高一米八，加上底座高两米六二，雕像采取分段浇铸法，身体中空。人物头戴高帽，身穿长衣，衣上有龙纹、鸟纹、虫纹，一对令人瞩目的大手环握中空，整体形象庄重威严。此形象是美好姿态的瞬间定格。

» 图10-1-9　青铜立人像

秦始皇陵出土的秦铜马车(图10-1-10)是目前发现年代最早、形体最大、保存最完整的铜铸车马，被誉为"青铜之冠"。车马长3.17米、高1.06米，相当于真车马的一半，其体量之大，可谓古代青铜雕塑之首。车马栩栩如生，马穿金带银，神态犹如活物，整齐划一、训练有素地立作一排，整体结构复杂，精致逼真，绚丽多彩。

» 图10-1-10　秦铜马车

三、瓷器

瓷器的发明是中华民族对世界文明的伟大贡献，在英文中"瓷器(china)"与中国(China)同为一词，可见，瓷器在世界文明史上具有举足轻重的地位。瓷器是我国先民的伟大发明创造和劳动智慧结晶，其工艺传承与技术进化在各个时代呈现出各具特色的样貌，从日常生活需要的日用瓷器，发展出了各式各样的瓷器。从古至今，瓷器通过海路销往全世界，对人类文明以及审美发展起到积极的影响作用。

（一）素瓷

素瓷即釉上釉下都不加任何色彩亦不绘制图案的瓷器，一直以来符合人们低调、素雅、高洁的审美观。青瓷是素瓷的代表种类，越窑的青瓷备受赞誉，青瓷釉色有冰与玉的通透、青蓝，透出如冰似玉的美丽釉色。徐夤在《贡余秘色茶盏》中写有"巧剜明月染春水，轻旋薄冰盛绿云"的句子，表达了对青瓷的喜爱，将瓷器百转千回的美演绎得柔和似水。

青瓷提梁倒灌壶(图10-1-11)是陕西历史博物馆的馆藏精品，该壶为五代产物，造型花纹绮丽华美，整体形象整洁大方。壶柄由壶腰连接至顶部，提梁造型为一凤身朝下头扬起，名伏凤式提梁，盖与壶身连为一体，有珠纹和花蒂象征壶盖。精妙设计在于底部中心的注水孔，造型奇巧，是瓷器中出类拔萃的珍品。

» 图10-1-11 青瓷提梁倒灌壶

唐代出品的邢窑白釉皮囊式壶(图10-1-12)，造型仿制旅人携带外出的饮水皮囊，中间有倒"U"形曲柄可将壶身提起，整体圆润讨喜，具有稳重、大方、简洁的特点。白瓷不以纹饰繁复取胜，而是注重造型的设计与釉色的巧妙搭配，令人忍不住赞叹连连。

宋朝出现了"定、汝、官、哥、钧"五大名窑，宋瓷古朴纯净，简洁素雅，体现了儒家文化的审美观念。汝窑是宋瓷的巅峰代表，通身一抹静谧的天青色，胎体精巧，器型雅致，有玉石般的质感，造型上精致典雅、庄重大方。以汝窑粉青纸槌瓶(图10-1-13)为例，瓶身通体均施粉青釉，釉色盈润素雅，瓶身形状如造纸打浆时用的槌具，没有繁复的装饰，整体素净大方。

» 图10-1-12 邢窑白釉皮囊式壶

（二）彩瓷

中国彩瓷经历了从无到有、由简至繁的过程，创造了一个又一个璀璨夺目的辉煌成就，为中国瓷器史划出了一道光辉绚烂的风景线。元代是中国瓷器生产承前启后的转折时代，在瓷器技艺、制作材质等方面都有创新和发展，开辟了由素瓷向彩瓷过渡的新时期。元代景德镇设有"浮梁瓷局"专门管理瓷器生产，自此在瓷器制造工艺上有了新的突破，其中最为突出的成就是青花瓷和釉

» 图10-1-13 汝窑粉青纸槌瓶

里红的烧制。

青花瓷通常是用氧化钴作为呈色剂在胎上作画，完成后再罩以透明釉，经高温烧成，成品为呈白地蓝花或蓝底白花的釉下彩瓷。收藏于首都博物馆的青花鸳鸯戏水玉壶春瓶(图10-1-14)，是陶瓷史上非常重要的器型，玉壶春瓶撇口、细颈、垂腹、圈足微外撇，造型秀丽，用青花绘满纹饰，呈色较淡雅。口沿内侧绘如意云纹，颈部绘卷草纹，颈腹之间饰一周几何纹，以其作为分隔，其下瓶的腹部为主题纹饰，绘两鸳鸯游弋于莲池之中，再用浪花纹饰作为分隔。瓶底绘变形莲纹瓣，足壁重叠覆莲，瓶身繁复的纹饰显得繁而不乱。

» 图10-1-14 青花鸳鸯戏水
玉壶春瓶

釉里红是用氧化铜作为呈色剂，在胎上绘以纹饰，再罩以透明釉，在高温中烧成的白地红花瓷器。釉里红的烧成难度大，成品率低，尤其是烧成的颜色鲜艳的纯正瓷器偏少。此类瓷器体型厚重，风格富丽堂皇，绘画层次繁多，整体呈色鲜艳，白地红花引人注目，极受欢迎。现藏于北京故宫博物院的斗彩鸡缸杯(10-1-15)，为斗彩器之典范，杯口微外撇，口下渐向内收敛，平底卧足，杯体小巧。杯壁绘两组鸡，用湖石、月季以及兰花加以点缀，运用了多种颜色施彩于青花之间，使其素雅与明艳兼得。

» 图10-1-15 斗彩鸡缸杯

四、文房四宝

中国的文房四宝独具一格、质地精美，是中华民族的传统瑰宝，也是文人书写作画必不可少的实用工具。文房即为书房，四宝分别为笔、墨、纸、砚，自宋朝以来特指宣笔(安徽宣城)、徽墨(安徽徽州歙县)、宣纸(安徽宣城泾县)、歙砚(安徽徽州歙县)、洮砚(甘肃卓尼县)、端砚(广东肇庆)。文房四宝的发明使文字、书画得以记载和流传，其中的学问更是繁杂多样，既体现了我国运用软笔书写的特色，又为世界文化贡献了一份力量。

（一）笔

中国文化的博大精深在于对一笔一纸一墨的灵活运用，文人们能通过不同的表现方式，如笔的皴法，获得想要的笔触和效果。我国的毛笔与西方早期所用的鹅毛笔、蘸水笔此类硬笔大为不同，毛笔为工匠利用各种动物毛，经过处理、捆扎制作而成，整个制笔过程包含了细致的工序和讲究，技巧颇为精深，无不透着匠人匠心精神。

毛笔的种类丰富、用途多样，依据尺寸来看，毛笔可分为大楷、中楷、小楷；依据毛的种类来看，可以分为软毫、兼毫、硬毫。以软毫为例，软毫以羊毫为主，如著名的羊毫湖笔(图10-1-16)，毛质柔软，吸水量大、适用于表现浑厚湿润的笔触。羊毫笔为青羊、黄羊的尾毫所制，下笔圆润含蓄，吸水锁色能力绝佳，常用于工笔绘画中染色的工序，

》图10-1-16 羊毫湖笔

也是书法隶书字体的惯用工具，它的重要作用和地位几乎贯穿整个中国古代的书写历史，是我国人民主要的书写工具，直至硬笔的出现，才逐渐取代了毛笔的位置。

（二）墨

墨作为必不可少的书画工具，通常在书画的艺术意境中得以实现，其内涵丰富、影响深远。墨的主要原料是煤烟、松烟和胶等，通过和砚台配合加水研磨，可以得到或浓稠或稀释的墨汁。人们常说"干湿浓淡焦重轻"，这是书法、国画当中非常重要的知识，唯有运用好墨，掌握了其中的配比精髓，再结合毛笔的运用和技法的精巧，才能帮助艺术家呈现更为准确、深沉的情感。

墨之中，分墨条和墨汁。墨条之中，有油烟墨、松烟墨、炭黑墨三种，松烟墨色偏青，油烟墨色暖而厚，炭黑墨着色稳定。墨汁为人工将墨研磨后加胶储存，或直接在胶中加入碳粉制成，为现代的特色产物。良好的墨条和墨汁能分出清晰的墨色，不仅具备实用性，还能获得艺术审美上的观感享受。

（三）纸

文房四宝中的"纸"指的是书画常用的宣纸，以安徽宣城所产的宣纸最为闻名，原因在于其得天独厚的气候环境，以及当地所产的丰富草本植物，适于宣纸的取材和制造。宣纸质地柔韧，未经熟化处理的宣纸具有极强的吸水性和晕染性，搭配水与墨的灵活应用，能使墨韵灵动万变，表现出丰富的层次。

在不同纸张上书写作画，往往有氤氲多变、浑厚润泽的表现，水和墨的交融能渗透出令人意想不到的灵活效果。我国著名的国画大师齐白石先生在创作时所使用的宣纸即为生宣，他笔下的虾(图10-1-17)，在生宣纸独特的映衬之下显得活灵活现。虾体通透之感通过生宣纸和墨汁、水的巧妙碰撞体现得淋漓尽致，再配合浓墨绘上虾的头壳、肢干等较为坚硬的部位，配以快速的细线条勾画虾须，最后呈现出来的虾极具神韵。

» 图10-1-17　齐白石《虾》

不同宣纸结合笔墨的运用，能够呈现出各式各样、丰富多彩的变化，如有人写字喜欢"飞白"效果，生宣就能达人所愿。古代宋徽宗创瘦金体，其字体娟秀灵动，遒劲有力，是一种风格独特的字体，多在半熟或熟宣上书写。由此可见，物更为重要的是人对其的应用，这些值得我们仔细探究、用心感受。

（四）砚台

砚台，材料为石质，性质坚固且百世不朽，是四宝之中能存世最久的一宝，为中国书法的必备用品。砚台的发展常与笔墨的发展相伴，随着墨条的出现，便有了研墨的需要，砚台应运而生。经历长时间的发展以及深厚的文化积淀，砚台已成为一种艺术品，与雕刻艺术性融为一体，极具实用性和观赏性，广受书画及收藏爱好者的喜爱。

产自广东省肇庆市的端砚是四大名砚的代表砚台，以太平有象端砚(图10-1-18)为例，石质润滑细腻，光泽如玉，触感如婴儿肌肤，整体别致细腻。砚台颜色润泽，纯净细腻，图案的瓶身为砚堂，瓶口为砚池，刻有仿古的夔龙纹，配红木砚盒。从外观上看，该砚整体造型简约而不失别致，加之研磨面积大，整体实用性强。

» 图10-1-18　太平有象端砚

我国的工艺之美种类众多、内涵丰富，既具备了精致大方、富丽多彩的特性，又见证了中国文化辉煌的历史足迹。中国工艺以深厚文化和精湛技艺著称，离不开传统工匠精益求精、乐于奉献的精神态度，在一代代匠人的口传心授下，中国工艺绽放出历久弥新的生命力。在此文化背景下，我们既要学会欣赏中国工艺展现的艺术美感，又要学习创作者身上持之以恒、执着追求的工匠精神。

第二节　技术之美

【学习目标】

> 1. 了解中国灿烂辉煌的经典科技成就。
> 2. 培养对中国科技的学习热情与民族自豪感。

科学技术史上的每一次突破，都对物质生产、传播方式、生活环境以及思想方式产生了重大影响，良好的科技成就是满足人们美好生活需求的重要推动力。放眼中国古代科技成就，形成了天文学、农学、医学、算学、地学等几大重要学科，历经风霜却依然留存着古人的智慧，甚至使中国曾经长期保持西方望尘莫及的科学知识水平。再看中国近现代的科技成就，从中国制造到中国智造，科技实力同样实现了跨越式发展，产业结构也不断优化升级，很好地提升了人民群众的幸福感。中国科技的创新活力在一定程度上推动着人类文明的进步，其背后予以支撑的则是追求极致的工匠精神，皆体现着大国重器的风气和大气恢弘的气概。本节从中国古代和近现代科技成就出发，选取了较有代表性的科技案例，鼓励大学生认真学习科技精神，领略中华民族的创新魅力。

一、古代科技成就

（一）天文学

中国是天文学发展迅速、天文观测最早的国家之一，在天象记载、天文理论等方面均获得了很多辉煌成就。即使发展到近现代，许多天文观测资料仍然具有非常重要的研究意义，有些数据资料甚至为中国独有。在科技成就上，天文学有着屡次革新的优良历法、令人赞叹的发明创造、卓有见识的宇宙观等，在世界天文史上占据重要地位。

干支纪年，指中国纪年历法，自古以来天干地支就被用于历法纪元，纪日、纪时、纪月，是与西元年、月、日的记录方法不同的传统纪年方法。干支是天干和地支的总称，按干支顺序相配正好六十为一周，周而复始，循环记录，这就是俗称的"干支表"。其中，天干为甲、乙、丙、丁、戊、己、庚、辛、壬、癸，共十个；地支为子、丑、寅、卯、辰、巳、午、未、申、酉、戌、亥，共十二个。古代天文学将天干地支组成六十个数的周期用以纪日，从甲子开始，以癸亥结束。天干地支的象征符号也被赋予了丰富且神秘的文化内容，是了解古人思维习惯和生活方式的重要材料，它在古代与阴阳五行密不可分，在命理学中，天干地支被作为重要的参照，用以对比计算、观测人一生发展的趋势，干支亦被用于对日常事务进行评级与分类。

二十四节气是中国古代用来指导农事的补充历法，包含冬至、小寒、大寒、立春、雨水、惊蛰、春分、清明、谷雨、立夏、小满、芒种、夏至、小暑、大暑、立秋、处暑、白露、秋分、寒露、霜降、立冬、小雪、大雪。二十四节气将地球绕太阳公转的运行轨道平均分成15°一份，24份共360°。由于地球公转的速度不均匀，加上季节是地球公转的反映，因此二十四节气能比较准确地反映季节和天气的变化。早在东周春秋战国时代，我国古代先民就有了日南至、日北至的概念，至秦汉时二十四节气已完全确立。《淮南子》一书就记载了和现代完全一样的二十四节气的名称，可见古人卓越的远见与智慧。二十四节气体现了自然的丰富变化，帮助先人掌握气候变化，能更好安排农事活动，方便人们的作息和生活。时至今日，2022年北京冬季奥运会也将二十四节气作为开幕式倒计时的呈现方式，既融合了中国传统文化，又展现了祖国山河在节气影响下的壮观美景。

（二）农学

民以食为天，国以民为本。从古至今，中国一直以农业立国，始终将农业生产、农学发展放在重要的位置，农业和粮食都是人类生存和治国安邦的首要之务。中国传统文化强调农耕文明，在政治、经济、文化、军事等方面无不打上农业的烙印，人们十分重视对农学的研究，并取得了丰硕的成果。

在作物种植方面，人们常说的五谷，即为稻、黍、稷、麦、菽，在灿烂的农业文明下，五谷孕育出了璀璨的春秋战国以及周礼秦律，五谷文化可谓举足轻重。以粟和水稻为例，中国种植粟和水稻已有悠久的历史。西安半坡遗址出土过六千年前的粟粒，河北武安磁山遗址发现的粟追溯到七千九百年前，可见我国栽培粟的历史已有约八千年之久。据《诗经》《周礼》等资料记载，商周时期，北方已种植水稻；战国时期，山东、河南、河北各地水稻种植已有不小的规模。先辈们走过了茹毛饮血、食不果腹的年代，从艰难的森林和大山中走向农耕文明，将野生杂草培育成五谷杂粮，不得不说是人类文明史上的壮举。

在种桑养蚕方面，我国是世界上最早培育这方面技术的国家，在栽桑、养蚕、缫丝、织绸方面取得了举世瞩目的成就，成为精神文明下的东方艺术之花。以蚕丝文化为例，关于蚕业的诗词最早可追溯到2600年前的《诗经》，如："蚕月条桑，取彼斧斩，以伐远扬，猗彼女桑"，又如"十亩之间兮，桑者闲闲兮，行与子还兮。十亩之外兮，桑者泄泄兮，行与子逝兮。"从《诗经》里可知，当时的养蚕技术已在黄河流域获得了较大的发展，丝和丝织品应用已十分广泛。养蚕缫丝技术的发展，丰富了服装的款式，极大地改善了先民们的生活质量，甚至开启了世界历史上第一次东西方大规模的商贸交流，史称"丝绸之路"。丝绸之路在古代作为横贯亚洲、连接欧亚大陆的著名陆上商贸通道，促进了各国文明的交流，也将我国古代的先进文化传播至世界各地，是世界文化史上浓墨重彩的一笔。

在农学著作方面，先辈们在总结前人经验的基础上，结合自身的农业知识和生产经验，经过认真分析、系统整理、概括总结，向世人呈现了不少农学巨作。北魏贾思勰的《齐民要术》(图10-2-1)是我国现存一部最早、最完整的农书，为中国古代五大农书之首，被誉为"中国古代农业百科全书"。该书系统地总结了古代农、林、牧、副、渔业的生产技术经验，阐明了因时因地制宜的思想，内容丰富多样，记述详细且准确，在世界农业史上占有重要地位。明代农学家徐光启的《农政全书》(图10-2-2)亦至关重要，全书共60卷，50多万字，共分为农本、田制、农事、水利、农器、树艺、蚕桑、种植、牧养、制造、荒政等章节。徐光启博采众家之长，对大量材料进行了分类汇辑，并加入自己的评注，完善并丰富了全书的内容。这部书的篇幅，大大超过了《齐民要

» 图10-2-1 贾思勰《齐民要术》

» 图10-2-2 徐光启《农政全书》

术》和《农书》等资料，是我国古代农书中篇幅最大的农学著作。从内容上看，该书从单纯地研究生产技术上升到探讨农业政策，兼容并包，内容翔实，被称为"全书"实乃当之无愧。

《管子·治国》曾言："民事农则田垦，田垦则粟多，粟多则国富"，可见农业既是繁荣经济、富国足民的基础，又是安定社会、长治久安的保证。中国古代的农学研究着重解决农业生产中的实际问题，如土壤改良、合理施肥、良种选择、抗旱保墒等方面均予以了高度重视，形成了一整套农业生产的技术体系，为世界农业文明做出了巨大贡献。

（三）算学

我国是算学的发源地之一，在算学方面取得了傲人的成就，不仅覆盖各个领域，而且领先西欧数百年。一个国家的科技水平和数学发展水平密不可分，我国古代不仅有辉煌灿烂的诸子百家引领思想潮流，也有领先世界的数学为人类文明的进步保驾

护航。

在计算方法上，中国人是最早使用位值制和十进制的，从原始社会起就逐渐形成了十进位值制，到了商代已有万位数字，万位以上的大数在春秋战国时代已有记录。《国语·郑语》有言："合十数以训百体。出千品，具万方，计亿事，材兆物，收经入，行姟极。"此处提及的亿、兆、经、姟，均为大于万的十进位数名。《汉书·律历志》同样记载了分、寸、尺、丈、引，称之为"五度"，且说"一为一分"，是以分为个位，十进到"引"。量也有五个单位，最小的一级"龠"，十龠为合，十合为升，十升为斗，十斗为斛，也是以十进位的。西汉贾谊的《新书·六术篇》也提到："数度之始，始于微细，有形之物，莫细于毫，是故立一毫以为度始，十毫为发，十发为厘，十厘为分。"可见，中国古代数的进位一直是以十进为主干，形成了十进制系统，历史影响深远。

在算学著作上，以张苍、耿寿昌所著的《九章算术》(图10-2-3)最为突出，是我国最重要、影响最深远的一本数学著作。《九章算术》内容十分丰富，全书总结了战国、秦、汉时期的数学成就，是古代中国以至东方的第一部自成体系的数学巨著。全书分为九章，该书不仅涉及了算数、代数、几何等多个领域，还收集了多个数学问题并提供了

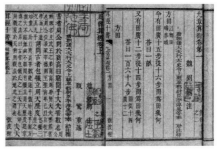

» 图10-2-3 《九章算术》

解题方法，搭建了完整的数学体系。时至今日，人们仍能从该书了解中国人的数学观和生活观，从书中看遍古人的逻辑思想、求理思想、创新思想、极限思想等，教人学会用数学的眼光看待世界。

（四）医学

中国医学是古代科技领域的经典代表和杰出成就，对人类文明和社会进步起到了重大的推动作用，至今仍对我国乃至世界的医药体系产生持续影响。我国医学在几千年的历史长河中，取得了多方面的医学成就，包括独具特色的理论体系、卓有成效的诊断方法和承上启下的治疗方法，在世界医学界中有举足轻重的地位，为人类文明做出了不可磨灭的贡献。古代独创的医学成就是多方面的，在每个历史时期都有独特的医学杰作。本节选择部分经典医学著作，展示古人的医学智慧和医者精神。

《黄帝内经》(图10-2-4)是中国最早的医学典籍之一，也是中国传统医学四大经典之首。该书不仅仅是一部经典的中医名著，更是一部博大精深的文化巨著，以生命为中心，从宏观角度论述了天、地、人之间的相互联系，讨论和分析了医学科

» 图10-2-4 《黄帝内经》

学最基本的命题——生命规律，并创建了相应的理论体系和防治疾病的原则和技术，是一部围绕生命问题而展开的百科全书。总的来说，《黄帝内经》奠定了人体生理、病理、诊断以及治疗的基础，是中国影响极大的一部医学著作，被称为"医之始祖"。

《神农本草经》(图10-2-5)是中国第一部也是现存最早的药物学著作，其共载药物365种，并提出了用药原则和服药方法，不仅为我国古代的药物学奠定了基础，而且对后世药物学的发展产生了深远的影响。《神农本草经》系统地总结了古代医家等各方面的用药经验，对已经掌握的药物知识进行了一次全面而系统的整理，奠定了中国药物学的理论构架。书中对各种药物功效和主治疾病都进行了简要的记载与描述，是早期临床药学宝贵经验的总结，对后世药物学的发展产生了深远的影响。

» 图10-2-5 《神农本草经》

《伤寒杂病论》(图10-2-6)由东汉末年医药学家张仲景所著，是集秦汉以来医药理论之大成，并广泛应用于医疗实践的专书，是我国医学史上影响最大的古典医著之一，也是我国第一部临床治疗学方面的巨著。《伤寒杂病论》系统地分析了伤寒的原因、症状、发展阶段和处理方法，创造性地确立了对伤寒病的"六经分类"的辨证施治原则，奠定了理、法、方、药的理论基础，被称为"方书之祖"。

» 图10-2-6 《伤寒杂病论》

《本草纲目》(图10-2-7)由明代杰出医药学家李时珍所著，为本草学集大成之作，被誉为"东方药学巨典"。全书记载药物一千八百多种，方剂一万多个，全面总结了16世纪以前的中国医药学。在世界影响上，达尔文在其著作中亦多次引用《本草纲目》的资料，并称之为"古代中国百科全书"；英国李约瑟称赞李时珍为"药物学界中之王子"。《本草纲目》不仅为我国药物学的发展做出了重大贡献，而且对世界医药学、植物学、动物学、矿物学、化学的发展也产生了深远的影响。

图10-2-7 《本草纲目》

（五）地学

《淮南子·原道训》有言："以地为舆，则无不载也。"中国地域辽阔，山川壮美，有着奇特的地貌和丰富的物产，古人由此开展了对地学的研究。随着社会变迁、时代发展、人事过境等因素的变化，古书上的地名、山名、河名、城市名也随着时代的变迁而改变，唯有结合中国地学的发展变化，才能真正了解当时具体的历史事件和文化进程。本节以古代经典的《水经注》和《徐霞客游记》著作为例，带领大学生了解地学故事，激发同学们对中国古代地学研究的热爱。

由北魏郦道元所著的《水经注》(图10-2-8)是公元6世纪以来中国第一部系统的地理著述，也是一部自然地理与山水文学相互融合的佳作，对中国古代地理和历史具有重要的参考价值。郦道元结合自己的游历见闻，考察了各地的山川湖泊、自然风貌和风土人情，详细描述了水道分布地域的民间风俗、城邑兴衰、历史古迹以及神话传说等内容，既体现了作者本人结合实践、实事求是、追本溯源的科学态度，又为后人留下了古代地学的重要参考书籍。

» 图10-2-8 《水经注》

中国地学史上的一位旷古奇人，当属明代著名地理学家徐霞客，其代表作为《徐霞客游记》(图10-2-9)。该书是系统考察中国地貌的开山之作，描绘了祖国河山的风貌特色，优美清新的文笔也使之成为文学佳作，在地学和文学上都有着重要的价值。徐霞客注重承上启下、身体力行，根据志书、舆图制订了详细的考察计划、路线，结合自己旅行的所见所闻，对地理现象、自然规律、气候状况、动植物情况，乃至少数民族地区的风俗习惯、经济状况均做了详细记录。徐霞客对中国水文地理的发展做出了巨大贡献，其著作不仅是中国地理史上的杰出代表，在世界地理学史上也有着重要的地位。

» 图10-2-9 《徐霞客游记》

著名科学家李约瑟曾在《中国科学技术史》中写道，中国人"在许多重要方面，有一些科学技术发明，走在那些创造出著名的希腊奇迹的传奇式人物的前面，和拥有古代西方世界全部文化财富的阿拉伯人并驾齐驱，并在公元3世纪与13世纪之间保持一个西方望尘莫及的科学知识水平。"可见，中国古代科技的成就琳琅满目、震古烁今，著名的水利工程如京杭大运河、灵渠、郑国渠等；四大发明如指南针、火药、造纸术、印刷术等；建筑如赵州桥、故宫、帝王陵寝……这些灿烂辉煌的古代科技不仅向我们展示了发明创造的画卷，同时蕴含着古人超群绝伦、惊为天人的工匠智慧，值得大学生认真品读、反复咀嚼，从而激发热爱历史、勇于创新、实事求是的科技精神。

二、现代科技成就

科学技术是第一生产力。科技发展对综合国力、社会发展、人民生活和人类进程都产生了巨大影响，并极大地促进了现代生产力的发展。一直以来，我国提倡"科教兴国"的思想理论，实施科教兴国战略，有助于优化产业结构升级，并促进人类精神文明的建设。本节列举部分现代经典科技成就，激发大学生感受百花齐放、追求真理、实事求是的科技精神，营造尊重知识、尊重人才的良好社会氛围。

（一）神舟十三号

中国航天人坚定着千年来对浩瀚星河的仰望，坚持一步一个脚印，秉承着不抛弃、不放弃的精神，不断突破创新，只为离那航天梦更近一点。从零到一，从无到有，正是因为中国航天人仰望星空，脚踏实地，才有中国航天如今"上可九天揽月"的成就。神舟十三号(图10-2-10)，为中国载人航天工程发射的第十三艘飞船，于2022年4月14日完成全部既定任务并顺利着陆，标志着中国航天站在了一个更高的起点。神舟十三号的探索是中国空间站技术验证阶段第六次飞行，也是该阶段最后一次飞行任务，神舟十三号航天员乘组在轨成功驻留六个月。在此次航天任务中，神舟十三号创造了新的航天纪录，如神舟飞船首次太空径向交会对接、中国人在轨飞行时长新纪录、中国女性首次出舱活动等，每一项成就均有利于推动中国空间站的构建。无论是中国空间站的建设，还是神舟十三号凯旋，都彰显了中国载人航天技术的蓬勃发展，这正是中国综合国力提升的圆满表现。

» 图10-2-10　神舟十三号

（二）杂交水稻

中国是第一个成功研发杂交水稻的国家，杂交水稻指的是将两个遗传上有差异但性状能良好互补的品种进行杂交，生产出具有杂种优势的水稻。中国杂交水稻事业的开创者和领导者是中国著名科学家、共和国勋章获得者袁隆平院士(图10-2-11)，并被誉为"杂交水稻之父"。杂交水稻成功开辟了我国农业大幅度增产的新途径，产生了良好的社会效益和经济效益，也为世界人民带来了巨大的福祉，

» 图10-2-11　袁隆平与水稻

被西方世界称为"东方魔稻"，国际上将其视为中国继古代四大发明之后的"第五大发明"，享有极高的世界声誉。

（三）港珠澳大桥

中国是桥的故乡，自古被称为"桥的国度"，桥是我们生活中不可或缺的交通建筑，每一座桥梁的背后都凝聚了工匠的智慧、汗水和心血。坐落于伶仃洋上的港珠澳大桥(图10-2-12)是中国境内一座连接香港、珠海和澳门的桥隧工程，因巨大的建筑规模、空前的施工难度和顶尖的建造技术闻名世界，创造了多项举世闻名的世界纪录。港珠澳大桥从空中望去宛若一串细长瑰丽的项链，东西两座人工岛则如两颗明珠，静仁温柔海声之间。在设计与建造的过程中，港珠澳大桥面临了重重困境，如经验匮乏、深海环境、生态保护、实施难度等问题，最终在设计师、工程师、学者、广大工作者的共同努力下成就了"大桥通车"的盛况。港珠澳大桥的成功建设体现了中国逢山开路、遇水架桥的奋斗精神，体现了勇创世界一流的民族志气，是一座圆梦桥、同心桥的美好见证，为粤港澳大湾区建设发挥了重要作用，也为世界建筑的发展提供了良好参考。

» 图10-2-12 港珠澳大桥

物理学家牛顿曾说："如果说我看得比谁更远些，那是因为我站在巨人的肩膀上。"从古至今，科学技术史向我们呈现了时代发展的画卷，了解科技的成就有助于我们更好地认识科学、掌握知识，才有可能在前人的基础上开拓创新、创造奇迹。科技的成就不仅推动了时代的进步，也传达了科学研究者对真理执着追求的高贵品质，科学家身上的献身精神值得我们用心学习，从而树立正确的世界观、人生观和价值观。

▶【课后思考】

1. 本章第一节介绍的哪一件器物最让你印象深刻？请说出你的阅读感受。

2. 中国还有哪些著名的工艺代表作？请查阅资料并与同学们分享。

3. 我国古代与现代的科技成就和历史意义有哪些？试举例说明。

4. 请与同学们分享你最喜欢的中国科学技术，并说出理由。

第十一章 影视艺术和设计之美

◆ 【本章导读】

　　随着社会的发展和科技的进步，艺术也逐步步入生活，将生活渲染得缤纷多彩，使人类的生活更加便捷美好。科技革新、信息丰富、知识充沛、经济发展为现代审美带来了日新月异的发展变化，使其在相当大的程度上促进了视觉的感官刺激和功能的日臻完善，达到了"形式与功能"的统一。本章选取了"影视之美"和"设计之美"两个主题来展现现代审美，使艺术美育回归现实生活，帮助大学生推开扩展视野、紧跟潮流、加强审美的时代大门。

第一节 影视之美

【学习目标】

1. 了解影视艺术的基本特点和表现手段。
2. 能够掌握影视作品的基本审美技巧。

影视艺术是一种形式大众化、影响力深远的媒体艺术。优质的影视作品可以充分调动人的感官，感染人的情绪，使人沉浸在无与伦比的视听盛宴中。影视艺术来源于生活，又高于现实生活，人们能在影视作品中感悟人生的悲欢离合，惋惜多舛的、坎坷的命运，向往完美的故事结局，憧憬未来的神奇变幻……影视作品用一种通俗易懂的方式展现了大千世界的美，能为不同阶层、年龄、文化程度的观赏者展现新鲜的事物，同时还可以加强思想道德教育、传播社会正能量，给人们的心灵提供示范性和导向性作用的艺术作品。

一、影视艺术的基本特点

（一）视听艺术性

影视既是视觉艺术，也是听觉艺术，这两种艺术综合起来形成了感觉艺术。视觉与听觉艺术的结合使影视创造出一个基于生活又脱离现实世界的感官维度的艺术作品，使观众在欣赏影视作品的同时其情感得到一定程度的释放。影视作品以镜头画面和表现形式进行描述，加以音效、旁白、台词等听觉艺术与画面相结合，视觉传递了作品的思想内涵，听觉加强了作品的感染力，二者结合将影视的情感渲染能力发挥得淋漓尽致。

（二）真假结合性

影视作品的创作源于现实生活而又高于生活，通过虚拟与真实的结合，使作品不脱离现实，成为能与观众共情、互通的艺术作品。从真假结合的角度看，影视作品规定了现实生活对艺术创作的客观制约性，同时也意味着创作主体必须对现实生活进行艺术概括，使作品与观众息息相关、密切相连。

（三）故事情节性

在影视作品中，故事和情节是构成完整作品的重要元素，它们使作品实现对现实生活的升华。一部优秀的影视作品不仅能让观众具备视听上的感官体验，而且还应有良好的故事情节，如跌宕起伏的故事、爱恨纠葛的命运、变幻莫测的人生、性格分明的人物等，这些均能吸引观众的眼球，调动观众的情绪。

（四）综合艺术性

影视艺术作为一门新兴的综合性艺术，包含了文学、戏剧、音乐、舞蹈等多种丰富的艺术元素，它借鉴了绘画、摄影艺术的构图技巧和光影效果，吸收了戏剧、小说的表演风格和叙述结构，融合了音乐、戏曲的节奏和律动……正是由于影视的艺术综合性，人们常说电视剧是一门综合艺术，而电影更是一门杂糅众多样式、元素的艺术品种，无不兼收并蓄、吸收精华。

二、影视艺术的表现手段

人类依靠五种感官认知世界，分别是视觉、听觉、嗅觉、味觉、触觉，多种感官的同时调动与刺激可以带来更高的沉浸式体验。随着科技的发展，集文字、图像、声音等于一体的影视作品越来越广泛地融入大众生活中，成为一种不可或缺的娱乐方式。伴随着计算机技术的发展，影视作品的画面视觉变得更加逼真，各种科技的融入更给观者带来了视觉盛宴。科技进步带动的刺激无疑感染了观影者的情绪，帮助影视艺术更好地呈现出来。

（一）3D 影视技术

3D就是对立体进行描述。3D视觉艺术效果，不仅使电影摆脱了题材的限制，而且也带来了极大的视觉享受，派生了与传统电影艺术完全不同的视觉体验，让电影艺术跨入了一个新的纪元。其视觉艺术的影响力，使3D技术的美体现在以下两个方面。

一是真实的视觉体验感。传统影视作品比较重视平面形式的视觉传达，通过景深的方式在二维画面中建立空间的纵深感，并以此来丰富影片的视觉效果。然而在3D作品中，展示出来的立体空间效果是普通平面效果无可比拟的，观众会被画面传达的真实性所震撼。3D视觉艺术的突破，能让画面中的人物和场景呈现出明显的层次感和纵深感，极大地突破了电影播放空间的限制，让观众仿佛置身于真实的场景中，感受身临其境的奇异场景。

二是虚拟和真实的融合。电影是造梦工厂，绚烂的视觉艺术效果为观众描绘了一个真实又虚幻的场景，影片的艺术和科技的完美结合，让我们感受到了电影视觉革命带来的巨大影响力。正如影片《阿凡达》(图11-1-1)的3D视觉艺术特效，突破了时空的限制，场景充满了想象力，传达了电影创作者的技术思路和表现形式。通过虚拟和真实之间的结合，加深了电影的艺术感染力。

» 图11-1-1 电影《阿凡达》

(二)动作捕捉技术

动作捕捉指的是实时准确地测量、记录物体在真实三维空间中的运动轨迹或姿态，并在虚拟三维空间中重建物体运动状态的高新技术。动作捕捉最典型的应用是对人物动作的捕捉，可以将人物肢体动作或面部表情动态进行三维数字化的解算，得到三维动作的数据，并在影视动画制作中逼真地模仿，重现真人的动作和表情，从本质上提升动作效果。

动作捕捉的起源普遍被认为是费舍尔(Max Fleischer)(图11-1-2)在1915年发明的影像描摹(rotoscope)，这一项技术也被称为转描技术，产生于动画片制作中。动作捕捉技术的产生，迅速奠定了影视特效行业迅速发展的基础，为影视特效、动画制作等方面提供了技术支持。动作捕捉的优点是表演者活动范围大，无电缆、机械装置的限制；采样速率较高，可以满足多数体育运动测量的需要；采集精度高，特效酷炫逼真，可以对采集运动进行详细分析，制作出各种高难度的动画场景。

» 图11-1-2 Max Fleischer

电影《指环王》的精湛特效大受好评，《金刚》使影视特效技术有进一步提升，《阿凡达》将技术应用发展到了艺术巅峰，《猩球崛起3：终极之战》(图11-1-3)将演员的细微表情在角色身上高度还原，《阿丽塔》扩大了动作捕捉技术的应用范畴。随着科技的发展，影视艺术的表现手段越来越先进，动作捕捉技术也变得越来越成熟。

» 图11-1-3 电影《猩球崛起3：
终极之战》

三、影视艺术的审美享受

综合来说，影视艺术之美在于体验过程中的视听享受及过程后的精神鼓舞，两者相互协调、交相辉映，使影视艺术之美变得更加熠熠生辉。

(一)视听的享受

影视艺术是一门视听结合、声画并茂的艺术，在"视"与"听"、"声"与

"画"的协调配合中，通过画面镜头与剪辑技术，构成一部完整的艺术作品，给观众带来视听上的享受。形式美感的视听语言在电影中的作用极大，观众在欣赏影视作品时，最先是通过直观的感性认识来评判一部影片的，因此，一部影片能否给观众带来视听的享受则显得非常重要。

知名导演王家卫镜头下的视听享受极具美感，焦距较短、镜头晃动、视场角大、高速摄影、过度曝光……都是他作品中别出心裁的镜头语言，颠覆了影视中常规的叙事方式，令人过目难忘、意蕴悠长。在电影《一代宗师》中，导演通过色彩、光线、跳跃画面营造了电影氛围，人物局部镜头特写被无限放大，直观的视觉影像以惊世骇俗的表现形式呈现在观众眼前，增强了影片的艺术感染力，使观众对一幕幕特写镜头情有独钟。

听觉语言作为视听语言中的一个重要元素，也发挥着重要作用。台词、音乐、对白等都是电影听觉语言的具体表现，它们之间的搭配、组合形成了电影独具特色的听觉艺术魅力。人物的情感难以捉摸、变化多端，很难直接表现，但作为表情达意的听觉手段能够淋漓尽致地表现其抽象的情感，使听者能感受到影视中人物的精神世界。在电影中，个性饱满的台词、情意流转的独白、富于情感的音乐共同构成了影视艺术的听觉语言符号，让人感受到视听的美感。

（二）精神的鼓舞

影视艺术能够通过画面场景、人物情节、故事结局来实现对人的升华，鼓舞人的精神，引发观众共情的情感体验。近年来，一部部奏响真善美主旋律的作品不断涌现，作品中一个个鲜活的角色和扣人心弦的故事深深融入观众的血脉中，穿越了时空、年龄、阶层的间隔，在情感依托上实现了共情，使观众的精神受到了鼓舞。

重大革命历史题材剧《觉醒年代》是一部有内涵、有温度的影视作品，在基于历史、联系现实的基础上，激发了年轻人读历史、悟历史的兴趣，更燃起了年轻人热切的爱国之心。剧中展现了先辈们可信可敬、可爱可亲的情感与性格，如李大钊憨实、陈独秀腼腆等，消弭了历史人物与现代人之间的距离。《觉醒年代》有着历史的故事性和真实性，以人为根、以史为本，讲述了历史画卷中人物的苦乐悲欢和奋发图强，让观众能近距离看见历史人物将滚烫的青春挥洒在祖国大地上，作品传递出来的爱国精神征服了一大批年轻人。又如战争题材的电视剧《亮剑》呈现的爱国精神与亮剑精神也鼓舞了许多观众。剧中人物形象刻画细腻，以团长"李云龙"的视角，讲述了革命军人艰苦卓绝的奋斗过程，并呼吁观众培养不畏困难、勇往直前的斗争精神。

著名影片《海上钢琴师》讲述了一个出生于船上，成长于船上，长眠于船上，只为钢琴而生的人的一生。他将一生所有的光芒撒在这艘船上，短暂而凄美、婉转而动情。这艘船像是故土一般，赋予他人生全部情感，他对这艘船的爱恋不舍、百转千回，勾起了观众对故土的眷恋。在现实生活中，纵使土地贫瘠、荒凉，甚至充满危险，纵然外面的世界纷繁多彩，仍有人在精神上依旧一生都不愿离开故土，这种动人情感深沉且灼热。

励志电影《阿甘正传》因不屈的精神鼓舞了许多观众，使人不向命运妥协，不受困难掣肘，不被苦难打倒。观众随着电影中阿甘、珍妮和丹中尉各自命运的跌宕起伏体会出了深刻的哲理：即便人们面临各种缺陷，承受各种不幸和灾难，命运仍然可以掌握在自己手中，只要坚定信念，就能创造出奇迹。

影视艺术的精神美告诉我们，只有永不放弃的毅力，永不倦怠的笑颜，才能绘画出最美丽的彩虹。唯有不轻言放弃，不随意退步，像影视作品中的主人公一样，在绝望中仍然心怀希望，在困境中仍然奋发向上，才能书写灿烂的故事结局。

四、影视艺术的鉴赏技巧

（一）了解故事创作背景

影视艺术的鉴赏要入情入境，全身心地投入作品中，与剧中人物共悲欢、与故事背景共鸣，站在更高的层面上纵观全局、理解主旨。欣赏艺术作品的背景故事，一是要了解故事的创作背景，如故事年代：古代、近代或现代，如时代背景：战乱、动荡或和平；二是要了解创作的社会环境，稳定的社会局面往往欣欣向荣，动荡的社会场景往往暗潮涌动；三是要了解人物的整体形象，社会阶层，如贫困、中间或富裕；性格特征，如坚强、颓靡或勤奋。在电影《当幸福来敲门》中，故事发生在1981年的美国旧金山，正是全美经济处于颓靡的艰难时刻，故事中的主人公在命运的捉弄下依然步履不停，窘迫的处境和艰难的奋斗相互对比、交相辉映，凸显了故事的励志性，给予观众更深的情感体验。

（二）分析人物性格特征

影视作品不论是反映社会生活，还是探讨命运人生，都必须通过塑造饱满的人物形象来完成，因此，作品中人物形象的塑造是否成功，决定着影视思想表现的成败，也决定着影视艺术特征的强弱。在了解故事创作背景后，应仔细分析人物性格特征，了解作品主要人物的身份、性格、态度及行为等，观众可通过人物的语言、行动和表情等细节对性格特点进行判断。

（三）体会作品思想感情

艺术鉴赏是一种具有充沛情感的活动，遵循着作品所呈现的波澜起伏的情感脉络，我们能够体会到创作者的情感爆发点，求得与创作者情感共鸣的契合点，逐步接近作品内在的感情脉络，进而领会作品的思想意蕴。艺术创作者常常调动一切艺术手段营造令欣赏者感动的艺术氛围，而欣赏者同样要把握住情感激动点，如作品在什么地方令观众掀起情感的波澜，喜或悲，同情或愤怒……这些情感的激动点，能使我们与创作者进行心灵沟通，产生一定程度的共鸣和共情。

（四）思考作品深层含义

影视艺术的最高价值是能够带领观众更好地领悟价值观，发现真善美，传达正能量。在这个物欲横流的时代，人们容易迷失自我，正确的价值观念显得尤其重要，好的影视作品能为年轻一代树立正确的价值观念。影视作品的深层含义不是随意刻画形象的标签，而是潜藏在生活故事和人物形象中的价值意义，我们要从叙述的故事线索、影视的延伸手段以及人物的内心形象中品出意蕴，并从具体到抽象，从感悟到理解，完成鉴赏过程，真正思考作品的深层含义。

丰富多元的文化、日新月异的技术给现代生活带来了新的体验，作为紧跟潮流的现代人，我们要逐渐接受并适应时代的变化，面对多元化的审美挑战保持一种全面、批判的认知，不断提升自己的认知能力和审美素养，建立起全面的审美人格。影视之美通过故事情景让人们领略了不同的人生，获得了精神价值的感悟，从而使我们思考自己的人生意义。在影视之美的熏陶下，当代大学生能够培养高雅的品格性情，获得感官视觉和精神境界的满足感和幸福感。

第二节　设计之美

【学习目标】

1. 能够主动发现生活中存在的设计之美。
2. 能够掌握现代设计审美的基本技巧。

"设计"一词内涵丰富、包罗万象，涉及了社会、文化、经济、科技等多方面的因素，其审美标准也随着人类视野变化而不断发生变化。设计之美是满足人们的精神境界和物质需要而存在的，能使人的生理和心理获得积极情感体验的一种美的存在特征。设计之美无处不在，遵循着人类的基本审美意趣，服务于人们的生活需要，也在大浪淘沙中闪烁出与众不同的光芒。本节选取了外观设计、功能设计、关怀设计和文化设计四大要素的美感，带领大学生拓展生活审美视野，在紧跟潮流的同时主动留意身边的设计之美，加强现代审美的基本素养。

一、外观设计之美

设计之美首先体现出设计是一种有关"美"的造型艺术或视觉艺术，因此视觉传达的外观美感和直观印象至关重要。外观美感是人们面对新鲜事物视觉传达的第一感受，外观的美观与否、形象特色都将直接影响人们的第一印象。在外观美感上，人类建筑、人文景观、产品造型、艺术舞台等均需要传达视觉美感，使人获得观感上的视觉享受。

2022年北京冬奥会的设计感完美展现了中国人的浪漫理念，在开幕式节目中展现了设计中的自然之美、人文之美和运动之美，如寓意非凡的"冰墩墩"和"雪容融"、点燃火炬的长信灯、奖牌里的同心圆玉璧等，每一处设计都蕴藏着深厚的"东方美"。在外观造型上，以冬奥火炬台(图11-2-1)的设计为例，为了体现"简约、安全、精彩"的冬奥理念，火炬台以纯粹的冰雪元

» 图11-2-1　北京冬奥会火炬台

素演绎了纯洁、和平、团结和友谊，晶莹的雪花和灵动的丝带相向旋转，如冰上长袖飘飘的舞者，轻盈优雅，简洁、现代的造型中透出东方的审美韵味。在流光溢彩的舞台上，主火炬显得格外耀眼，观众既能欣赏到运动健儿轻舞飞扬的姿态，又能感受到运动会冰雪之美。

著名的银峰SOHO(图11-2-2)向来被誉为"首都第一印象"，在外观设计上有着十足的美感和极强的震撼，成为极具动感的城市景观。三座大楼组成了整体的建筑群，大楼外部由闪烁的玻璃环绕，将建筑与蓝天融为一体，人们置身其中，能感受到一种建筑来自天空的幻觉，给人们带来极大的视觉震撼力。从外观设计的角度来看，银峰SOHO独特的曲面造型使建筑物

» 图11-2-2　北京银峰SOHO

在任何角度都呈现出动态、优雅的美感，人们仰视时三座大楼犹如相互掩映的山峰，俯视时又宛似游动嬉戏的锦鲤，这种天马行空的设计成就了北京极具特色的建筑。

外观设计之美能让人获得最直观的审美感受，止于眼之所望，留于心之所向。我们应用心留意身边具有设计感、外观美的事物，细细品味外观设计带来的美感享受，并将美好的观感融入日常生活中，陶冶审美情操。

二、功能设计之美

功能设计之美是人在使用物品时，物品所表现出来与使用者目的性的匹配程度，使人们能够借助功能美满足某种需要，并获得情感上的愉悦。许多设计满足了功能这一需求后，往往能够达到"形式与功能"上的统一，符合外观形象、技术性能、人性关怀、思想传达等特征，使物品的设计之美更加生动、具体。

手机是现代社会不可或缺的一种通信工具，其外观发生了天翻地覆的变化，越来越符合人们的生活需求。如今，随着科技的发展，各种智能手机如雨后春笋般陆续出现，人们富有想象力地将摄像机、大屏幕等功能都搬到了手机上，使其既有颜值又有功能。早期的手机，如摩托罗拉公司推出的手机产品，当时受限于电池容量及工艺水平，一系列体积庞大、形似板砖、重约一千克的手机问世，中国人亦戏称为"大哥

大"。随着科学技术的不断发展，各类手机得以迭代更新，陆续出现了体积更小、性能更好的部件，完成了全键盘到全屏幕的跨越，使"板砖型"进化到了"流线型"，实现了"形式与功能"的统一。

在现代社会中，人们对生活质量的要求不再局限于满足日常温饱，而是不断追求更加舒适化、便捷化的生活。设计的本质是生活，优秀的设计需要有明确的功能定位，即可以为目标人群在某种场景下解决某种问题，帮助人们更好地享受生活，这也体现了功能设计之美的重要性。成功的设计，应满足社会发展和实际需要，尤其是功能方面的要求，应在人类社会发展中发挥出其应有的价值。

三、关怀设计之美

维克多·巴巴纳克曾在《为真实的世界设计》中分享了设计的社会责任性，一是认为设计应该为广大人民服务；二是设计不但要为健康人服务，同时还必须考虑为特殊人群服务；三是设计应该认真考虑地球的有限资源使用问题，设计应该为保护地球的有限资源而服务。总的来说，设计是为人而设计的，应服务于人们的日常生活需要。在异彩纷呈的现代设计中，以人为本的设计应是设计的基础理念，应体现出"人文关怀"之美，突出人性关怀的温度。

对于普通人而言，拿起水杯喝水是一件简单的小事，但对于帕金森患者而言却出现诸多难题。帕金森病是一种常见的神经系统疾病，患者的手会不由自主地剧烈抖动，导致喝水时容易出现功能障碍，难以满足日常生活的需求。设计师以此为切入点，设计了一款为帕金森患者喝水的水杯(No SPILL Cup)，弧形的上沿保证液体不会溢出，保证了使用者的基本安全，受到了患者们的青睐。又如帕金森患者通常需要他人协助进食，基于此，设计师设计了一种智能防抖勺，能通过柄端的高速震动开启防抖功能，帮助震颤患者避免因就餐时手抖而带来的尴尬和不便。

城市设计也常常透露出人文关怀美，如人行道上的盲道，红绿灯的提示音，大楼台阶边的无障碍通道等，均体现了"以人为本"的设计理念。设计师曹雪曾说过："每一个专业设计师不要做旁观者，而是要做参与者、创作者和执行者。任何人的生活都是有机统一的，生活中总有可以改善的地方，这正是我们的专业使命所在。大到一个建筑、一个空间，小到一条街道、一个角落，都需要设计师用关怀的设计思维为这个城市服务。"具有关怀美的设计能够改善人们的生活方式，使城市变得更加美好。

关怀设计之美体现了一定的人文思想，集中表达了对人的尊重和重视，体现了对人心理层面最大的情感化关怀。

四、文化设计之美

文化设计指的是在设计过程中，调动文化元素或文化符号，通过多种艺术手法来完成思想或情感初衷的设计，意在给设计作品添注浓厚的文化气息。对于体验者来说，一件具有深厚文化意蕴的设计作品，不但能带来美的艺术享受，还能感受到文化的魅力，进而增强文化自信。

近年来，故宫博物院的文化创意走进了大众的视野，将文化历史故事与现代时尚理念融合在一起，打造出一系列具有历史文化内涵以及鲜明时代性的文创产品。一直以来，作为皇家居住地的故宫，在人们的心中都是庄严肃穆、充满神秘的存在，代表着至高无上的皇权和地位，令人望尘莫及。故宫文化创意作品运用了独特的文化设计理念，在作品中保留了文化传统又添加了现代气息，使简单的复制藏品成为了故宫对外进行文化传播的重要载体，同时扩大了中国文化的影响力。《千里江山图》是中国十大传世名画之一，也是北宋著名画家王希孟的传世作品，故宫文化创意作品将生活中的实用物件和传世名画相结合，制作出手表、方巾、扇子等作品，使观者举手投足间便可仰望千里江山。

一件能够倾诉文化心声、讲述文化故事的经典作品不仅能够提升作品本身的设计意义，还能在和体验者的默默对视中提升艺术审美水平，将设计作品升华到一定的高度。中国具有历史悠久、博大精深的灿烂文化，这些正是文化设计之源，也是文化设计之美，值得人们用心感知、认真欣赏，不断发现。

随着现代技术的发展，设计之美迎来了日新月异的发展变化，前所未见的变化和无穷无尽的信息让人眼花缭乱，其中也不乏各种设计的美感。为此，我们既要加快步伐融入时代发展的潮流中，也要适当放慢欣赏设计之美的脚步，用心留意设计为我们带来的便利和美感，仔细感受现代生活的美好。

▶【课后思考】

1. 请举例说说你对现代影视之美的理解。

2. 与同学们分享一部你最喜欢的影视作品，并说出理由。

3. 请谈谈留意设计之美对当代大学生的重要性。

4. 请举例分享你喜欢的设计作品，并说出理由。

附录
外国艺术美

◆ 【本章导读】

　　波德莱尔说过："艺术的价值，在于反映当下时代的道德情绪，以及情绪背后的潮流，并最终反映未来。"外国艺术流派纷呈、精致细腻，有着浓浓的人文情怀和自由的希腊精神，如批判、创新、挑战权威、不断突破等，这些既是有代表性的现代精神，也是现代艺术创作的源泉。外国艺术风格多样、层出不穷，呈现出多元化的艺术格局，从宣言到行动无不标新立异，刺激人们的想象，活跃人们的思维，带领人们走进无穷无尽的大千世界。本附录从绘画、雕塑、艺术三个方面来展现外国艺术美，通过选取较有代表性的经典作品，并配以丰富、易懂的文字解说和欣赏技巧，带领读者领略外国艺术的独特意境。

附录一 外国绘画美

【学习目标】

1. 了解外国绘画的经典流派和代表作品。
2. 掌握外国绘画作品的基本审美技巧。

绘画艺术是一种非常古老的语言，伴随着人类文明的脚步深深地印在历史的长河中，与人类的文明进程密切相关。纵观整个世界绘画的发展，从遥远的古代洞窟壁画到中世纪的宗教绘画、古埃及君权神授的权威象征性绘画，再到如今的现代派绘画，都反映出不同时期、不同文化下的人类生活。外国绘画艺术不仅是人类文明的杰作，也是不可替代的精神食粮，具有意义非凡的文化能量，如缪斯女神构思千古绝唱的翩然倩影，又如阿波罗让天地万物焕发光彩的造型蕴意，都使绘画成为表达思想的艺术语言。我们通过附录一走进外国绘画美，了解经典代表作品，走入艺术家们的内心世界，体会他们对美的认知和理解。

一、埃及壁画

古埃及作为世界四大文明古国之一，发源于古巴比伦河流流域，依托优越的地理条件，承载着两河流域的文明和古希腊的美术文化。良好的地理条件为古埃及的发展提供了肥沃的土壤，发达的农业文明使古埃及不必将劳动力全部投入到农业生产中，而是可以将大量的剩余劳动力投入到建设中。在此背景下，加之宗教的影响力促进了古埃及陵墓的修建，大量的壁画作品由此诞生，生动地反映了当时人们的生活情况，并表达了当时人们的精神世界。

为了长时间保存壁画并神化法老和贵族，画家们通常会按照当时的审美法则和创作条件进行描绘，这使古埃及的绘画带有非常浓厚的地域特色。在细节上，绘画塑造的重点通常是头部，其他的部位则较为简略，所有人物的头部皆为侧面，而眼睛皆为正面，以便于更好地塑造眼睛。在构图上，画面不留白，常以文字图案填满，人物的大小比例与真实世界无关，而是由人物地位高低和尊卑与否来决定构图位置和大小。在颜色上，通常使用固定的配色，男神女神的皮肤为绿色、蓝色或金黄色，男子的皮肤一般都会涂成褐色，女子多用浅褐色或淡黄色，而所有人物的眼睛会被涂成黑色，甚至会用水晶、石英等材料来镶嵌，头发则多为蓝黑色。

埃及底比斯内巴蒙墓的《捕禽图》(附图1-1)是埃及壁画的代表作品，从画面中我们可以清晰地看到，画中的人物都是在统一的造型规律下进行表达，而天空的飞鸟和地上的树木均各具特色。古埃及认为人的灵魂是永世不灭的，死亡只是意味着人的灵魂去冥界经历一次冒险，如果能够平安回来，他的灵魂会再次回到身体上，人就能复活。这幅作品的蕴意是：人从冥界归来，能够获得生命。如果在回来的时候，身体躯干有缺少的部分，那主人公回来的时候就是残疾的。图中古埃及人在绘制眼睛时采用了正面的画法，用以充分地表达眼睛的功能。画面的内容描绘了当时一位贵族和他的妻子、儿女在河畔打猎的场景，贵族一手拿着象征权势的蛇形权杖，一手握着猎获的飞鸟，画面逼真且细致。画面人物的大小等级森严，贵族的身材高大威严，他身后的一个相对矮小的人物则是他的妻子，坐在地上看起来更小的则是他的女儿，主体人物突出且显眼，其他人物则根据地位变换大小，体现了严格且明确的等级制度。

» 附图1-1 《捕禽图》

在埃及壁画中，我们能感受到古埃及人试图创造一种"恒定"思想，通过这种永恒不变的艺术形式，将一切固定下来，这种形式维系着当时的等级结构和社会稳定，也表达了当时埃及人民对现实生活的真切热爱和对自身文明信仰的一种自信。

二、古希腊瓶画

古希腊瓶画是在陶器上绘制的装饰画，依附于陶器而得以流传下来，代表了希腊绘画风貌，是实用性物品与装饰性结合的产物。画家们在瓶子上面进行绘画时，遵循着让装饰图案符合陶瓶形状的原则，使装饰画中心多绘于腹部，画面展开则是一张接近于方形的图案。古希腊瓶画内容丰富多样、寓意深刻，一般以神话故事或生活场景为题材，如战争、生产、生活、娱乐、体育等，这些题材的生活气息浓厚、画面生动有趣，带有极强的戏剧性和人情味。不同用处的陶瓶能绘制出不同主题的场景，从画面展示出来的变化可以看出，瓶画上的绘画内容是反映当时真实生活的一面镜子。

"黑绘风格"是利用其他的颜色进行点染，在经过烧制以后，红褐色的陶土上会显示出黑色的图案，因此瓶画上的绘画造型类似于剪影。陶器的外形轮廓十分明显，画中人物身体弯曲的轮廓线通常与瓶身的曲线保持一致，使画面的构图与器物的轮廓达到高度统一，强化了画面的装饰感和线条的节奏感。《阿喀琉斯与埃阿斯玩骰子》(附图1-2)是古希腊瓶画中的经典作品，也是黑绘风格中的代表作。受希腊戏剧的影响，古希腊瓶画具备了故事张力的特质，画面中描绘了古希腊英雄阿喀琉斯与埃阿斯玩骰子的场景，两位英雄在出征特洛伊的路上突遭风雨，在帐篷中玩起了骰子，尽管两位英雄正在游戏娱乐，但身上的盔甲和手上的长矛代表他们随时做好了战斗的准备。画面以中间投骰子的箱子为中轴线，两个人物造型对称且具备细节变化，显示出了浓厚的日常生活气息，达到了装饰醒目且耐人寻味的境界。

» 附图1-2 《阿喀琉斯与埃阿斯玩骰子》

古希腊十分重视人性的表达，人性成为衡量一切的标准，这些特点都表现在艺术作品中，因此产生了民主思想，正是这种对"人"本性的推崇和个体思想的探索，最终成为现代西方的思想源头。以人为本的思想也决定了古希腊神话、史诗、戏剧等文学充满了歌颂人性的题材，而这些希腊文学图书中都有大量带有人物故事的插图，它们在古希腊社会上广泛流行、俯拾皆是，成为希腊陶器上人物故事画的一大来源，整体表现出希腊人乐观自信的精神风貌。

三、印度绘画

《大唐西域记》中曾这样记载印度："印度之境，周九万余里。三垂大海，北背雪山。北广南狭，形如半月。"受地理位置和传统文化的影响，印度民族自古以来有着浓厚的宗教氛围，如喜马拉雅雪山被印度人尊为诸神所在的神山，而雪山融化的恒河成为了圣河。几乎在所有印度艺术家的心目中，艺术通常是天启神授，所以他们在艺术作品中表达了对神的尊敬和虔诚，祈求神赐予他们高超的技巧和灵感。如印度著名的古典画论《画经》，详细地描述了人体的塑造比例，被视作印度民族传统造型艺术的金科玉律，开篇即指出"以下应讲绘画理，大天示我以明智，一切皆从大天来"，这里的"大天"即掌管一切创造的神。由此可见，只有理解宗教色彩在印度生活中的重要性，我们才能细细品味他们独有的绘画风格和精神面貌。

细密画是印度的一种小型绘画，多用于书籍的插图，也可作为单独的画作，大致可分为本土宗教细密画、拉杰普特细密画和莫卧儿细密画。其中，本土宗教细密画和拉杰普特细密画则多以宗教故事和神话传说为主题，线条生动流畅，色彩对比鲜明，更具有印度的民间绘画特色，强调一种象征主义，画中的人物和景象都带有神秘的象征含义，人物造型较为夸张。

》 附图1-3　拉杰普特
细密画《秋千》

《秋千》(附图1-3)是拉杰普特细密画的代表作之一。在印度的传统古典音乐中，传说在雨季时按照准确调式歌唱，秋千就能自动摇荡起来(在印度文化中"秋千"是爱情和春天的象征)。画面中描绘的三位侍女推着一位荡秋千的贵族少女，这位少女具有康格拉派理想中的女性美，容貌端庄娴雅，皮肤洁白细腻，身体夸张地凸显出曲线的柔美，空中涌动的云彩则表现了少女当时向往爱情的感怀情绪。

莫卧儿细密画是受到莫卧儿皇家赞助的宫廷绘画，主要描述王室人物肖像、王朝历史和宫廷生活绘画，风格融合了波斯细密画的装饰性和西方绘画的写实性，形成了一种独特的艺术风格。《阿克巴本纪》(附图1-4)系列细密画就详细地描述了莫卧儿皇帝阿克巴当时的生活状态，具有强烈的宗教氛围和浓厚的生活气息。

四、日本绘画

日本是一个典型的岛屿国家，具有浓厚的大和民族传统色彩，历来受中国文化的影响，其画作极具东方传统文化的特色。在艺术方面，经历了佛教绘画、唐绘、大和绘、汉画、文人画、浮世绘到日本画，日本绘画艺术像一条长长的画廊，清晰地展示着中国画持久的影响力。

》 附图1-4　《阿克巴本纪》
系列细密画

在10世纪左右，日本绘画从临摹唐朝绘画的唐绘，逐渐往具有日本本土民族特色的大和绘开始发展，新的绘画样式开始盛行。如长幅横开的绘卷，把当时日本著名文学作品绘制成经典画面，供皇室贵族欣赏。《源氏物语绘卷》(附图1-5)便是当时皇室有名的代表作，充分显示了日本大和绘的整体风格，用独特的俯视构图来突出故事的主题，用不同的主线来构成画面的主干。在细节上，对人物的头发和服饰进行勾勒时，用刚强有力的线条表现了布料的硬度和质感，用柔细而有弹性的线条来表现头发。在构图上，用线条描画家具、屏风来进行分割，显得更为大方自然，同时这样的处理方式，也将家族的兴衰和爱恨情仇的故事表现得更为复杂。

» 附图1-5 《源氏物语绘卷》

到了江户时代，日本经济得到了空前发展，更产生了丰富的市民文化，为满足人们的精神需要，出现了以描写风景、市井生活和演剧为主的浮世绘。"浮世"一词出自佛教，本意是指人世间的虚无缥缈，因此浮世绘也有一种"看淡浮世，不能辜负当前的美好生活，应该尽情享受"的意味。浮世绘最经典的代表作葛饰北斋的《神奈川冲浪里》(附图1-6)，画面描绘的是神奈川附近的海域，此画将大自然磅礴的力量完美呈现，海上波涛汹涌的巨浪拍打着三条奋进的船只，船上的船夫为了生存与大自然进行了殊死搏斗，表达了人们勇敢无畏、敢于抗争的精神。画面以蓝色调为主，翻腾的白色浪花与海浪合为一体，又与黄色的船只和土黄色的天空形成了鲜明的对比，整个画面呈现了强大的夸张力，创作手法豪迈洒脱，透出一股蓬勃的生机。

» 附图1-6 《神奈川冲浪里》

五、文艺复兴时期的绘画

文艺复兴是指发生在14世纪到16世纪的一场反映新兴资产阶级要求的欧洲思想文化运动。当时的人们认为，文艺在希腊、罗马古典时代曾高度繁荣，但在中世纪"黑暗时代"却衰败湮没，直到14世纪后才获得"再生"与"复兴"，因此称为"文艺复兴"。文艺复兴是对艺术和文学的复兴，提倡以人的价值为核心的人文主义，其思想基础是尊重人并发挥人的本性，构建以人为本、以人为主题的世界观，把人的思想、智慧和情感从神权的束缚中解放出来。意大利文艺复兴无疑是一个群星璀璨的高光时代，大批富有探索精神的艺术家频频出现，最让人熟知的莫过于被誉为"文艺复兴三杰"的达·芬奇、米开朗琪罗和拉斐尔，他们留下了一大批不朽之作，成为了文艺复兴绘画艺术最高顶峰的象征。

《最后的晚餐》(附图1-7)是达·芬奇的代表作，艺术家在长方形的框架内精心描绘了耶稣最后一次与门徒聚餐的场景，画面对人物神态和行为特征刻画得精细入微，惟妙惟肖，是所有以此题材创作的作品中最著名的一幅。画面构图以耶稣为中心四散开来，耶稣孤寂地坐在中间，十二门徒或坐或站于两旁，耶稣身后被明亮的窗户照耀，发挥了传统的光环作用，使画面显得肃穆、庄严，这种强烈的对比让观者把所有的注意力都放在了耶稣身上。耶稣身旁围绕的门徒呈现了惊讶、怀疑、愤怒等神态，加上身体的动作和手势，与耶稣平静的神态形成了鲜明的对比，瞬间定格画面也展示了达·芬奇匠心独具的绘画世界。

» 附图1-7 《最后的晚餐》

《西斯廷圣母》(附图1-8)是拉斐尔创作的一幅油画，该画为拉斐尔"圣母像"中的代表作，画中人物和真人大小相仿，它以甜美、悠然的抒情风格而闻名遐迩。画中圣母抱着圣子站在云端之上，她身上的红、蓝、白三种颜色，象征着爱、真实和纯洁，圣母的脸上带着一丝凝重，这是属于一个母亲的犹豫和担忧，同时也暗示着圣子的命运。圣子紧紧地依偎在母亲的怀里，稚嫩的脸上充满了惶恐和不安。身穿金色圣袍的教皇虔诚地做出欢迎的姿态，另外一侧代表平民百姓的圣女起来迎接，画面最下端的小天使天真地睁大眼睛仰望着圣母降临，童心稚气在画中活跃。拉斐尔把这幅画的神圣、无私、爱慕和敬仰都刻画得恰到好处，作品中也蕴含了拉斐尔协调、恬静、

大学美育 附录 外国艺术美

和谐的完美秩序。文艺复兴时期的艺术作品一扫中世纪以来画作中那种冰冷遥远、不可亲近的风格，这些画作的人物充满了人性的温柔，把人的全面发展作为生活理想，这种崇尚个性自由的精神大大促进了思想解放。

》 附图1-8 《西斯廷圣母》

六、现代绘画艺术

西方现代派绘画是指从20世纪发展起来的现代美术的统称，比如野兽派、立体派、表现派、超现实主义、抽象主义等现代艺术，表达了不同时代、不同时期的艺术形式和具有开创时代性的艺术精神。现代派绘画伴随着西方社会的发展而同步进行，新技术革命带来了社会结构和思想意识的改变，世界不同风格的艺术交流带来了思想上的碰撞，加之西方现代社会的种种矛盾，无不促进了现代派的诞生。

当代西方影响力最大的艺术家毕加索，人们经过探索他、追寻他，寻找到了一条全新的道路，那就是立体主义和超现实主义。毕加索主张不要描绘对象的外在形态，而是要将客观对象进行刻画，比如先将现有的一切物象进行分解和破坏，将形体进行几何的切割，加上创作思想再对几何体进行重组，甚至将一个物体几个角度的画面组合到同一张画面里。《格尔尼卡》(附图1-9)就是毕加索结合立体主义和超现实主义的代表作，主题是表现战争下的痛苦和灾难，画面富有象征主义色彩。毕加索利用主体的形和线进行组合，大量杂乱、犀利的线条互相交织缠绕，画中的人物、动物全部被割裂重组，夸张的表情和变形的肢体给人的视觉感官带来极大的刺激。画面的颜色单纯地使用了黑、白、灰三种颜色，这种单纯的色彩和复杂的造型扭曲在一起，形成强烈的碰撞，并通过它们的节奏感和穿插，极致地呈现出战争的狂暴和人们痛苦挣扎的精神状态。

» 附图1-9 《格尔尼卡》

后印象派脱胎于印象派，是对印象派的继承与发展，它反对古典学院画派，反对俗套的浪漫主义绘画，特别注重对光色的描写，使用大胆的颜色和笔触表达色彩的瞬间。后印象派主张用主观去感受世界，认为画家要通过绘画来表现自己内心的感受，而不是外在的客观追求。因此，后印象派的画家在对主观进行描绘时，几乎不太追求客观上的内容和造型，而是强调以主观的用色和造型来塑造画面。

梵高是后印象派中最有代表性的画家，他对色彩的执着甚至达到了一种癫狂的状态，这使他的作品色彩突出、用笔狂野。梵高的色彩多采用一些高明度、高亮度和高纯度的颜色，且偏爱黄色来表现太阳和大地，代表着光明和希望。在用色方面，通常使用大块面进行装饰，同时用绝对的黑白来协调画面，让画作整体和谐且有对比感。现藏于纽约现代艺术博物馆的《星月夜》(附图1-10)则是梵高的代表作，整个画面都是飞旋的大笔触色块，小镇的一切事物都好像处于一种癫狂的状态，本来宁静的夜晚突然变得虚幻起来。螺旋的光环布满了整个天空，搭配着精妙的星空更富有形式感，左侧的柏树用黑色表现，宛如燃烧的火焰向天空延展。整个世界如同波浪般躁动、活跃，而在黑夜下的村庄却显得无比安详，这种强烈的对比，给人一种独特的心灵感受。这幅作品传达出作者苦闷而忧郁的内心世界，但画中卷曲的星空如同朵朵盛开的鲜花，柏树向上挣扎的枝条，又让我们感受到作者面对困难人生做出了不屈的挣扎。

» 附图1-10 《星月夜》

绘画如同文学作品一般，是一个时代、一种文明的产物，象征着人类文明的进程。外国绘画艺术的蓬勃发展离不开人类思想的解放、自由精神的推动。在这个发展过程中，外国绘画呈现出百花齐放、各具特色的格局，使其没有局限在某一个流派，而是呈现了一个多元的、开放的文化体系。无论是色彩的运用，还是构图的巧妙，绘画不是单纯将人物、景象、建筑定格的简单艺术，而是能够"透出人类的过往和意义、发出内心的思考和疑问、追逐未来的梦想和展望"的绚烂艺术。认真了解外国绘画，感受思想的碰撞和交融，在相互交流中认识艺术、推动艺术，是我们观察世界、了解世界的重要手段。

附录二 外国雕塑美

【学习目标】

1. 了解外国雕塑的代表作品及其思想特征。
2. 能够掌握外国雕塑的基本审美技巧。

外国雕塑艺术是伴随人类文明的步伐不断向前发展、延伸的，它客观地记载了人类文明的演变进程，凝聚着丰富的历史文化和普遍的审美意识。几千年来，人类的文明史、战争史、思想史，以及那些振奋人心的时代、波澜壮阔的往事、人间百态的生活，都在雕塑上得以保留。从源远流长的史前文明到科技发达的现代社会，人类的文明都是一个逐渐发展的过程，雕塑能够长时间保存这一特性则恰好记录了人类文明探索的痕迹。不同的雕塑反映了各民族的文化特征，也投射出不同时代和不同地域诞生的文化个性，体现世界文明对"美"的审美标准和表达形式。

一、古埃及雕塑

古埃及人历来重视灵魂的来世，极为看重陵墓的修建，因此墓室中的雕像丰富多样、雄伟壮观，既有法老和贵族的替身，又有各类仆人和奴隶的雕像。通常情况下，法老贵族的雕像尺寸最大且正面而立，仆从造型较小，姿态随意不受约束，面部的造型轮廓写实、表情庄重肃穆，带有一定的装饰性。

面向尼罗河的阿布辛贝神庙(附图2-1)，距今已经有三千三百多年的历史，是古埃及众多神庙中最具有想象力和影响力的神庙。神庙的入口处刻着"阳光为她而照耀"的铭文，大型的神殿坐落在尼罗河畔上的一整块巨石上，神殿正面有四座高达二十米的拉美西斯二世雕像，整体形象巨大而浑厚，象征了法老至高无上的权威和开疆扩土的气势。神庙的选址极其讲究，因此，每年的春分和秋分时节，阳光会直接照射进神庙的最深处，让整个神殿闪闪发光。一般说来，努比亚人向埃及进贡或埃及军队出兵时，都会经过该神庙，进而达到向埃及南面努比亚宣扬国威、巩固埃及宗教地位的目的。

» 附图2-1 《阿布辛贝神庙》

著名的《涅菲尔蒂王后像》(附图2-2)塑造的是埃及第十八代王朝法老之妻，这尊雕像跨越了几千年的时光，世人依然能感受到她的美貌，令人不得不感叹雕塑家巧夺天工的技巧。该雕像用浅红色作为肤色，其胸口和头部的装饰纹路极有埃及特色，特别是对眼睛的塑造，使用了铜材料镶边、黑色水晶制作眼球，使双目极富有神韵。整体造型的线条柔和、秀丽，变化微妙的曲线和精致五官的塑造，体现了当时埃及人对美的观念与追求。

» 附图2-2 《涅菲尔蒂王后像》

二、古希腊雕塑

西方美术崇尚的典范模式可以说是从古希腊开始的，希腊艺术是理想主义的、强调共性的、典雅精致的，通常以外在的形式表现内在的力量。古希腊悠久的神话传说是古希腊雕塑的源泉和题材，是希腊人对自然与社会的美丽幻想，他们相信神与人具有同样的形体与性格。因此，古希腊雕塑参照人的形象来塑造神的形象，并赋予其更为理想且完美的艺术形式。

著名雕塑作品《米洛斯的维纳斯》(附图2-3)，又称《米洛斯的阿芙洛蒂忒》《断臂的维纳斯》，头部和身躯完整，双臂缺失，却诠释了一种残缺的美。雕塑上半身为裸体，突出了饱满丰腴的躯体和美貌端庄的容颜，下半身围着宽松的裹裙，衬托

» 附图2-3 《米洛斯的维纳斯》

出优美的身体曲线，左腿向前微微提起，重心稳固地落在左脚，构成了十分和谐而优美的姿态，整体看起来庄严崇高得像一座丰碑。尤其是她嘴角略带的一丝含蓄的笑意，给人以大方而智慧的观感，残缺的断臂反而留给了人们美好的想象空间，这种抽象的艺术效果带来了更多的欣赏趣味，给人以非同凡响的神秘感。

此外，被誉为"古希腊艺术的最高成就"的《掷铁饼者》(附图2-4)，创作于公元前450年，捕捉了一名身材健硕的男子在投掷铁饼的一瞬间，男子以大幅度的甩手动作快速地旋转着身躯，仿佛在下一个瞬间就要将铁饼投掷出去，塑造出一种强烈的"蓄势待发"的紧张感。客观而言，尽管这是一件静止的雕塑，但能让观者感受到一种活泼的"运动感"，让人回味无穷。雕塑中，青年男子的造型忠实地重现了真实人体的比例，既符合科学的人体解剖结构，又与理想化的人体形态相符合。这些都体现了当时古希腊艺术家追求完美的精神，也在题材和表现手法上达到了和谐、审美、运动的平衡，使古希腊雕塑有了划时代的意义。

» 附图2-4 《掷铁饼者》

在艺术史上，人们习惯用"高贵的单纯"和"静秘的伟大"来形容古典盛期的希腊艺术。古希腊人认为完善的心灵必寓于健美的体魄之中，因此人体雕塑强化了对人力量美的表现和对人形态美的刻画，这些造就了古希腊雕塑的艺术美，对后世的艺术发展做出了巨大的贡献。

三、古罗马雕塑

古罗马的雕塑艺术继承自希腊文明，在本土化的发展中创造出独特的罗马风格，常以皇帝、贵族肖像以及建筑浮雕为主要创作题材，其大理石雕塑作品基本都集中表达帝王和贵族们的功绩。雕塑艺术在古罗马的生活中占有重要的地位，在形式上追求恢宏壮丽的多样化风格和艺术性的概括，加之古罗马人强烈的地位概念，喜欢利用雕像炫耀个人权威和个人崇拜，因此古罗马人对肖像的写实性风格见长。

著名雕塑作品《卡拉卡拉像》在通过雕塑刻画人物的性格特征方面已经达到登峰造极的境界(附图2-5)。卡拉卡拉是罗马历史上著名的暴君，有着残酷、暴虐的统治手段，杀害了不少自己的兄弟和大臣，最后被自己的近卫军司令杀死。在雕像中，我们可以清晰地看到他的五官，紧张皱起的双眉，薄而内收的嘴唇，卷曲稀疏的胡须……最引人注目的莫过于那双刻画得入木三分的眼睛，充满着多种复杂情感的眼神，好似包含着暴躁、多疑、残暴的性格。复杂精致的头部刻画和简洁单调的衣纹描绘形成了对比，这既是古罗马肖像雕塑中个性化的代表作，也是罗马雕塑的最高成就。

» 附图2-5 《卡拉卡拉像》

四、文艺复兴时期的雕塑

文艺复兴时期的雕塑在人类艺术史上闪耀着璀璨的光辉，其艺术特点是对古希腊罗马文化传统进行恢复和发扬，整体体现了"人"的艺术形象。多纳泰罗是早期文艺复兴时期的著名雕塑家，也是文艺复兴时期第一代艺术家的代表。他学习并借鉴了古希腊、古罗马的美术风格，创作了大量光彩华丽又生机盎然的雕塑作品，《圣马可像》便是其中的代表作(附图2-6)。在雕塑中，圣马可面貌庄严，手中拿着福音书，全身重心放在右脚，站姿自然，衣皱随着身躯自然垂下，整体展示了一位充满智慧的圣者正在向人们传导福音的形象，不再是圣经描述的概念性的人物，而是一个真实存在的美好生命。

» 附图2-6 《圣马可像》

文艺复兴运动是欧洲历史上一次伟大的思想文化运动，在这个波澜壮阔的时期，"人"本身的温度受到了关注，由此产生的人文主义思想为新世界的诞生发挥了至关重要的作用。从这次运动的本质看，人们开始意识到人自身和生活中的美，并开始复兴古希腊、古罗马时期客观事物写实的艺术手法，把雕塑作品当作人们真实生活的写照，变成可感受、可触碰、可理解的美好事物。

五、近现代雕塑

进入近现代社会后，世界经济和科学技术得到了空前的发展，人民的生活水平得到了不同程度的提升。但是，世界的动荡也更加激烈，社会冲击也更加显著。一方面，工业和科学的快速发展，使物质财富和精神需求得到快速增长；另一方面，世界各地的矛盾不断加剧，革命和战争相继在各国爆发，整体动荡不安。战争的血雨腥风给世界人民带来了巨大且深刻的影响，同时出现了百花齐放的艺术流派，表达了不同地区的文化思潮，带来了全新的视觉感受。

俄罗斯雕塑《祖国母亲在呼唤》修建于苏联时期，以纪念二战时期的斯大林格勒保卫战，是世界上最高的女性形象雕像(附图2-7)。该雕塑的女性形象极有雄伟感，并非传统刻板的女性形象，而是一位母亲的经典形象，脸上没有直接表现呼唤和胜利之情，表情好似正在发出怒喊，手臂伸过头顶举起大剑，另一只手像是正在号召指引，展现了向敌人复仇的情绪。该雕像背靠祖国城市，面向俄罗斯的母亲河——伏尔加河，她高举着宝剑怒吼，加之雕像造型巨大，使整个雕像充满了张力，这代表着俄罗斯人民对战争、苦难的仇恨，也是对和平时代的伟大歌颂。

» 附图2-7 《祖国母亲在呼唤》

《巴尔扎克像》是奥古斯特·罗丹耗时七年完成的雕像。罗丹擅长人物雕像，在雕刻之前做了大量的阅读和研究，最终雕刻出巴尔扎克裹着长袍在夜间漫步的形象，着重刻画了巴尔扎克站在夜空下思考如何写作的场景(附图2-8)。宽大的袍子里包裹着思想的巨人，表现了巴尔扎克在艰难的生活下依然热情地工作，体现了永不停歇的伟大胆略和奋斗精神。从作品思想上看，巴尔扎克好似在黑暗中迈步踟蹰，只为了窥见那闪烁的光明。在作品完成时，罗丹精心雕刻了一双充满智慧的双手，在得到大家的赞美后，罗丹砸掉了雕塑的双手，因为他害怕这双手过于突出而吸引了观众注意力，让人忽略了巴尔扎克的思想精神。《巴尔扎克像》在当

» 附图2-8　巴尔扎克像

时的美术界引起一场巨大的争论，罗丹在创作时渴望表达人物最关键的东西，而不是追求某一部位的相似。这种独特写意性的表达方式，打开了现代雕塑的大门，现代雕塑的主要追求已不再是写实性，而是可以通过雕塑来表达作品的思想内涵，表达创作者对美的捕捉和体现。

总的来说，雕塑可以看作是世界上各种事物的缩影，同时也记录着各种形态的事或物，呈现了思想开阔、色彩缤纷的时代。外国雕塑展现了形式艺术美的灵魂，也是时代精神和文化特点的象征。学会欣赏外国雕塑的美，能够感受到雕塑形象的动势、情绪与生命力，给人带来各种各样的思想感受和美好情绪。

附录三　外国歌剧美

【学习目标】

1. 了解外国歌剧艺术的基本特点。
2. 认识外国歌剧的起源与发展。

歌剧(Opera)是一门西方舞台艺术，是主要通过歌唱和音乐手法来交代剧情和表现情感的一种戏剧形式。一般说来，歌剧出现在意大利艺术之都佛罗伦萨，源自世界三大戏剧之一的古希腊戏剧中的剧场音乐。歌剧的演出同戏剧演出一样，都是要搭建表演的剧场舞台，包括舞台背景、道具戏服以及演员表演等元素。值得一提的是，歌

剧和戏剧属于被包含关系，像西方常见的音乐剧、舞剧、木偶戏、话剧等，都属于戏剧表演形式，都是由演员在舞台上扮演角色、当众表演故事情节的一种综合艺术。综合来看，歌剧作为一种艺术形式，有极强的文化底蕴，对现代社会起着启迪与传承的作用。尤其是歌剧里的内容，描写了人性的真善美，歌颂了美好高贵的品德，可以说是当代社会青年宝贵的精神食粮。

一、歌剧艺术的基本特点

歌剧是人类多元化文明的一个重要组成部分，一般由咏叹调、宣叙调、间奏曲、重唱、序曲、合唱、舞蹈等组成，是综合音乐、戏剧、诗歌、美术、舞蹈等多种艺术形式为一体的戏剧形式。歌剧作为戏剧的一个分支，成剧形态既具有自身特色，又继承了母体(戏剧)赋予的遗传因子和营养物质。歌剧在历史演变发展中也变得更加多样化，并衍生了不同歌剧类型，如严肃歌剧、美声歌剧、诙谐歌剧、轻歌剧、德国轻歌剧、乐剧和法国喜剧歌剧等类型。总的来看，歌剧的发展形态与内涵丰富多彩，具有鲜明的艺术美学特征。

(一) 求真写实美

古希腊哲学家亚里士多德在《诗学》中提到："戏剧就是用动作去模仿人的行动，或者说是模仿'行动中的人'。"因此，人们常说："戏剧是行动的艺术"。又如马克思所说："动作是支配戏剧的法律"。可见，歌剧作为戏剧体系的突出代表，模仿说理论奠定了其求真写实的传统基调。歌剧延续了古希腊艺术注重再现生活的特点，强调真与美的和谐统一，形成了热情奔放、色彩浓郁、求真写实的美学表演系统。以表达真实主义的歌剧为例(附图3-1)，这类歌剧的核心价值主要是关注底层人民的社会生活，将描写社会小人物的命运作为己任，目的在于将小人物的悲欢离合和贫困生活真实反映出来，进而引发社会各界的广泛关注。

» 附图3-1 歌剧表演的求真写实美

(二) 立体复调美

歌剧是一门富有活力和动态感的立体舞台艺术。从歌剧序曲奏出第一个音符直到剧终幕落，以及回响在人们耳边的最后一首合唱、重唱或咏叹调，歌剧艺术就一直处于运动状态中。歌剧中的音乐、舞蹈、剧情、动作、交流、人物的性格与命运等表演，都在时间流程中逐步展现，往往起到深入人心的效果。随着歌剧多声部的交织与对比、节奏间的疏密与错落、旋律中的起伏与变化，歌剧的主题逐渐鲜明，人物刻画渐显生动。歌剧中诗、乐、剧、画、舞等艺术因素也在持续运动中，时而融合，时而对照，歌剧多变的立体复调美便呼之欲出(附图3-2)。

» 附图3-2 歌剧表演的立体动态美

(三) 戏剧音乐美

歌剧之所以有别于舞剧、电影等动态综合艺术，就在于它的戏剧音乐美，让人过目不忘。歌剧是以剧本歌词为基础、以作曲家的音乐为主线，随音乐歌唱而展开的艺术形式。因此，德国人通常把歌剧称为"Singspiel"，即"带音乐歌唱的戏剧"，并通过音乐(声乐与器乐)来揭示剧情的发展并进行人物的塑造。歌剧中的音乐表现以戏剧框架为基础、以情节发展为线索、以戏剧人物为手段，并将富于色彩性的管弦乐与旋律性的声乐有机地结合起来，相互映衬、互为生辉。正如法国剧作家博马舍所说："音乐在歌剧中就如同诗句在话剧中一样，是更加宏伟的措辞，表达思想和感情更加有力的方式。"可见，歌剧具有强烈的音乐美，让人获得视觉与听觉上的美感。

二、歌剧的起源与介绍

歌剧的起源，最早可以追溯到古希腊时期的悲剧艺术。中世纪时期的一些音乐形式(如宗教剧、神秘剧、奇迹剧、田园剧等)也是歌剧的重要起源之一，而文艺复兴时期流行的牧歌剧体裁也预示着歌剧的诞生。一般来说，15世纪末的音乐幕间剧(穿插在当时喜剧各幕间的一些寓言剧、神话剧或田园剧)则是最直接的起源。16世纪末，歌剧最终产生于意大利的艺术之都——佛罗伦萨。据说当时，一群文艺名人经常在贵族巴尔第(Bardi)和柯尔西(Corsi)家中聚会，由诗人里努契尼写脚本，作曲家佩里和卡契尼共同谱曲《达芙妮》，最终于1597年在巴尔第和柯尔西艺术赞助者的私人剧院上演，震惊了整个佛罗伦萨。这批艺术家都推崇恢复古希腊戏剧，主张采用单声部旋律，致力于创造出一种诗歌与音乐相结合的生动艺术。公元1600年，里努契尼和佩里、卡契尼再次合作创作了《尤丽狄茜》，在皮提宫获得首次演出，成为历史上第一部有乐谱的歌剧，因此，这一年也被称作"歌剧之年"。值得一提的是，歌剧界最为古老的标准保留剧目，应数1607年首演于曼都瓦宫廷的意大利作曲家蒙特威尔第的作品《奥菲欧》(L'Orfeo)。

历史上有价值的歌剧作品琳琅满目、不胜枚举，本书选择了以下有代表性的歌剧进行展示。

（一）意大利语歌剧

17世纪上半叶，世界上第一座歌剧院——圣卡西阿诺歌剧院，在意大利威尼斯建成，标志着歌剧从贵族化逐渐走向平民化。与此同时，不少艺术家在歌剧的艺术创作上进行了大胆的创新与发展，使歌剧从简单的叙述形式向戏剧性形式转变，从而使歌剧向前跨进了一大步。到17世纪末，音乐发展空前辉煌，相继出现了几位具有划时代意义的大音乐歌剧艺术家，其中包括意大利作曲家斯卡拉蒂(Scarlatti)、波波拉(Porpora)，法国的拉莫(Rameau)，德国的巴赫(Bach)与亨德尔(Handel)。其中，影响最大的当属斯卡拉蒂，他一生写了百余首歌剧，确立了咏叹调的ABA基本样式，因此也被誉为"古奏鸣曲式之父"。

意大利作为歌剧发源地，是巴洛克时期歌剧的标准，尤其是意大利脚本。直至古典音乐时期，意大利语脚本依然是歌剧的主流，如维也纳古典派代表人物莫扎特(Mozart)也积极使用意大利语的脚本。此外，艺术家格鲁克还提倡用本国语言创作，以发展各国歌剧，这一提倡使歌剧通向了意大利浪漫主义的道路。

艺术家罗西尼(Rossini)作为浪漫主义歌剧的先锋人物，创作了《塞维利亚的理发师》《威廉·退尔》等经典杰作，标志着意大利歌剧迈向成熟期。与他同样有名望的作曲家有多尼采蒂(Donizetti)、贝里尼(Bellini)等人，他们作品的特点是：演唱者不仅需要有高超的声乐技巧，而且音乐旋律也应优美迷人。这些作品将歌剧艺术推到一个前所未有的高峰。迄今为止，演唱难度最大的歌剧基本上都出自这三位作曲家，如今人们还常把这一时期的歌剧称为"歌剧的美声时期"。

（二）德语歌剧

德国歌剧最早出现于17世纪。艺术家格鲁克(Gluck)提倡歌剧的民族化，使得当地歌剧得以发展，形成了德国民族歌剧流派。奥地利作曲家莫扎特将德国歌剧推向了很高的艺术高度，其代表作《后宫诱逃》和《魔笛》已成为德国歌剧的传世佳作。韦伯(Weber)是德国歌剧的重要作曲家，他的《自由射手》标志着德国浪漫派歌剧的开始，其乐曲曲调带有民族民间音乐的特色，而合唱也在全剧中起着重要作用，具有强烈的民族性。此外，德国歌剧的另一个重要人物是瓦格纳(Wagner)，他主张把所有的艺术协同起来，共同创作出一种综合性的艺术，他认为音乐应成为表达戏剧内涵的工具，并为剧情服务。他一生创作了大量优秀作品，如《飘泊的荷兰人》《汤豪塞》《罗思格林》《尼伯龙根的指环》等，这些都是德国歌剧的典范。

（三）法语歌剧

1650年，一个叫贝兰的神父创作了用法语演唱的歌剧《牧歌剧》，法语歌剧就此萌芽。到了19世纪20年代，法国出现了类似于正歌剧的法国大歌剧，其特点在于剧本的文字性较强，语言比较含蓄，声音较为圆润，因而显得典雅高贵、浪漫多情，增加了歌剧艺术的抒情性，被称为"抒情歌剧"。法语歌剧的代表作逐渐增加，如古诺(Gounod)的歌剧《浮士德》《迷娘》《罗密欧与朱丽叶》等，到后来比才(Bizet)的《卡门》，德彪西(Debussy)的《佩利亚斯与梅丽桑德》《圣塞巴斯蒂安之殉难》等作品的出现，标志着法国歌剧达到了辉煌的顶峰。

（四）俄语歌剧

早期，俄罗斯音乐在欧洲不太为人所知。作曲家格林卡创作的《依凡·苏萨宁》及《鲁斯兰与柳德米拉》，成为了俄罗斯歌剧的奠基之作，对其后的歌剧发展有很大的影响。随后，艺术家柴可夫斯基(Tchaikovsky)写出了《叶甫根尼·奥涅金》《黑桃皇后》，里姆斯基·科萨柯夫(Rimsky-Korsakov)创作了《金鸡》《萨特阔》，穆索尔斯基(Mussorgsky)创作了《鲍里斯·戈都诺夫》，鲍罗廷创作了《伊戈尔王》等精品力作，这些都是典型的俄罗斯式歌剧。

（五）英语歌剧

20世纪初，美、英等国出现了一批集爵士乐、踢踏舞、轻歌剧和喜剧性话剧于一体的艺术形式，即音乐剧。音乐剧表现手法灵活，其音乐、舞蹈、舞台美术都偏向现代化，因此很快成为20世纪最为重要且发展最快的一项文化成果，迅速风靡了全世界。这一时期的经典剧目有《音乐之声》《猫》《悲惨世界》《西贡小姐》等，均被各国艺术界广泛认同，并流传到世界各地。

此外，随着世界文化的交流碰撞与歌剧自身的不断发展，歌剧在其他国家和地区也得到了普及和推广，一些结合本民族特点的新作品不断问世。特别要指出的是，德沃夏克(Dvořák)的《水仙女》、斯美塔那(Smetana)的《被出卖的新嫁娘》等作品极具代表性，成为了世界歌剧宝库中的璀璨明珠。

歌剧作为一种综合性的舞台艺术，是人们在社会生活、文化传统、民俗风情的漫长发展过程中，逐渐积淀下来的一种高层次精神产品。由于歌剧既能表现较复杂的思想感情，又能反映重大的社会哲理问题，因而我们可以从社会反响的角度去了解歌剧的意义。譬如，俄国作曲家穆索尔斯基的歌剧《鲍里斯·戈都诺夫》，揭示了17世纪沙皇统治阶层中的龌龊、黑暗的社会现实，同时反映了19世纪俄罗斯贵族统治时期民众的不满与愤怒。

总而言之，歌剧作为世界的艺术珍宝，是世界音乐文化的重要组成部分，也是一个国家、一个民族音乐水平的重要标志。当今的歌剧已经成为一种全球性现象，为不同肤色、不同文化、不同背景的人民所喜闻乐见。亲近歌剧，聆听和欣赏歌剧，自觉接受歌剧艺术美的熏陶，将使我们每个人受益匪浅！

1.外国绘画美与中国绘画美有哪些相似点与不同点？

2.查阅相关资料，选择你最喜爱的外国雕塑作品，并与同学们分享。

3.中国雕塑和外国雕塑的相同点和不同点是什么？

4.在欣赏外国雕塑美时，有哪些值得注意的地方？

5.请罗列歌剧艺术具有的特点，并尝试欣赏一个经典歌剧作品。

6.请查阅资料，拓展学习一个中国经典歌剧作品，尝试进行简单鉴赏。

参考文献

[1] 程裕祯. 中国文化要略[M]. 北京：外语教学与研究出版社，2017.

[2] 黄高才. 大学美育[M]. 北京：北京大学出版社，2018.

[3] 李龙，陆琦. 大学美育[M]. 西安：西北工业大学出版社，2021.

[4] 王晓鸥，王杰，陈荣邦. 美育学[M]. 徐州：中国矿业大学出版社，2007.

[5] 张法. 美育教程[M]. 北京：高等教育出版社，2006.